道路工程BIM建模
Civil 3D & InfraWorks 入门、精通与实践

四川省交通勘察设计研究院有限公司　编著

电子工业出版社
Publishing House of Electronics Industry
北京·BEIJING

内 容 简 介

本书通过一个公路工程实例,从软件安装、资料获取、模型建立、模型展示等方面,演示了一个公路工程项目 BIM 建模及展示的全过程。本书介绍了涉及的建模软件的各项功能,重点介绍了在 BIM 建模过程中不同软件的工作流程,并附有该工程实例在 BIM 建模工作中的所有过程文件和成果文件,供读者对照参考。通过学习本书内容,读者可以快速完成公路工程项目的 BIM 建模及模型展示工作。

未经许可,不得以任何方式复制或抄袭本书之部分或全部内容。
版权所有,侵权必究。

图书在版编目(CIP)数据

道路工程 BIM 建模:Civil 3D & InfraWorks 入门、精通与实践 / 四川省交通勘察设计研究院有限公司编著. —北京:电子工业出版社,2021.7
ISBN 978-7-121-41269-1

Ⅰ. ①道… Ⅱ. ①四… Ⅲ. ①道路工程-计算机辅助设计-应用软件 Ⅳ. ①U412.6

中国版本图书馆 CIP 数据核字(2021)第 098858 号

责任编辑:李　敏
印　　刷:北京虎彩文化传播有限公司
装　　订:北京虎彩文化传播有限公司
出版发行:电子工业出版社
　　　　　北京市海淀区万寿路 173 信箱　邮编:100036
开　　本:787×1 092　1/16　印张:14.75　字数:378 千字
版　　次:2021 年 7 月第 1 版
印　　次:2024 年 12 月第 8 次印刷
定　　价:99.00 元

凡所购买电子工业出版社图书有缺损问题,请向购买书店调换。若书店售缺,请与本社发行部联系,联系及邮购电话:(010)88254888,88258888。
质量投诉请发邮件至 zlts@phei.com.cn,盗版侵权举报请发邮件至 dbqq@phei.com.cn。
本书咨询联系方式:limin@phei.com.cn 或(010)88254753。

指导委员会

主　　任：朱学雷

副 主 任：寇小兵　王茂奎　刘四昌

委　　员：但　伦　柏吉琼　钟映梅　陈　斌
　　　　　王卓伟　罗玉宏　王　屹　李　杰

编 写 组

主　　编：徐益飞

副 主 编：朱　明　罗　凯　黎宇阳

编　　委：田　文　李　渴　张恒恺　何其桧
　　　　　陈　洁　肖　怡　邱瑞成　赵　飞
　　　　　肖春红　赵　见　罗吉忠　王维高
　　　　　钟莺莺　江林树　杨啸宇

序
PREFACE

近年来，国家大力推动工程建设三维数字化，"数字中国"上升为国家战略，产业三维数字化转型浪潮也为交通运输行业的变革注入了新的活力。应用三维数字技术，走向"数字建造"，建设"交通强国"，将是我国企业向国际先进水平看齐，在未来竞争挑战中立于不败之地，切实提高我国智慧建设水平的重要战略选择。

随着我国交通基础设施建设从高速发展到高质量发展，工程项目更加注重降低工程造价、提高生产效率、增强管理水平。BIM技术越发成为交通行业解决实际问题的重要技术。在公路、市政道路、水运航道等带状交通工程项目中，BIM技术已经开展了大量的实践和尝试，取得了丰硕的成果。当前，BIM技术的应用是促进交通基础设施行业转型升级的核心引擎，必将为整个行业的变革与发展注入新的活力。

具体来说，BIM技术可与GIS技术深度结合，融合物联网、大数据，应用于工程项目规划、勘察、设计、施工、运营维护、改建及拆除等各方面，最终实现以BIM技术作为载体，将项目在全生命期内的工程信息、管理信息和资源信息集成统一，打通设计、施工、运维阶段分块割裂的现状，解决数据无法共享的问题，实现一体化、全生命期应用。在这种全新的合作模式下，实现从设计到施工再到运维的全链条数据共享，让BIM技术的价值体现在建筑的全生命期，为项目全过程的方案优化和科学管理提供依据。通过支持各专业协同工作、项目的虚拟建造和精细化管理，为提质增效、节能环保创造条件。

为深入贯彻落实党的十九大精神，践行"创新、协调、绿色、开放、共享"发展理念，增强科技创新动力，推进BIM技术在公路水运工程建设管理中的应用，加强项目信息全过程整合，实现公路水运工程全生命期管理信息畅通传递，促进设计、施工、养护和运营管理协调发展，提升公路水运工程品质和投资效益，近年来，四川省交通勘察设计研究院有限公司在 BIM 技术上进行了深入的研究与探索，推进工作卓有成效，技术突破空前活跃，各项捷报屡创新高，BIM 技术推进亮点频出，成绩斐然。本书正是在此背景下开展编写的，本书凝聚了一线工程师在道路工程 BIM 建模工作上的智慧结晶，旨在为普及 BIM 技术在交通运输行业的应用贡献力量。

四川省交通勘察设计研究院有限公司

总工程师　朱明

前　言
FOREWORD

2019 年，中共中央、国务院印发了《交通强国建设纲要》，明确了建设交通强国是建设现代化经济体系的先行领域，是全面建成社会主义现代化强国的重要支撑。交通运输部印发的《数字交通发展规划纲要》明确，在交通行业大力发展 BIM（建筑信息模型）技术，推动交通工程全要素、全周期数字化。

随着交通运输行业信息化技术的不断发展，传统的二维设计方法已经无法满足现阶段交通运输工程的发展要求，如何将设计过程变得可视化，将三维模型更直观地展现出来，是目前交通运输工程建设行业的发展方向。BIM 技术作为实现建设项目全生命期信息化、协同化、智能化的重要手段，已成为工程建设管理行业创新发展的强大动力，为项目全过程的方案优化和科学决策提供依据；支持各专业的协同工作、项目的虚拟建造和精细化管理，为交通运输行业的提质增效、节能环保创造了条件。

本书主要介绍了道路工程 BIM 模型建立的过程，依托平台为 Autodesk 公司的 BIM 建模软件 Civil 3D、InfraWorks。建立三维可视化工程模型，可减少项目方案设计过程中的错误，提高工程师的工作效率，使相关人员在设计阶段做出更加明智的决策。

本书编写组成员为四川省交通勘察设计研究院有限公司 BIM 技术研究中心的一线工程师。近年来，编写组通过大量的道路工程 BIM 建模工作实践，总结出了一套高效、可操作的 BIM 建模技术手段，并依托实际公路项目，完成了本书的编写工作。四川省交通勘察设计研究院有限公司作为交通运输部认定的首批国家级建筑信息模型（BIM）技术应用交通运输行业研发中心，将 BIM 技术应用经验毫无保留地凝结于本书，旨在推动 BIM 技术在交通运输行业的应用发展。

本书共 9 章：第 1 章介绍了软件平台和应用配置，第 2 章介绍了道路工程 BIM 建模的基本流程与基本概念，第 3 章阐述了 BIM 建模所需的基本资料与要求，第 4 章详细介绍了地形及影像基础模型的建立过程，第 5 章详述了在 Autodesk Civil 3D 中的道路工程建模流程，第 6 章介绍了构造物模型的建立，第 7 章详述了 Autodesk InfraWorks 道路工程模型及其应用，第 8 章介绍了 VR 技术与 BIM 模型的结合工作，第 9 章简述了部件编辑器的相关内容。第 9 章的详细内容也可参阅本书编写组组编的《公路工程技术 BIM 标准构件应用指南》。

作为市面上首部系统介绍道路工程 BIM 建模与展示的操作手册，本书具有以下特点。

（1）提供了一套完整的基于实际高速公路项目的设计文件及 BIM 建模中的成果文件，读者可根据本书提供的文件，按照本书操作过程逐步操作，并将自己的建模成果与本书编写组提供的成果文件相互对照，以提高学习效率。

（2）提供了一套实用、有效的建模规则，以及本书编写组多年来积累的 BIM 建模经验，包括模板文件、样式规则、命名规范等，方便读者快速上手。

（3）通过一个已经完工并交付使用的工程项目案例来讲解，具有很强的实用性，也有很高的实际应用价值和参考性。

本书编写组提供的文件可在华信教育资源网（www.hxedu.com.cn）本书页面中的"资源下载"项目中获取。

编写组
2021 年 1 月

目 录

第1章 软硬件环境配置 ·· 1

1.1 软件安装 ··· 1
1.1.1 Autodesk Civil 3D 建模环境配置 ·· 1
1.1.2 Autodesk InfraWorks 建模环境配置 ·· 2
1.1.3 图新地球（LocaSpace Viewer） ·· 3
1.1.4 Global Mapper 介绍 ··· 4

1.2 硬件配置 ··· 5
1.2.1 中央处理器（CPU） ·· 5
1.2.2 图形处理器（GPU） ·· 5
1.2.3 内存（RAM） ··· 6
1.2.4 人员工作环境搭建 ··· 6

第2章 建模思路及流程 ·· 7

2.1 基于 Autodesk BIM 平台的解决方案 ·· 7
2.1.1 Autodesk Revit ·· 8
2.1.2 AutoCAD Civil 3D ··· 8

2.2 模型在 Autodesk InfraWorks 的应用 ··· 8
2.2.1 软件概述 ··· 8
2.2.2 功能示例 ··· 8
2.2.3 模型应用 ··· 15

2.3 道路工程建模流程 ··· 18
2.3.1 项目准备阶段 ·· 18
2.3.2 模型创建阶段 ·· 18
2.3.3 模型整合阶段 ·· 18

  2.3.4 模型后处理阶段 ·········· 18
  2.3.5 建模工作流程图 ·········· 18

第 3 章 建模资料及要求 ·········· 20
 3.1 建模等级划分 ·········· 20
 3.2 资料准备 ·········· 20
 3.3 文件管理 ·········· 21

第 4 章 地形及影像基础模型 ·········· 24
 4.1 基础模型操作步骤 ·········· 24
 4.2 影像下载 ·········· 24
  4.2.1 选择下载范围 ·········· 24
  4.2.2 下载设置 ·········· 26
 4.3 地形下载 ·········· 27
 4.4 高精度航测地形影像 ·········· 28
  4.4.1 航测手段及方式 ·········· 28
  4.4.2 使用阶段及技术要求 ·········· 28
  4.4.3 成果文件的处理与应用 ·········· 29
 4.5 自定义坐标系 ·········· 29
  4.5.1 坐标系基本概念 ·········· 29
  4.5.2 创建自定义坐标系 ·········· 31
 4.6 地形曲面生成 ·········· 38
 4.7 生成基础模型 ·········· 40
  4.7.1 加载地形 ·········· 41
  4.7.2 加载影像 ·········· 45
  4.7.3 加载航测数据 ·········· 46

第 5 章 Autodesk Civil 3D 道路工程建模 ·········· 48
 5.1 模型精度划分 ·········· 48
 5.2 路线模型 ·········· 50
  5.2.1 资料准备 ·········· 50
  5.2.2 路线平面拟合 ·········· 50

5.2.3　路线纵断面拟合 57

5.3　道路模型 62
   5.3.1　创建道路 62
   5.3.2　道路曲面创建与修改 68

5.4　其他附属工程 72
   5.4.1　雨污水管网创建 72
   5.4.2　压力管网创建 86
   5.4.3　电力浅沟创建 92

5.5　协同设计 95
   5.5.1　应用场景 96
   5.5.2　创建数据快捷方式 97
   5.5.3　参照数据快捷方式 99

5.6　模型信息提取拓展 103
   5.6.1　路线 SDF 103
   5.6.2　路面 FBX 105
   5.6.3　护栏 SDF 109
   5.6.4　桥墩 SDF 109

第 6 章　构造物模型 113

6.1　桥梁 FBX 模型 113
6.2　隧道 FBX 模型 114
6.3　涵洞模型 115

第 7 章　Autodesk InfraWorks 道路工程模型 118

7.1　制作模型样式 118
   7.1.1　样式设置 118
   7.1.2　材质组 139
   7.1.3　样式规则 141

7.2　在 InfraWorks 中配置道路模型 144
   7.2.1　路线 SDF 配置 145
   7.2.2　道路 DWG 配置 147

7.2.3 路面 FBX 配置 ··· 149
7.2.4 护栏 SDF 配置 ··· 150
7.2.5 桥墩 SDF 配置 ··· 151
7.3 InfraWorks 项目信息模型 ··· 151
- 7.3.1 文字标签 ··· 151
- 7.3.2 区域标签 ··· 161
- 7.3.3 图片标签 ··· 163
- 7.3.4 其他三维模型 ··· 167
7.4 InfraWorks 相关基础功能操作 ··· 167
- 7.4.1 数据源 ··· 167
- 7.4.2 模型管理器 ··· 171
- 7.4.3 方案管理 ··· 173
- 7.4.4 模型坐标及经纬度转换 ··· 174
- 7.4.5 故事板制作及生成 ··· 175

第 8 章 道路工程建模扩展 ··· 181
8.1 全景视图的制作流程 ··· 181
- 8.1.1 全景概念 ··· 181
- 8.1.2 传统 VR 全景技术 ··· 181
- 8.1.3 InfraWorks 软件的相容性 ··· 183
- 8.1.4 三维模型建立 VR 全景的一般方法 ··· 184
8.2 VR 设备的使用流程 ··· 190
- 8.2.1 VR 简介 ··· 190
- 8.2.2 修改 hosts 文件 ··· 191
- 8.2.3 下载并安装 Oculus ··· 192
- 8.2.4 调试 Oculus ··· 192

第 9 章 部件编辑器简述 ··· 193
9.1 部件编辑器简介 ··· 193
9.2 部件简介 ··· 194
- 9.2.1 创建自定义部件 ··· 194

9.2.2　自定义部件在 Civil 3D 中的使用 ································· 205

　　9.2.3　SAC 自定义部件修改 ··· 211

附录 A　所有电子资料 ··· 214

附录 B　不同阶段建模所需设计资料 ····································· 216

附录 C　建模等级划分一览表 ··· 218

附录 D　命名规则 ··· 221

第 1 章 软硬件环境配置

BIM 道路模型的建立需要一套成熟、稳定的建模环境,完整的软件配置是模型顺利创建的必要保证,强大的硬件配置则能保证建模的高效率进行。

下面将详细介绍 BIM 建模的软硬件配置方法。

1.1 软件安装

BIM 建模的软件采用 Autodesk 平台下的基础设施建模平台 Civil 3D 及模型整合展示平台 InfraWorks。

1.1.1 Autodesk Civil 3D 建模环境配置

本书以 Autodesk 公司推出的 IDSU2020(Infrastructure Design Suite Ultimate 2020)套装中 Civil 3D 2020 的安装为例进行说明。

下载并安装 IDSU2020 套装,建议安装路径设置为默认路径,安装步骤如图 1-1 ~ 图 1-4 所示。

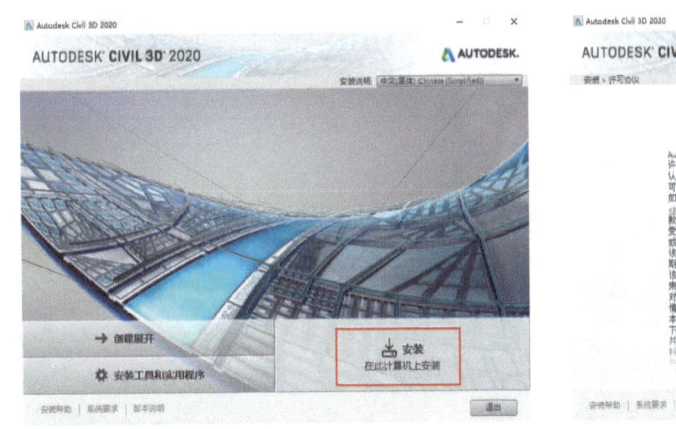

图 1-1 Civil 3D 安装第 1 步

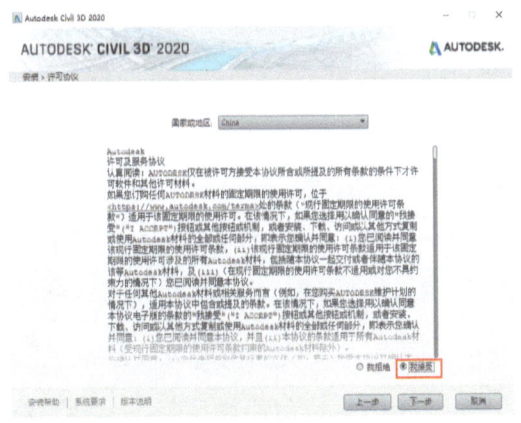

图 1-2 Civil 3D 安装第 2 步

图 1-3　Civil 3D 安装第 3 步

图 1-4　Civil 3D 安装第 4 步

1.1.2　Autodesk InfraWorks 建模环境配置

本书以 Autodesk 公司推出的 InfraWorks 2020 的安装为例进行说明。

下载并安装 InfraWorks 2020 套装，建议安装路径设置为默认路径，安装步骤如图 1-5～图 1-8 所示。

图 1-5　InfraWorks 安装第 1 步

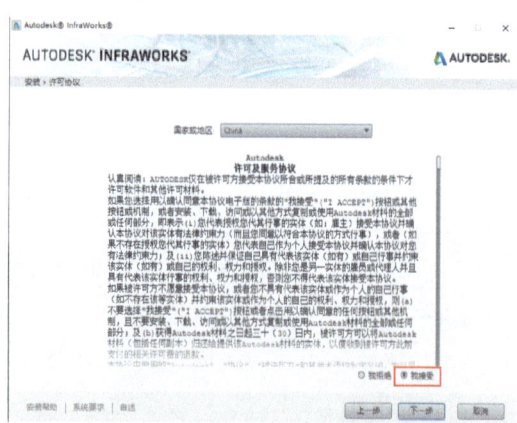

图 1-6　InfraWorks 安装第 2 步

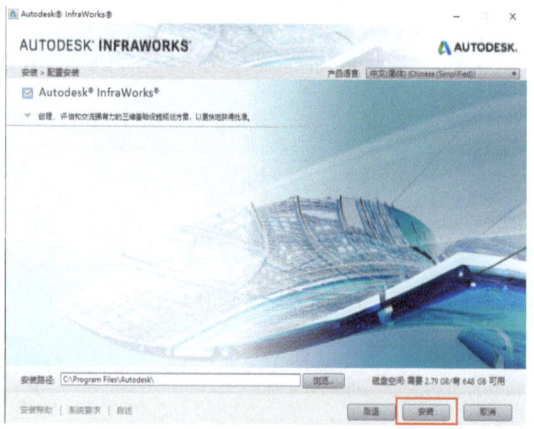

图 1-7　InfraWorks 安装第 3 步

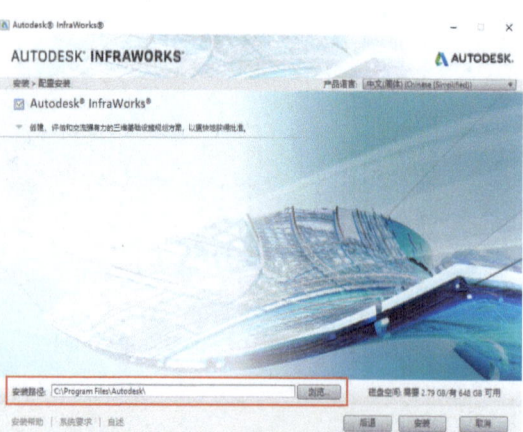

图 1-8　InfraWorks 安装第 4 步

安装完成后，双击图标启动应用程序，首次登录会弹出对话框提醒用户登录，如图1-9所示。用户需要申请Autodesk360账号后方可登录InfraWorks用户界面进行操作。

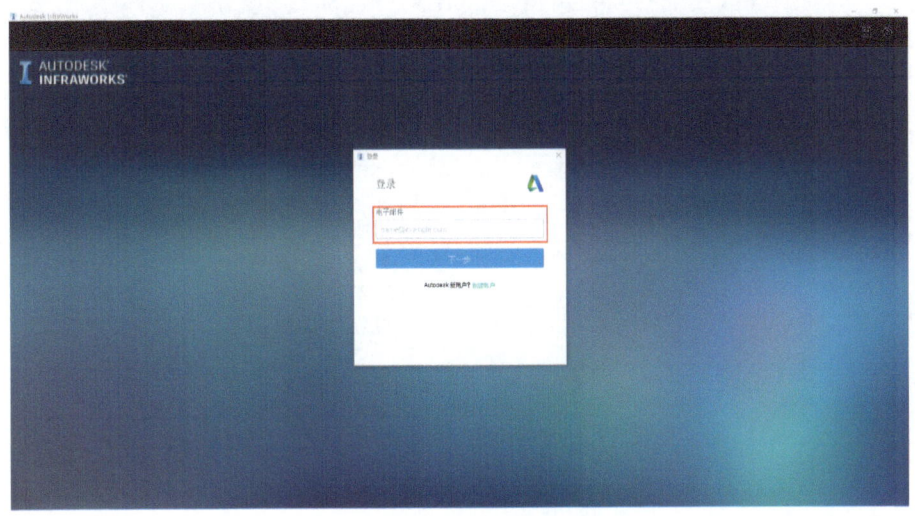

图1-9　InfraWorks登录界面

1.1.3　图新地球（LocaSpace Viewer）

图新地球（LocaSpace Viewer，LSV）是一款专业的三维数字地球软件，它具备便捷的影像、高程、倾斜摄影数据阅读功能。通过LSV，用户能够快速地浏览、测量、分析和标注三维地理信息数据，实现三维场景的飞行浏览和多视角浏览，快捷地对地理信息数据进行格式转换。

LSV是一个集在线地图资源查看、影像和地形数据快速下载、倾斜数据极速浏览、模型数据多样展示、操作分析便捷等优点于一体的轻量级软件。图新地球（LSV）下载界面如图1-10所示。LSV软件下载后无须安装即可使用，其软件界面如图1-11所示。

图1-10　图新地球（LSV）下载界面

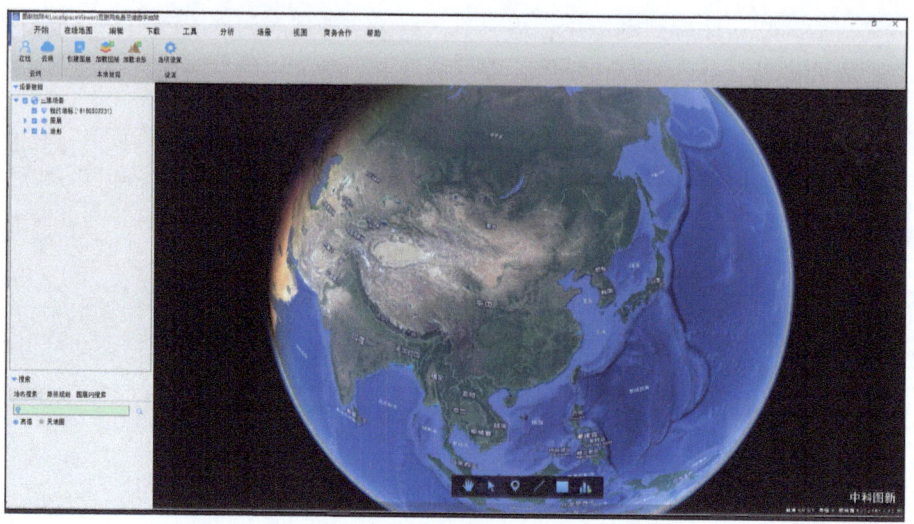

图 1-11　图新地球（LSV）软件界面

1.1.4　Global Mapper 介绍

Global Mapper 是一款功能强大的数据处理软件，它的主要功能是 GIS 栅格影像、矢量数据处理与加工。Global Mapper 具备 GIS 软件产品的几乎所有特性，而且体积小，其最大特点是可将复杂的问题简单化，且操作方便、上手简单、处理数据高效。Global Mapper 方便、直观的功能设计能够帮助用户以最快的速度完成工作。例如，Global Mapper 具有影像数据镶嵌、智能栅格影像切割、专题图绘制、矢量信息绘制和标注、正射影像生成、GPS 定位、坐标转换、投影转换、卫星地图纠正、地形高程（DEM）数据处理、行业主流文件格式相互转换（如 KML 格式转换、SHP 格式转换、IMG 格式转换、PIX 格式转换、TIFF 格式转换等）等功能，对 BIM 建模的地形数据处理可谓非常契合。Global Mapper 软件界面如图 1-12 所示。

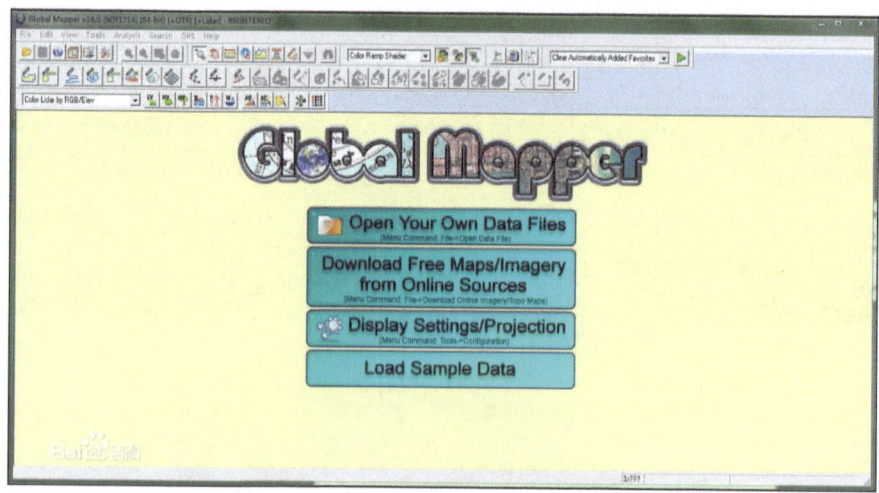

图 1-12　Global Mapper 软件界面

1.2 硬件配置

BIM 道路建模主要针对带状公路。带状公路具有里程长、结构多样的特点，会涉及大量三维图形运算。体量越大、曲面越多的模型对计算机硬件的要求越高，但过高的硬件配置又价格不菲。因此，寻求性能与成本之间的平衡是 BIM 道路建模的一大关键考量。

本节将根据 1.1 节论述的基本软件 Civil 3D 和 InfraWorks 的工作特点，对硬件配置要求进行论述。

1.2.1 中央处理器（CPU）

1. Civil 3D 中央处理器选配

Civil 3D 的建模环境主要消耗 CPU 单核心资源，选配单核心、主频较高的 CPU 有利于提升 Civil 3D 模型的生成速度和工作效率。因此，应当避免选配多核心、低主频的中央处理器。

对于台式工作站，选配 Intel 酷睿 i7 尾号 K 系列中央处理器较为合适，如 i7-8700K。对于移动工作站，选配 Intel 尾号 K 系列的中央处理器较为合适，并且机身应当厚重、能通过散热稳定测试。

值得关注的是，K 系列中央处理器能够进行超频运算，对于只能利用单核运算能力的 Civil 3D，能够在一定程度上提高其运算效率。但是，建议用户在专业人士指导下进行超频运算，否则极易导致硬件出现稳定性问题。

2. InfraWorks 中央处理器选配

与 Civil 3D 不同，InfraWorks 主要进行既有模型的渲染工作，可以实现多核心并行处理，并且支持图形处理器加速协助。因此，在选用 InfraWorks 中央处理器时，应当采用核心数量较多、主频较高的中央处理器，并配合频率高的图形显卡进行协助渲染。

推荐用户采用 Intel i9 系列中央处理器，避免采用服务器级处理器，如 Intel Xeon 处理器，该系列处理器虽然有较多的核心数量，但其主频较低，性能反而不如消费级处理器。

1.2.2 图形处理器（GPU）

1. Civil 3D 显卡选配

Civil 3D 的建模环境在平面图形下进行，主要消耗 CPU 的单核心资源，基本不涉及大体量三维模型渲染工作，即便是核心显卡也能充分应对 Civil 3D 中的图形任务。因此，针对 Civil 3D 的图形处理器无须过多关注。

2. InfraWorks 显卡选配

与 Civil 3D 不同，InfraWorks 主要进行既有模型的渲染工作，可以实现多核心并行处理，并且支持图形处理器加速协助。显卡频率越高，越有利于模型动态观察的流畅性，因此 InfraWorks 图形显卡推荐 NVIDIA GTX 系列的旗舰级产品。应当注意，显卡部署应避免采用专业图形显卡，因为 InfraWorks 对专业显卡的支持程度一般，难以发挥专业显卡的优势，再加上 InfraWorks 在工作时需要依靠 GPU 本身的运算能力，所以应首选高端游戏级显卡。

1.2.3 内存（RAM）

运行 Civil 3D，用户需要配置至少 8GB 的内存容量；要实现稳定、流畅的运行环境，则需要配置至少 16GB 的内存容量。

运行 InfraWorks，用户需要配置 32GB 的内存容量；对于整合模型的工作站，建议用户至少配置 64GB 或者更高的内存容量。

1.2.4 人员工作环境搭建

在建模过程中，涉及大量信息传递，建模人员需要反复不断地查阅某些文件资料，不得不经常在各应用程序间切换，这会影响实际工作效率。因此，建议用户至少配置两台显示器。

第 2 章 建模思路及流程

2.1 基于 Autodesk BIM 平台的解决方案

Autodesk 面向建筑设计、土木基础设施和施工行业的集成式 BIM 软件包含诸多功能，可应用于项目的各阶段，从项目规划设计到施工过程，其均能发挥重要作用。例如，降低施工风险、减少工程成本、提高工作效率，使工程项目向更加积极的方向发展。Autodesk BIM 软件集（部分）如图 2-1 所示。

工程建设软件集中包含的软件

使用功能强大的 BIM 和 CAD 工作流，以新方式进行创建并充满信心地建造。

Revit
使用多领域 BIM 软件规划、设计、建造和管理建筑
立即免费试用

Civil 3D
土木工程设计和施工文档编制软件
立即免费试用

AutoCAD
二维和三维 CAD 软件，包括 AutoCAD、专业化工具组合和应用
立即免费试用

InfraWorks
土木基础设施概念设计和分析软件
立即免费试用

Navisworks Manage
冲突检测和高级协调、五维分析和模拟软件
立即免费试用

ReCap Pro (英文)
实景捕获以及三维扫描软件和服务
立即免费试用

图 2-1 Autodesk BIM 软件集（部分）

通常，通过获取项目周围的环境现状，就可以迅速创建还原项目现实环境的大型智能三维模型。借助 BIM 软件集，能够轻松整合大量现有数据，包括现实捕捉数据、二维 CAD 和光栅数据。将这些数据与 GIS 数据合并，可以提高精确度，并将模型精细地调整为高分辨率三维网格，在优化后用于下游工程工作的深化设计与运用。

BIM 软件集涵盖从概念转移到深化设计所需要的软件，可快速执行项目的初步概念布局，并将其转移到深化设计，以提高设计模型的精确度。对于道路工程项目，可使用这些工具高效地设计道路路线，并轻松地添加转弯车道、交叉点和立交桥。此工作流也有助于更好地对桥梁结构进行规划、设计和结构分析。

2.1.1 Autodesk Revit

针对工业与民用建筑，Autodesk 公司起初推出了 Revit 系列软件。Revit 系列软件基于 BIM 技术，给用户带来了创新的生产力工具，它既是高效率的设计与制图工具，也能解决多专业设计协同的困扰，通过信息共享来改善整个项目的设计流程。Revit 软件是一个设计和记录平台，它支持 BIM 所需的设计、图纸和明细表。BIM 可提供用户需要使用的有关项目的设计、范围、数量和阶段等信息。在 Revit 软件中，所有的图样、二维视图、三维视图和明细表都是同一个虚拟建筑模型的信息表现形式。在对建筑模型进行操作时，Revit 软件收集有关建筑项目的信息，并在该建筑项目的其他所有表现形式中协调该信息。Revit 软件的参数化修改引擎可自动协调在任何位置（模型视图、图样、明细表、剖面和平面）进行的修改。

2.1.2 AutoCAD Civil 3D

除建筑业的 Revit 软件之外，Autodesk 公司还推出了针对土木工程行业的软件。Civil 3D 的设计理念与 Revit 软件非常相似。Civil 3D 是基于三维动态的土木工程模型，它所服务的领域包括勘察测绘、场地规划设计、道路和水利工程等大土木专业。无论是参数化设计和自动更新特性，还是自动从模型生成图样和报表，Civil 3D 都能充分利用信息化模型提升生产力。

2.2 模型在 Autodesk InfraWorks 的应用

2.2.1 软件概述

InfraWorks 基础设施设计软件支持建筑信息模型项目整合流程，能够在已建造完成的自然环境背景下，对基础设施项目进行概念构思、优化，并生成视觉效果。InfraWorks 基础设施设计软件拥有较为完善的基础设施细部工程自定义绘制、编辑功能，在项目方案设计阶段就能够快速创建三维地形和三维项目方案。在此快速创建的项目及周边环境的三维模型中，设计人员可以通过轻量、快捷的道路、桥梁、隧道及地下管网创建功能，将项目方案迅速予以"绘制"创建，也可以根据专业需要进一步进行参数化修改、调整，进而表达设计、规划的内容和思路，展现对项目周边环境的影响。对于初步以绘制方式"创建"的项目模型，InfraWorks 还拥有专业的工程可视化分析功能，如地形分析、光照分析、交通量模拟、视距分析、纵断面优化等，可以为方案的评价和变更决策提供相应的可视化依据。因此，根据项目不同阶段，甚至不同专题研究，可以创建满足相应精度和信息要求的项目模型，以加快方案研判过程，降低方案修改和设计变更的难度。

2.2.2 功能示例

1. 地形与影像

在创建项目模型前期，InfraWorks 可导入基于光栅图像的数据（栅格）或基于矢量的数据（三角网或等高线文件），生成构建模型所需的土地地形，之后可以在地形上覆盖其他数据，如地面影像、道路模型等。地形是建立 BIM 模型的基础，导入地形后的效果如图 2-2 所示。

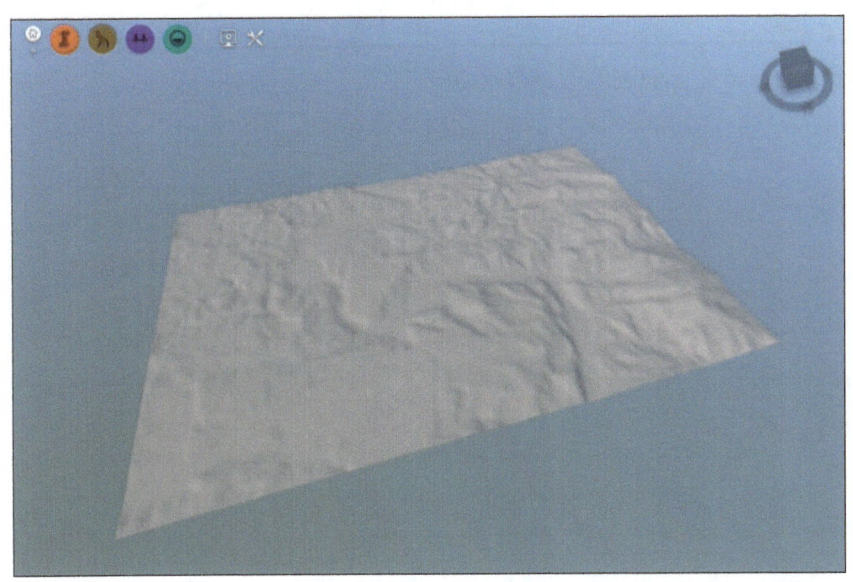

图 2-2　导入地形后的效果

地面影像可以是与项目相关的鸟瞰照片、卫星图像或扫描的地图等光栅图像，InfraWorks 支持将 .adf、.asc、.bt、.ddf、.dem、.dt0、.dt1、.dt2、.grd、.hgt、.doq、.ecw、.img、.jp2、.jpg、.jpeg、.png、.sid、.tif、.tiff、.wms、.xml、.vrt、.zip、.gz 的文件导入光栅图像。导入地面影像后的效果如图 2-3 所示。

图 2-3　导入地面影像后的效果

基于此可以创建项目的基础模型，本书第 5 章将对创建基础模型的流程进行详细介绍。

2. 道路工程方案性设计

InfraWorks 提供轻量、快捷的道路工程方案模型创建方式，可以通过"道路""桥梁""排水系统"功能，根据需求"绘制"方案阶段的道路、桥梁、隧道及地下管网模型，并且可以通过设计参数，如圆曲线半径、边坡坡率、支座类型、梁板尺寸、车道数等来创建、调整道路方案。运用 InfraWorks 参数化功能调整道路方案如图 2-4 所示。

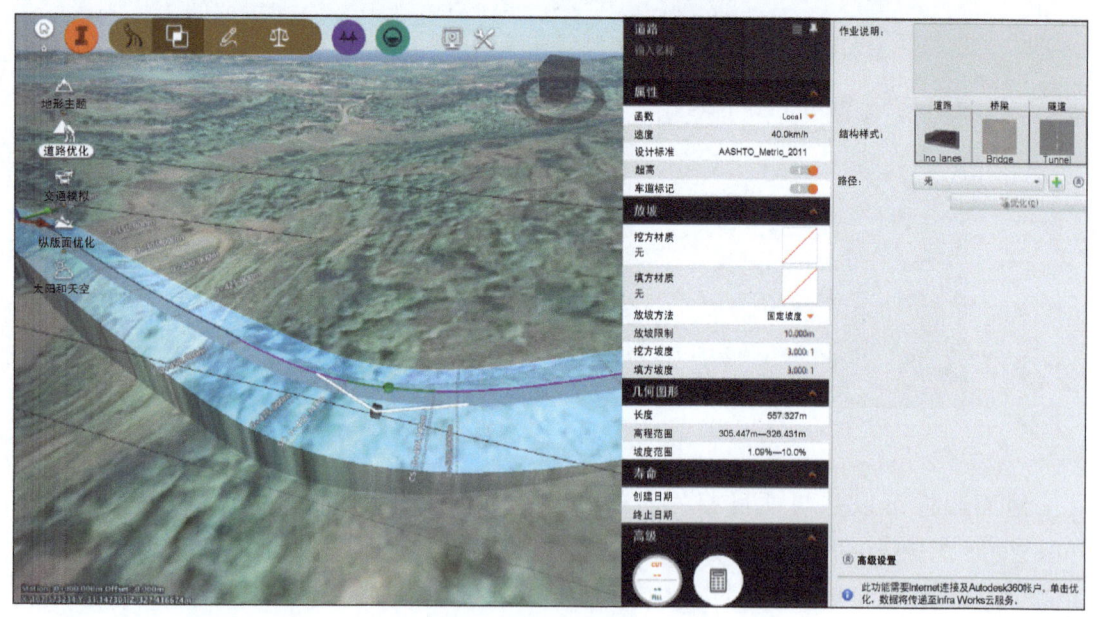

图 2-4　运用参数化功能调整道路方案

3. 道路工程模型整合

BIM 项目模型的视觉展示，除了前文提到的快捷"绘制"项目模型，就是载入精准的 BIM 模型。这种方式主要通过导入并合理配置 Civil 3D 设计成果实现。将设计成果三维模型数据源（.dwg 格式文件）导入 InfraWorks 平台，配置符合项目设计要求的道路、桥梁和隧道样式，以"道路隔离带"形式标注项目总体方案，并结合"关注点"标注项目地质或控制点等信息，在 InfraWorks 平台形成完整、详尽的项目信息，再结合视频漫游的展现方式来呈现道路工程 BIM 应用成果。下面简要介绍与项目模型整合相关的主要功能元素，实际操作工作流程在后续章节会进行详细阐述。

4. 道路、桥梁、隧道样式

在"样式"选项板中的"道路"选项卡中可以分别自定义路基、桥梁、隧道的道路样式，如路基宽度、车道数、中央分隔带形式、桥墩样式、桥墩间距、隧道界面形式（矩形、圆形）。桥梁样式如图 2-5 所示，隧道样式如图 2-6 所示，道路标线样式如图 2-7 所示。

图 2-5　桥梁样式

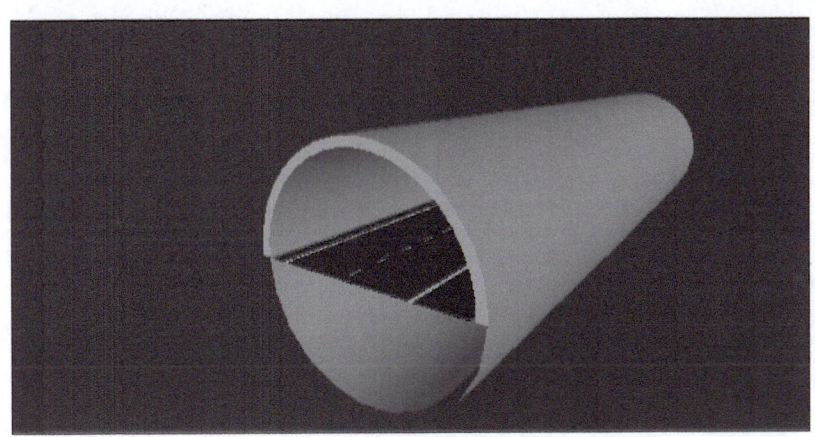

图 2-6　隧道样式

图 2-7　道路标线样式

在实际建模工作中，自定义地利用"样式"选项板可以创建满足高速公路、等级道路、市政道路设计需求的具体道路样式，将此"样式"配置使用，将极大地还原、呈现道路设计成果形式。

5. 道路隔离带

"道路隔离带"应用是基于 InfraWorks 提供的宽度、厚度、间距可调的道路隔离带功能,创建表现道路总体走向方案和道路标线的操作。

这种灵活的"样式",可以用于高速公路、等级道路和市政道路标线的绘制,以增强项目交通组织设计成果的表现力;也可以用于不良地质区域、地质断裂带等信息的表达。

6. "关注点"标签

使用"关注点"模型,可以绑定项目模型外的信息。以图片形式展现局部实景、断面设计成果或地质灾害调查图片等信息,可以与相对应的项目模型局部结合,以此扩展 BIM 模型整合信息方面的方法和内容。利用"关注点"标签添加局部街景照片如图 2-8 所示。

图 2-8　利用"关注点"标签添加局部街景照片

7. 路径漫游

在常规项目汇报工作中,可以利用"故事板"创建器生成凝练设计思路、涵盖从整体到局部细节的项目汇报视频。"故事板"是针对模型关键部分创建的一种动态演示模式,可引导查看浏览者预先准备好的特定要素。"故事板"可以是一系列快照视图,也可以是贯穿模型各部分的动态视频。"故事板"还可以显示标题和字幕,并使用多种不同的相机角度,以创建复杂的视觉效果。"故事板"创建器界面如图 2-9 所示。

图 2-9 "故事板"创建器界面

8．其他可视化功能

对于已完成创建的项目模型，还可以应用 InfraWorks 提供的"其他可视化功能"进行分析和优化，如高程分析、纵断面优化、汇水流域分析、区域降雨量分析等。

9．交通模拟

使用"交通模拟"工具可以分析通过道路交叉口的交通流量，通过不同颜色编码交通分析结果，并生成可在模型中播放的交通模拟动画，如图 2-10 所示。使用"交通分析"面板指定高级需求矩阵、纵断面、车辆类型、驱动程序类型和其他变量，或者使用默认交通需求以进行快速演示。"交通模拟"工具仅适用于组件道路，所以必须将规划道路转换为组件道路。在 Autodesk InfraWorks 2021 中，不再需要将待分析模拟的道路模型上传到云端服务器，在本地软件中就可使用"交通模拟"功能。

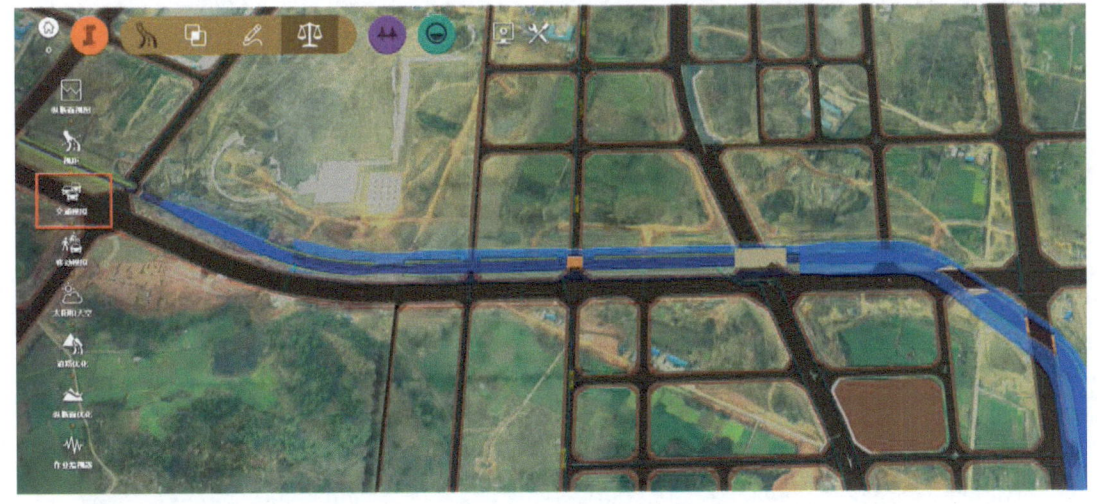

图 2-10 交通模拟

10．光照分析

使用 InfraWorks 软件中的"太阳和天空"调整功能，可以模拟全年任意一天中任意时刻的光照条件，进而模拟环境光照，分析项目所在位置的光照情况，如图 2-11 所示。

图 2-11 光照分析

11．视距分析

视距分析用不同颜色表示被分析车道上的安全区域和视线受影响区域。其中，浅蓝色表示能见度良好的区域，黄色表示所需目标点被遮挡的视线障碍区域，深色表示视线问题可能导致事故发生的潜在区域，如图 2-12 所示。

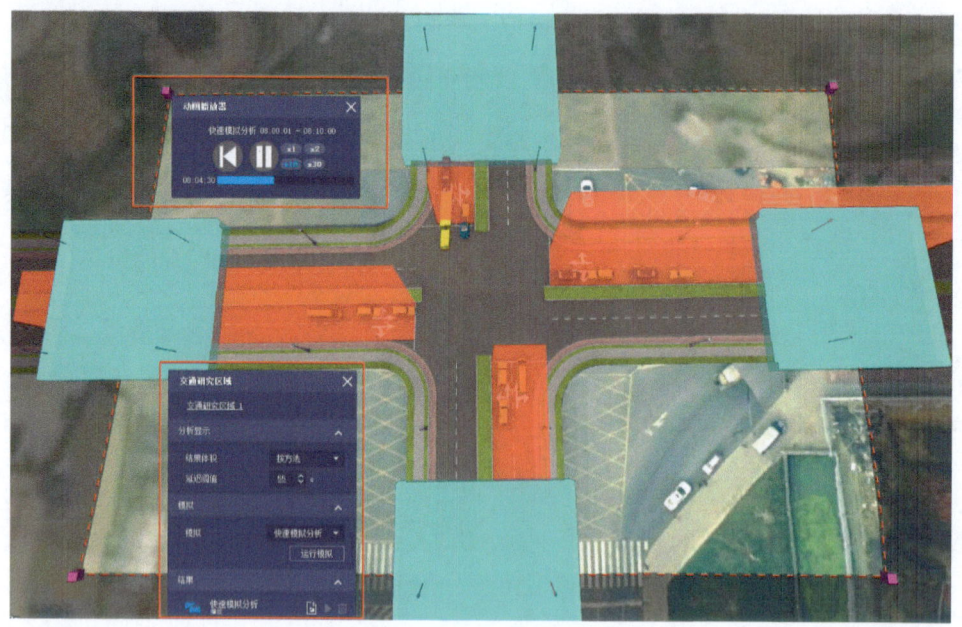

图 2-12 视距分析

12．其他新增功能

Autodesk InfraWorks 2021 中新增的"移动模拟"功能，适用于 InfraWorks 的集成多模

态移动模拟引擎。使用"移动模拟"功能可以创建交通、停车场、行人和/或出租车模式建模的动画模拟。关键性能指标（如行人所用时长、行人所经过的里程数、服务计算的多模态服务级别，以及经济和环境评估）可为道路工程前期工作提供相关资料。本书暂不对上述新增功能进行详细介绍，读者若有兴趣，可自行研究。

2.2.3 模型应用

整合完成的项目模型除了在方案设计、初步设计和施工图设计阶段的汇报展示性应用，还能够满足具体的项目研讨需求，编著者在多年的工作实践中发现，BIM 模型在以下几个方面有更独到的应用效果。

1. 同精度方案比较应用

传统的项目设计方案同精度比较只能依靠平面图和设计指标进行。在使用工程项目 BIM 模型后，可以将需要同精度比较的方案整合在同一场景中，并赋予不同颜色进行方案区分，配以设计指标参数的比较，更能表现不同方案的优缺点，如图 2-13 所示。

图 2-13　同精度方案比较应用

2. 多方案展示应用

有的项目在重要工点处，需要对方案进行十分详尽的比较，如图 2-14 所示为在 4 条高速公路转换的地方设计单位提供的 4 种详细的转换方案，每种方案都需要进行科学的研究和判断。利用 InfraWorks 进行整合后，所有方案均能够得到明显的区分，方便各方人员进行比较判断。

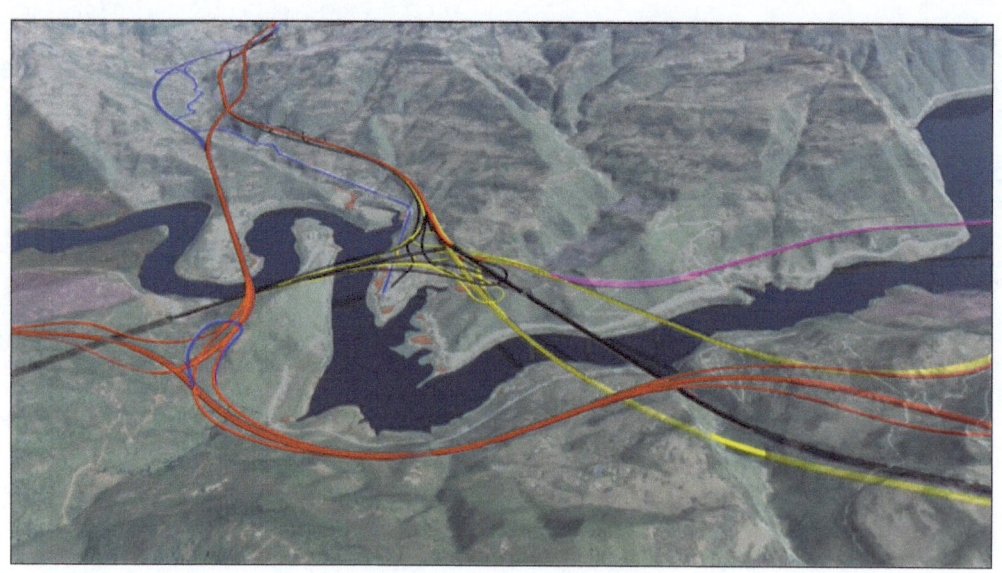

图 2-14　多方案展示应用

3. 改扩建项目应用

众所周知，改扩建项目通常有更加严苛的设计和施工要求。对于减少对既有道路的影响和施工组织的科学规划而言，应用 InfraWorks 模型之后，方案设计人员将变得信心十足。如图 2-15 所示，在某枢纽互通改扩建方案中，既有道路、分期建设的匝道和工点的自然环境情况等细节将非常直观地予以展示。

图 2-15　改扩建项目应用

4. 地下管网碰撞检查

在地下管网模型创建之后，在三维观察场景之中检查碰撞问题将变得更加容易，这将大幅提高设计阶段复核工作的效率和质量。地下管网碰撞检查如图 2-16 所示。

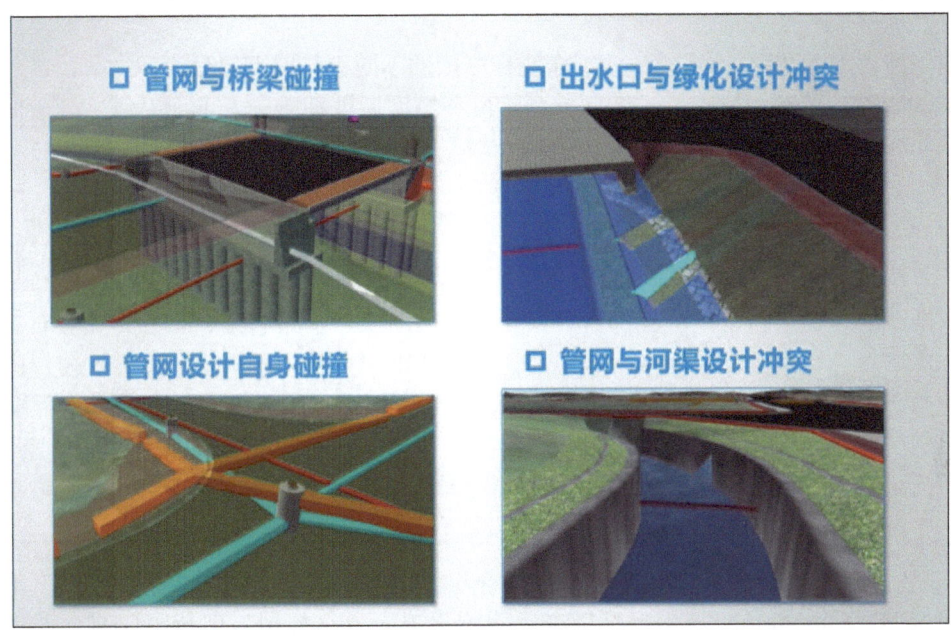

图 2-16　地下管网碰撞检查

5．专题方案研讨会

在项目进行过程中，必然会召开各种方案研讨会，InfraWorks 模型可以对重要工点进行"饱和式"建模，将方案涉及的所有控制因素都整合在同一场景之中，以便具体分析和比较方案带来的影响。如图 2-17 所示为在市政道路设计中增设电力浅沟方案专题研讨，InfraWorks 模型将工点处的市政桥梁、压力管网、雨污水管网和已施工的桥墩进行建模和整合，为复杂方案的决策提供了正确、可靠的现实依据。

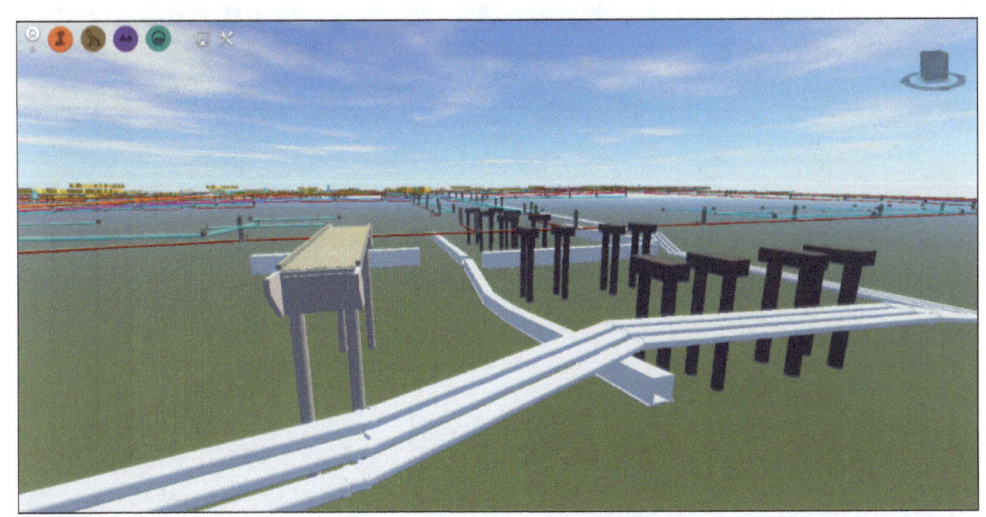

图 2-17　增设电力浅沟方案专题研讨

2.3 道路工程建模流程

道路工程 BIM 模型创建的一般工作流程可依据不同工作特点划分为四大阶段，分别为项目准备阶段、模型创建阶段、模型整合阶段和模型后处理阶段，下面对每个阶段的主要工作内容和思路进行阐述，并整理了完整的建模工作流程图。

2.3.1 项目准备阶段

项目准备阶段主要针对 BIM 建模项目负责人员，主要工作内容是即将进行的建模工作的前期准备，包括软硬件环境部署、供建模使用的设计资料收集、任务分配等总体性工作。除此之外，在模型创建工作开展之前，还需要组织并整理好 Civil 3D 需要使用的路线和道路模板文件（*.dwt）及部件文件（*.pkt）。InfraWorks 在整合模型之前，也需要完成自定义的材质库、样式规则、桥墩护栏三维模型等的准备工作。项目准备阶段的工作内容将对后续建模质量及建模效率的提升起到重要作用。

2.3.2 模型创建阶段

模型创建阶段是整个建模过程中最主要的环节，涉及从项目准备阶段收集的资料处理、资料核对、资料转换（转换为 Civil 3D 可用的资料形式）、具体建模、模型校核等工作。用户应当意识到，模型创建过程其实是一个反复不断的过程，因为设计变更或其他因素需要改变原始资料时，建模人员将不得不对模型做出修改。用户将从后面的章节中了解到，如何实现对模型的快速更新，达到"牵一发而动全身"的效果，发挥出 BIM 建模相较于传统设计方式的显著优势。

2.3.3 模型整合阶段

当用户在 Civil 3D 中创建完成道路模型，并校核了模型的可靠性后，就可以将该部分模型放入一个整合模型中。该整合模型可由专人维护管理，负责将基础模型及各分散的 Civil 3D 模型进行集合整理，最终汇总为完整模型。完整模型的体量往往十分巨大，因此建议用户使用硬件配置较高的系统进行模型整合阶段的任务，并且随时做好模型备份。

2.3.4 模型后处理阶段

在整合校对结束后，应当对完整模型进行后处理，包括关注点设置、标志物导入、构造物创建等工序，通过以上工序将模型进一步精细化、真实化，并通过制作路径动画或设置其他的交互形式来体现设计细节，传达设计理念和设计用意。

2.3.5 建模工作流程图

根据以上模型创建的一般工作流程，可将其整理为完整的道路工程 BIM 建模工作流程图，如图 2-18 所示。通过本节内容，用户可对建模的一般流程有较为清楚的认识，在实际生产过程中做到建模"有理有据""条理清晰"，提高建模质量和建模效率。

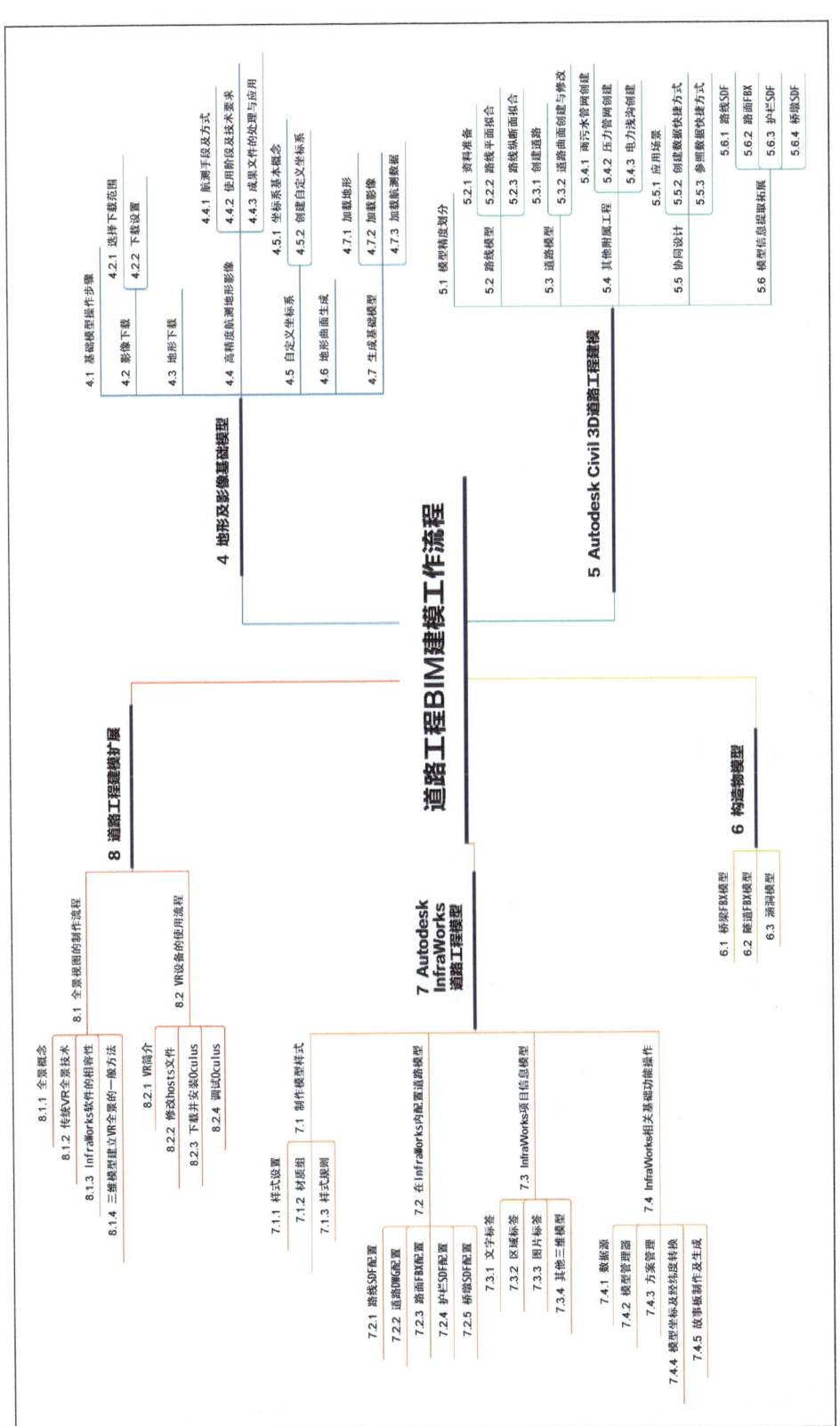

图 2-18 道路工程 BIM 建模工作流程图

第 3 章
建模资料及要求

3.1 建模等级划分

BIM 技术贯穿道路工程各阶段，在不同的阶段应用中需要不同的信息模型精度等级。道路工程尚未形成统一的精度等级划分标准，读者宜结合工作流程组织及项目自身情况，在项目开始前制定相应规则。本书在指导建模的同时，致力于推进道路工程 BIM 模型精度标准的应用研究进程。一般来说，公路设计程序分为预可行性研究、工程可行性研究、初步设计、施工图设计。本书将道路 BIM 建模成果粗略划分为 3 个等级，第一级信息模型适用于路线方案的选择、预可行性研究、工程可行性研究，第二级信息模型适用于初步设计阶段，第三级信息模型适用于施工图设计阶段。

3.2 资料准备

本书的建模过程，主要根据已经完成的设计资料，通过 BIM 软件进行建模工作，完成将二维设计资料转换成三维 BIM 模型的工作。因此，本书的资料准备均按照设计完成后的成果文件，根据 BIM 建模的实际需求进行梳理，为方便使用，读者宜参照本节内容预先准备对应的资料文件，或者使用本书附赠的电子资料。本书附赠的电子资料按照某高速公路互通施工图设计阶段建模要求准备，含设计资料和各步骤成果文件，数据资料仅用于个人研究学习使用。

本书编写组根据众多项目的建模经验，总结出不同阶段所需的基本设计资料，建议初学者按照本书附赠的电子资料操作学习，设计资料如表 3-1 所示。需要准备的其他资料参考附录 B。

表 3-1 设计资料一览表

设计资料	存储位置
项目范围.kml	1-下载 KML
影像下载.tif	2-影像
地形下载.tif	3-地形 \ 地形下载
某高速 -2K 地形曲面.dwg	3-地形

（续表）

设计资料	存储位置
影像下载.tif	4-自定义坐标系\卫星影像
DLG 地形图.dwg	4-自定义坐标系
影像.tif	5-航测地形、航测影像\航测影像
地形.tif	5-航测地形、航测影像\航测地形
设计平面文件-LJ1-K 线-张三.dwg	7-平面
设计平面文件-LJ1-老碾互通-张三.dwg	
设计平面文件-LJ1-左线-张三.dwg	
设计纵断面文件-LJ1-K 线-张三.dwg	8-纵断面图
设计纵断面文件-LJ1-老碾互通-张三.dwg	
设计纵断面文件-LJ1-左线-张三.dwg	
老碾互通总体图.dwg	10-总体图
某高速-老碾互通-自定义部件.dwg	11-自带装配
排管.pkt	13-电力浅沟部件
电力浅沟.dwg	14-电力浅沟图纸
电力浅沟.fbx	15-电力浅沟 FBX 实体
三柱圆墩.fbx，双柱圆墩.fbx，桥墩-1.fbx，桥墩-2.fbx，桥墩-3.fbx	20-桥墩 FBX
道路样式规则.rules.json	23-InfraWorks 样式规则
压力管网.dwg	27-雨污水、压力管网资料

3.3 文件管理

在明确了项目执行计划、满足了软硬件环境等资源后，在正式开始 BIM 建模工作之前还需要建立文件命名和存储规则。建模过程伴随着大量文件资料的传递共享，为提高文件存储、共享、管理、检索效率，宜采用清晰的文件存储路径及详细的文件命名。以下介绍本书中的命名规则。

按照存放的文件类型，如图 3-1 所示将项目文件分为 8 个文件夹：Resource、Survey、Alignment、Assembly、Database、Style、Structure、Shortcuts。其中，Resource 用于存放原始设计资料，其二级子文件夹所包含的资料如图 3-2 所示；Survey 用于存放测绘资料，如自定义坐标系、地形文件、影像文件等，其二级子文件夹如图 3-3 所示；Alignment 用于存放路线拟合的 *.dwg 格式文件；Assembly 用于存放装配文件；Database 用于存放需要手动导入 InfraWorks 的 *.sdf、*.fbx 格式文件及路基 *.dwg 格式文件，如图 3-4 所示；Style 用于存放 InfraWorks 自定义样式文件；Structure 用于存放外界设计的建筑三维实体模型；Shortcuts 是数据快捷方式设定工作文件夹。

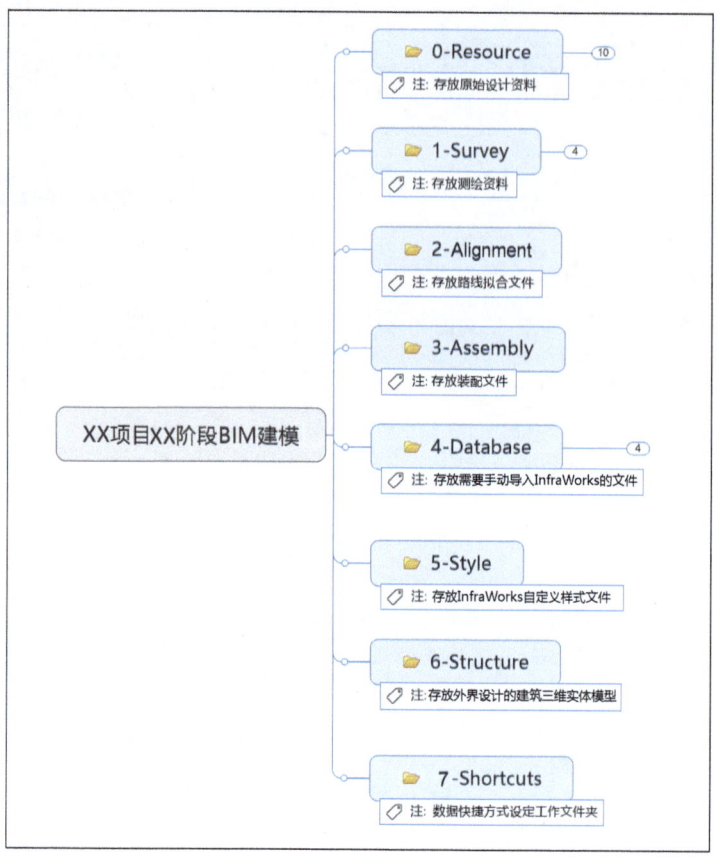

图 3-1　项目文件夹

图 3-2　原始设计资料文件夹

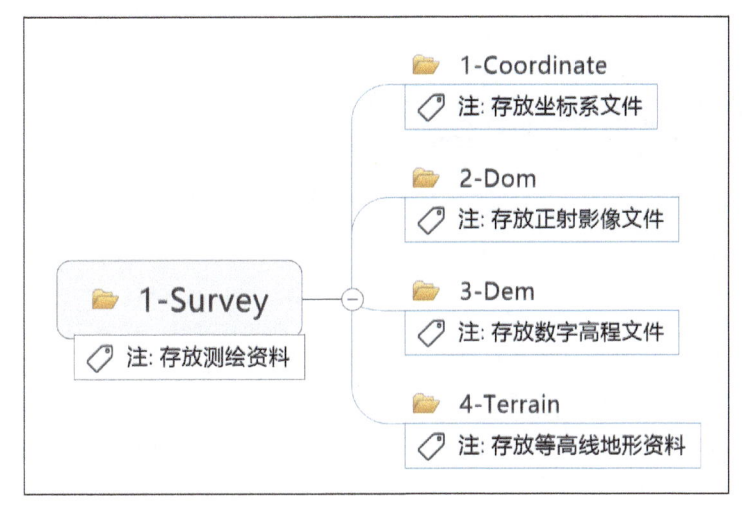

```
1-Survey (注: 存放测绘资料)
├── 1-Coordinate (注: 存放坐标系文件)
├── 2-Dom (注: 存放正射影像文件)
├── 3-Dem (注: 存放数字高程文件)
└── 4-Terrain (注: 存放等高线地形资料)
```

图 3-3　测绘资料文件夹

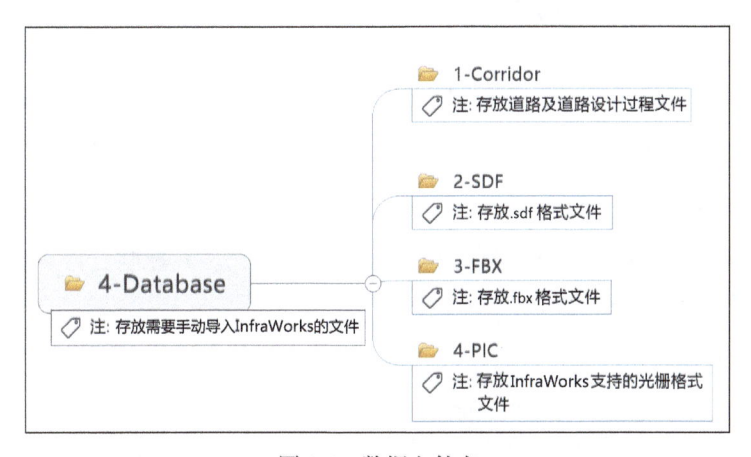

```
4-Database (注: 存放需要手动导入InfraWorks的文件)
├── 1-Corridor (注: 存放道路及道路设计过程文件)
├── 2-SDF (注: 存放.sdf 格式文件)
├── 3-FBX (注: 存放.fbx 格式文件)
└── 4-PIC (注: 存放InfraWorks支持的光栅格式文件)
```

图 3-4　数据文件夹

另外，Alignment、Assembly、Style、Structure 这 4 个文件夹为单一文件夹，内部无子文件夹，具体文件命名规则详见附录 D。

第 4 章
地形及影像基础模型

在 BIM 项目中，基础模型指的是所有测绘数据在三维平台上的整合，包括传统矢量地形图和航测数据。为了模型的宏观性，还需要用地形数据对项目外的范围进行补充，由此整合而来的模型就称为基础模型。基础模型中仅包含各种测绘数据，不包含设计数据。

4.1 基础模型操作步骤

1. 收集资料

收集项目区域、地形图等资料，同时下载对应地区的 DEM 数据和影像数据。

2. 自定义坐标系

不同坐标系的影像地形及其他测绘数据通过多个关联点或控制点计算出转换参数，达到多种坐标系数据融合在一起的目的。

3. 数据处理

同时开展地形图、影像、DEM 的数据处理工作。

4. 数据汇总及加载

汇总数据处理成果，检查后在 InfraWorks 中进行数据加载。

4.2 影像下载

本节所需资料如表 4-1 所示，读者可在本书附赠的电子资料中找到相应资料。

表 4-1　本节所需资料

序　号	位　置	资料名称	使用软件	成果文件地址
1	1-下载 KML	项目范围.kml	LSV	2-影像

4.2.1 选择下载范围

影像下载需要借助下载工具，目前常用的下载工具有奥维互动地图浏览器、图新地球

(LSV)等。通过综合比对软件易用性、下载效率、下载质量等几个方面，本书推荐使用苏州中科图新网络科技有限公司自主研发的国产免费三维数字地球产品图新地球（LSV）。图新地球软件下载地址为 www.locaspace.cn/LSV.jsp，在解压安装文件后，即可开始影像下载。

  LSV 客户端界面如图 4-1 所示，在下载影像前，需要导入项目 .kml 文件（可直接拖入附赠的电子资料中"1- 下载 KML"文件夹的"项目范围 .kml"文件），在拖入文件后，将界面缩放到项目位置，如图 4-2 所示。选择菜单栏"下载"—"影像 / 地图"，弹出"下载区设置"界面，单击"选择面"（见图 4-3、图 4-4），再单击矩形面即可；或者在"下载区设置"中选择"绘制矩形"，单击左键拖拽绘制矩形，再次单击左键，完成矩形绘制。

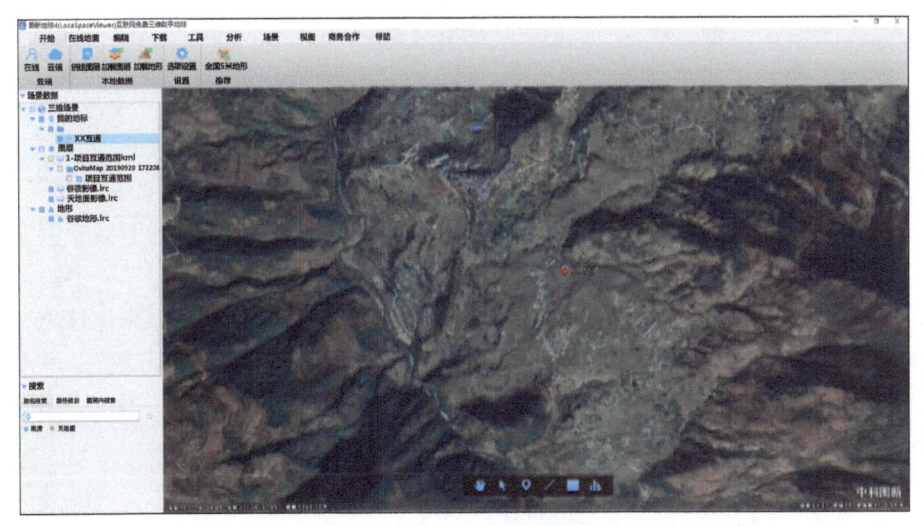

图 4-1 LSV 客户端界面

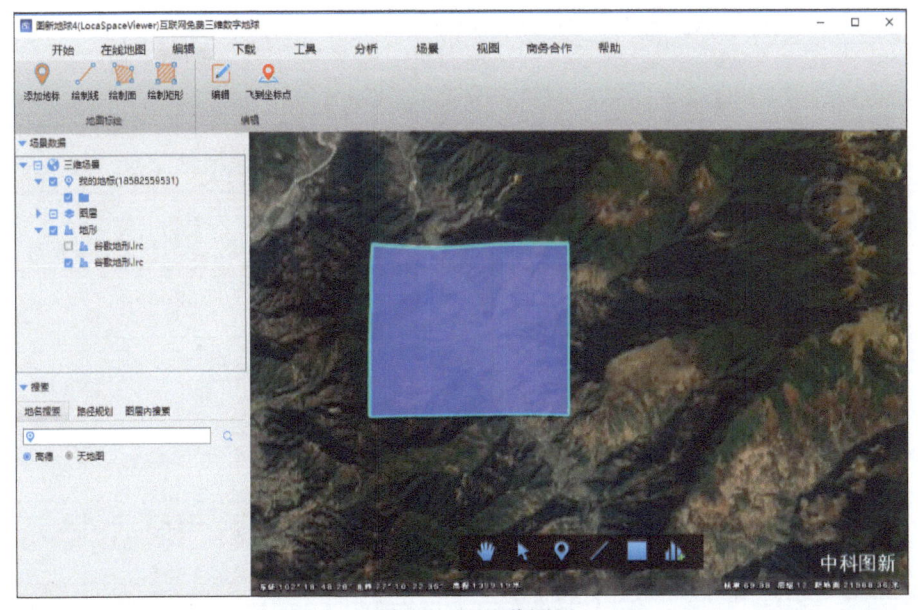

图 4-2 项目范围

图 4-3　影像下载

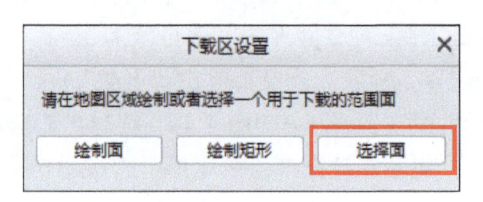

图 4-4　下载区设置

4.2.2　下载设置

单击"选择面"后，弹出"下载任务配置"界面，如图 4-5 所示，可选择下载类型（在线影像、在线地图）和下载级别（1～19 级），数据大小根据选择的下载级别变化，下载级别越高，对应的分辨率越高，瓦片数越多，数据越大。在"Tiff 设置"中，可设置单个数据的大小。一般项目的建模，下载 17 级或 18 级影像；若作为航测影像补充，可选择下载 14 级影像。本节选择 17 级下载级别，将任务名称修改为"影像下载"，单击"开始下载"，选择存储位置，开始下载。可在"下载管理"界面（见图 4-6）中查看下载状态，如果下载速度过慢，可以重新设置下载级别。

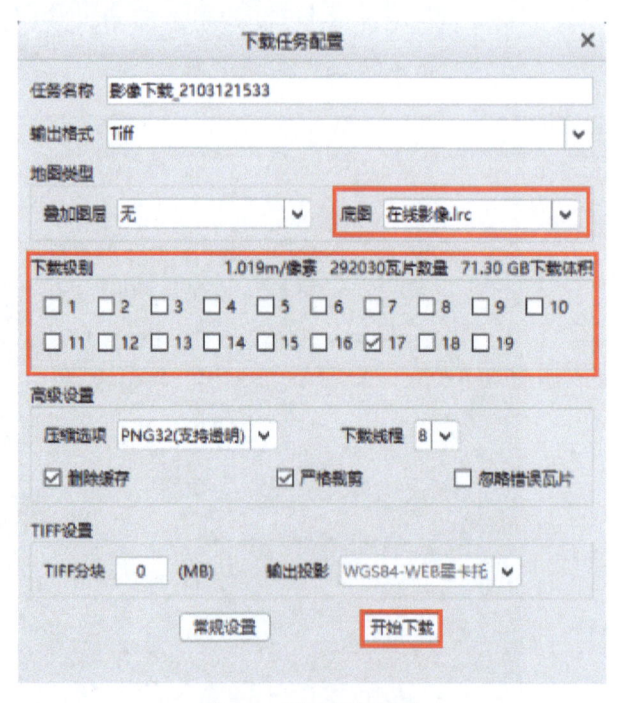

图 4-5　下载任务配置

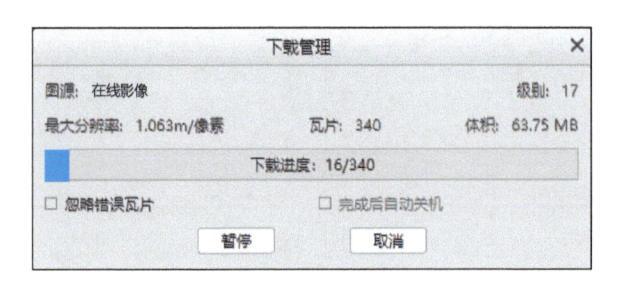

图 4-6　下载管理

根据编写组多个项目实践，总结出在不同设计阶段影像下载时间、质量和大小相对最优下载级别的组合方式，通过该组合方式下载的影像，能够满足 BIM 模型相关使用场景的需要，如表 4-2 所示。

表 4-2　影像下载级别经验组合

序　号	设计阶段	影像下载级别		备　注
		大 范 围	小 范 围	
1	预可行性研究、工程可行性研究	14 级	17 级	
2	初步设计	14 级／15 级	17 级／18 级	
3	施工图设计	14 级／15 级	17 级／18 级	

4.3　地形下载

本节所需资料如表 4-3 所示，读者可在本书附赠的电子资料中找到相应资料。

表 4-3　本节所需资料

序　号	位　置	资料名称	使用软件	成果文件地址
1	1- 下载 KML	项目范围.kml	LSV	3-地形

一般而言，网络提供的数字高程模型（DEM）分为 3 类，分别是 90m 精度 DEM、30m 精度 DEM、12.5m 精度 DEM。DEM（Digital Elevation Model），即数字高程模型，是地理信息系统数据库中最重要的空间信息资料和赖以进行地形分析的核心数据系统。DEM 通过有限的地形高程实现对地形曲面的数字化模拟或地形表面形态的数字化表示。DEM 分辨率是 DEM 刻画地形精确程度的一个重要指标，是指 DEM 最小的单元格的长度。分辨率数值越小，分辨率就越高，刻画的地形精确程度就越高，同时数据量也呈现几何级数增长。所以，DEM 的制作和选取要依据需求，在精确度和数据量之间做出平衡选择。DEM 分辨率、比例尺和影像地面分辨率的关系如表 4-4 所示。

表 4-4　DEM 分辨率、比例尺和影像地面分辨率的关系

分幅比例尺	高程模型栅格间距	影像地面分辨率
1∶500	0.5	0.05
1∶1000	1.0	0.1
1∶2000	2.0	0.2
1∶5000	2.5	0.5
1∶10000	5.0	1.0

LSV 提供 ETOPO（1.8km）、SRTM3（90m）、ASTER（30m）、ALOS（12m）几种不同精度的地形。其中，ETOPO 地形数据是由美国国家地球物理数据中心（National Geophysical Data Center，NGDC）发布的。LSV 提供 ETOPO1、ETOPO2 两种规格的地形数据。SRTM 地形数据由美国国家航空航天局（NASA）、美国国防部国家测绘局（NIMA），以及德国和意大利航天机构共同合作完成测量，具体测量由美国发射的"奋进号"航天飞机上搭载的 SRTM 系统完成。SRTM3 是采样间隔为 3 角秒、采样间距约为 90m 的地形数据。ASTER GDEM（Advanced Spaceborne Thermal Emission and Reflection Radiometer Global Digital Elevation Model），即先进星载热发射和反射辐射仪全球数字高程模型，是根据 NASA 的新一代对地观测卫星 Terra 的详尽观测结果制作完成的，与 SRTM 同样为数字高程数据，其全球空间分辨率为 30m。以上地形数据可按照软件提示自行下载，此处不再赘述。

4.4　高精度航测地形影像

4.4.1　航测手段及方式

目前，航测方式主要分为航空摄影测量、机载激光雷达测量和倾斜摄影测量。常见的飞行平台有固定翼无人机、多旋翼无人机、载人三角翼、载人热气球和载人直升机等，得到的成果主要有正射影像、高程模型、激光点云和倾斜模型等。

就四川省的山区而言，目前通常采用航空摄影测量和机载激光雷达测量，得到项目的正射影像、激光点云和高程模型。对于特殊工点，如公路隧道进出口、特殊桥梁工点等，还会进行倾斜摄影测量，得到工点高精度实景模型。

目前，InfraWorks 无法加载实景模型，LSV 的免费版可以加载实景模型。

4.4.2　使用阶段及技术要求

通常，省重点项目、国省干道及高速公路的初步设计使用航空摄影测量和机载激光雷达测量。航空摄影测量范围及技术要求如下。

影像地面分辨率为 0.05～0.10m，点云密度不小于 16 个 /m^2，数字高程模型分辨率为 0.5～2m。

摄影时间选择太阳高度角大于 45°，阴影倍数小于 2 的时间段。图片航向重叠度为 60%～65%，最小不小于 56%；旁边重叠度为 30%～35%，最小不小于 15%；图片倾角应小于 2°，个别图片倾角最大可为 4°；旋转角应小于 8°，核心区域旋转角小于 10°；航线弯曲度应小于 3%；同一航带上相邻图片的航高差应小于 20m，同一航带上最大航高与最小航高之差应小于 30m。图片校色正确、色调均匀、不偏色、影像层次丰富、清晰一致。

4.4.3 成果文件的处理与应用

点云数据预处理采用同一架次的 POS 数据、飞行记录数据、地面基站观测数据、基站控制点数据进行，点云数据采用 LAS 或 ASCII 码格式存储。点云数据采用 TerraSolid 软件进行分类和存储。点云高程中误差平地小于 0.15m、丘陵小于 0.25m、山地小于 0.35m。

采用分类后的地表点云数据生成数字高程模型（DEM）。河流湖泊等大面积无数据水域，采集水涯线作为特征线参与数字高程模型生成。生成的数字高程模型的高程数据误差平地小于 0.2m、丘陵小于 0.4m、山地小于 0.5m。

利用 POS 数据处理后获取的外方位元素和地表点云数据对航空数码影像进行正射纠正，生成数字正射影像图（DOM）。DOM 成果的地面分辨率不低于 0.05m，高程误差平地小于 0.3m、丘陵小于 0.3m、山地小于 0.4m。

得到的 DOM 成果为 .tif 格式，分辨率为 0.05m 和 0.2m；得到的高程模型为 .tif 格式，分辨率为 2m；得到的点云高程为 .las 格式。

正射影像和高程模型结合自定义坐标系可以直接在 InfraWorks 中建立基础模型。

4.5 自定义坐标系

本节所需资料如表 4-5 所示，读者可在本书附赠的电子文件中找到相应资料。

表 4-5 本节所需资料

序 号	位 置	资料名称	使用软件	成果位置地址
1	4-自定义坐标系	DLG 地形图 .dwg	Civil 3D	4-自定义坐标系
2	4-自定义坐标系\卫星影像	影像下载 .tif	Civil 3D	4-自定义坐标系\卫星影像
3	4-自定义坐标系	DHGS-CHD-DY-SS-1808.dwg	Civil 3D	4-自定义坐标系

4.5.1 坐标系基本概念

1. 参考椭球

地球是一个不规则的球体，在数学上无法用规则的数学模型进行表达，因此不便于进行相关的数学计算。许多国家和地区为了解决这个问题，纷纷制定了能最佳表达本地区地形的椭球，该椭球具有详细、精准的标准参数，称此类椭球为参考椭球。以下是常用的几种椭球：

（1）苏联克拉索夫斯基椭球：北京 54 坐标系采用的椭球。

（2）1975 国际会议椭球：西安 80 坐标系采用的椭球。

（3）WGS84 椭球：Web 墨卡托投影坐标系、WGS84 大地坐标、UTM 投影坐标系采用的椭球。

为了能够准确表达椭球之上的地理位置，在东西方向以英国格林尼治天文台为基准，自西向东和自东向西分别将地球划分为 0°～180° 的区域，分别称为东经和西经。格林尼治天文台所在 0° 经线又称为本初子午线。在南北方向，以赤道为基准，自南向北和自北向南将地球划分为 0°～90° 的区域，分别称为北纬和南纬。使用经纬度可定位椭球上的任意位置，这种坐标表达方式称为大地坐标。

直角坐标系将椭球上某一区域按一定方式投影于平面之上，采用 X、Y 表达地理位置，又称为投影坐标系。

2. 投影坐标系带号（中央经线）计算

在选择投影坐标系时，常根据带号或中央经线指定坐标系，常用的计算方法如下。

（1）北京 54 坐标系或西安 80 坐标系（三度带）：

中央经线 = 带号 ×3；

带号 = 经线 /3（四舍五入）。

（2）UTM 投影坐标系：

带号 = 经线 /6（取整）+31。

国内带号及其中央经线和对应经度范围如表 4-6 所示。

表 4-6　国内带号及其中央经线和对应经度范围

带　号	中央经线	经度范围	带　号	中央经线	经度范围
43	75°E	72°E～78°E	49	111°E	108°E～114°E
44	81°E	78°E～84°E	50	117°E	114°E～120°E
45	87°E	84°E～90°E	51	123°E	120°E～126°E
46	93°E	90°E～96°E	52	129°E	126°E～132°E
47	99°E	96°E～102°E	53	135°E	132°E～138°E
48	105°E	102°E～108°E			

3. 如何区分坐标系是三度带还是六度带

我国经度覆盖 73°E～135°E，X 坐标（8 位数，前两位是带号）带号小于等于 23 的为六度带，大于等于 24 的为三度带。如果没有带号，则根据地图比例尺判断，比例尺大于等于 1∶10000，常使用三度带，比例尺为 1∶25000、1∶50000 常使用六度带。

4．测量坐标和笛卡儿坐标

在数学领域，平面直角坐标常使用笛卡儿坐标，即横坐标为 X、纵坐标为 Y。在测量坐标系中横坐标为 Y、纵坐标为 X，主要目的是便于计算机计算，测量领域的数学公式可不做任何修改，直接在计算机中实现。以方位角为例，若 B 点到 A 点的方位角为 α，在测量领域，方位角是以纵坐标北方向为基准，按顺时针旋转；而在笛卡儿坐标中，方位角是以横坐标东方向为基准，按逆时针旋转，数学计算公式均以此为准。如果要将方位角用于数学公式的计算，需要进行角度转换，根据方位角所在象限的不同，角度转换公式也有所不同，计算较为复杂。将 X 坐标轴和 Y 坐标轴交换位置可以解决这个问题，如图 4-7 所示。

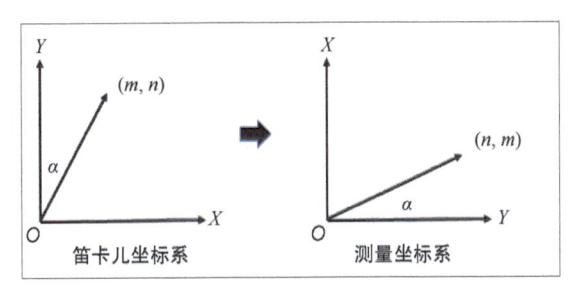

图 4-7 坐标系转换对照

在笛卡儿坐标系中，$\tan\alpha=m/n$，经过坐标系转换，$\tan\alpha=m/n$。因此，坐标系的转换实际上改变了方位角在测量坐标系中的定义规则，使其与数学坐标系的角度定义规则一致，方便了计算机的计算，但是运算结果并不会发生变化。

有时地形图制作并不规范，为了使非专业人员能够辨识投影坐标系的 X 轴坐标、Y 轴坐标，只需要记住无论是北京 54 坐标系、西安 80 坐标系，还是 UTM 投影坐标系，Y 轴坐标均是整数位为 7 位的数，其他位数的数即 X 轴坐标（6 位或 8 位），如图 4-8 所示。

448111.9709, 3315195.9892, 0.0000
11360221.447, 3512299.591, 0.000

图 4-8 坐标示例

4.5.2 创建自定义坐标系

创建自定义坐标系的目的是，将从互联网下载的免费卫星图片资源及创建的 BIM 模型与具体项目整合在一起。Autodesk AutoCAD Civil 3D 自定义坐标系功能，可以将指定的自定义坐标系调整到与项目地形图匹配吻合，以确保整合配置进入 InfraWorks 平台的 BIM 模型位置正确。下面详细介绍创建自定义坐标系的步骤。

1. 打开项目相关地形图

使用 Autodesk AutoCAD Civil 3D 将项目相关的地形图 .dwg 格式文件打开。

2. 查询项目经度信息

根据图新地球等类似软件查询项目所在的大致经度信息。以本项目为例，经查询可得项目中间里程位置在 102.325°E 附近。此经度信息用于下面步骤的查询坐标系文件及调整自定义坐标系。

3. 在坐标系库中寻找合适的坐标文件

在 Autodesk AutoCAD Civil 3D 中输入 mapcslibrary 命令，在弹出的"坐标系库"对话框的搜索栏键入"102e"，在备选栏中找到 Xian80.GK3d/CM-102E，本次自定义坐标系将选择使用西安 80 三度带东经 102 度坐标系进行调整配置，如图 4-9 所示。

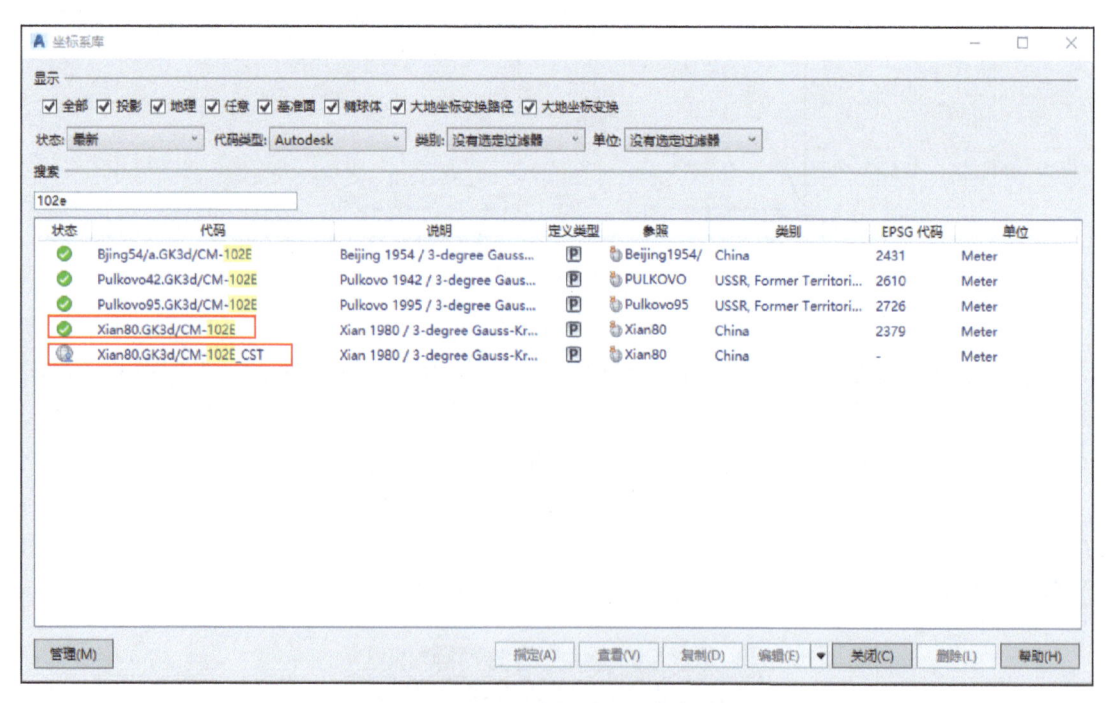

图 4-9　"坐标系库"对话框

复制此坐标系，单击编辑，即可在弹出的"坐标系"对话框中的"代码"栏中自定义坐标系名称。自定义坐标系可以采用"项目简称 - 设计单位简称 - 数据类型 - 设计阶段 - 时间"的命名方式，以清晰、准确地表示该自定义坐标系的适用项目信息，如图 4-10 所示。

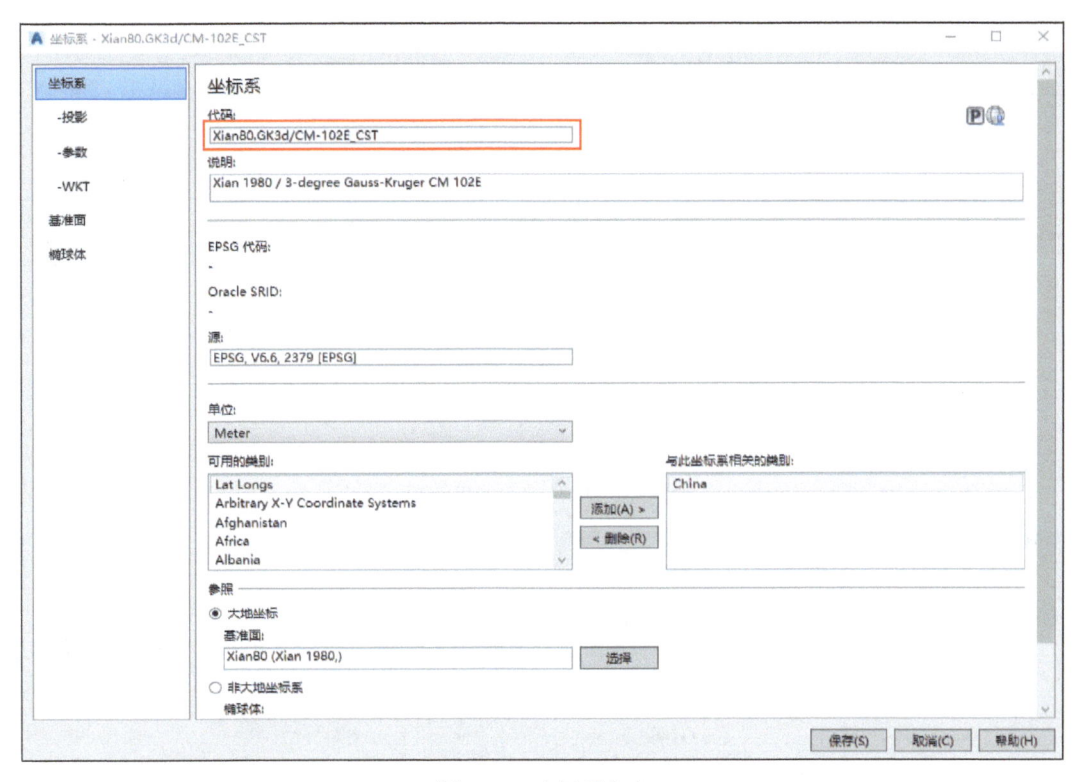

图 4-10　坐标系命名

4．调整中央子午线

前述步骤中查询得到本项目在 102.325°E 附近，在"坐标系"对话框中选择"投影"选项卡，如图 4-11 所示。将"中央子午线"栏中的 102 修改为 102.325（见图 4-12），并单击"指定"坐标系，如图 4-13 所示。

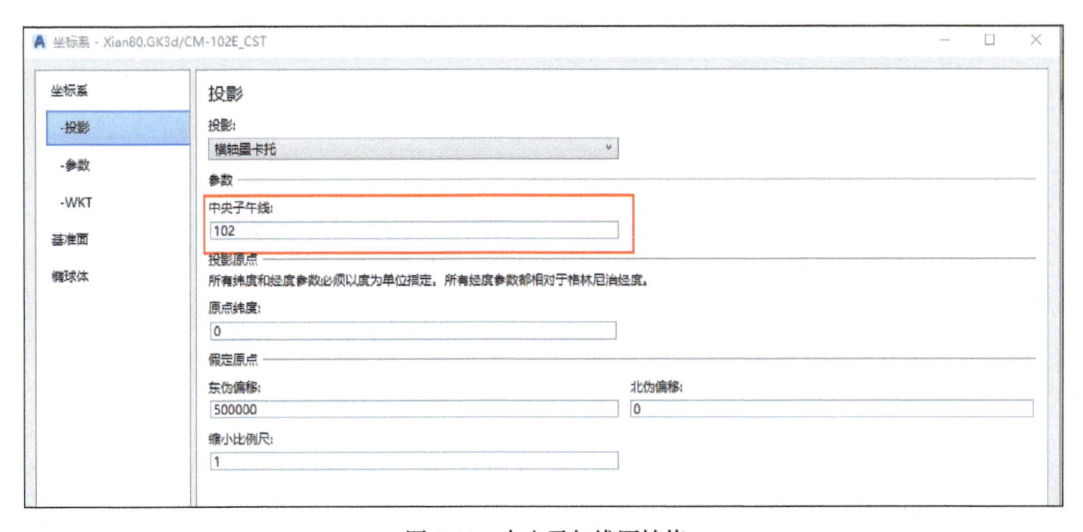

图 4-11　中央子午线原始值

图 4-12　中央子午线修正值

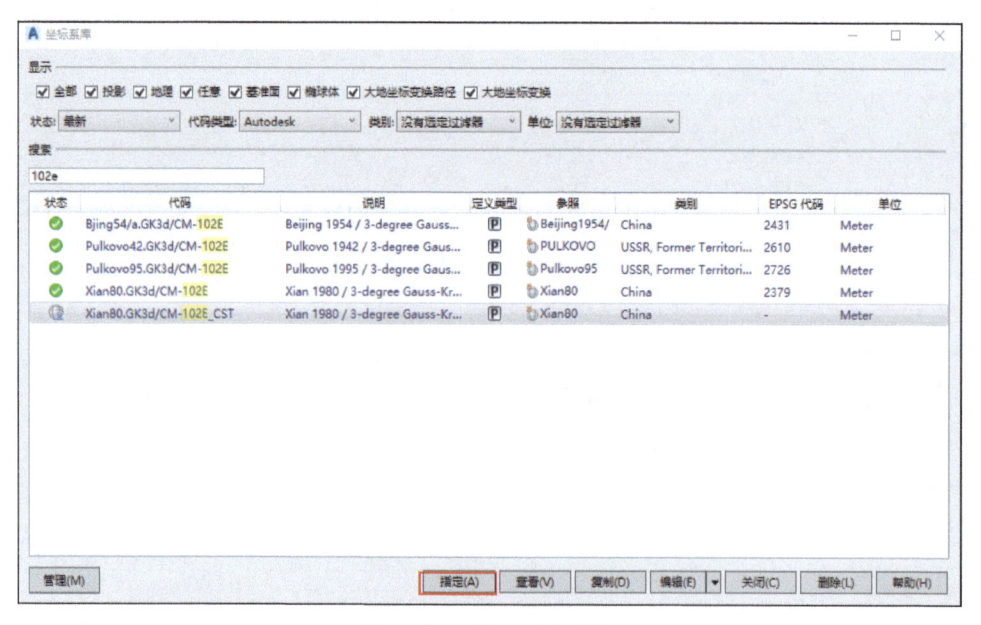

图 4-13　坐标系"指定"

5. 项目卫星影像

在 Civli 3D 中自定义坐标系的原理是，在 Civil 3D 中加载与等高线地形图大致对应的影像，寻找关键特征点，通过调整相关标准坐标系参数，使特征点在地形图及影像中相互匹配，从而完成对自定义坐标系的设置。因此，需要将影像与等高线地形图同时加载在 Civil 3D 中。

Autodesk AutoCAD Civil 3D 有联机地图功能，可以选择"鸟瞰地图"，加载卫星影像资料。但是，在实际操作中，地图调用受很多网络因素影响，并不稳定。本节介绍更加高效的加载卫星影像的方式，即通过图新地球（LSV）、奥维或 Global Mapper 下载项目区域包含起点、终点的 16 级以上卫星影像，如图 4-14 所示。

图 4-14　卫星影像

6．插入卫星影像

使用工具栏中的"Raster Tools",如图 4-15 所示插入下载好的卫星影像。

图 4-15　卫星影像插入面板

选择需要加载的卫星影像文件,并选择"Insertion wizard"方式,如图 4-16 所示。

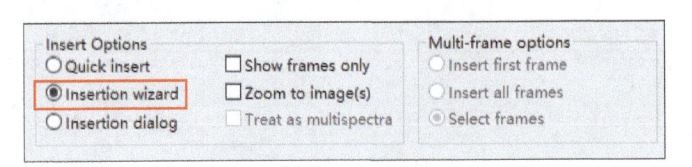

图 4-16　插入卫星影像

勾选"Transform to drawing's coordinate system"(转换坐标系选项),如图 4-17 所示。

7．调整自定义坐标系

插入后的卫星影像如图 4-18 所示。红色圈为找到的特征点,发现相差一定距离,由此可以调整中央子午线精度,使卫星影像在东西方向移动,如图 4-19 所示。根据此图情况,将中央子午线调整为 102.33,再插入卫星影像,可以发现卫星影像向西移动。

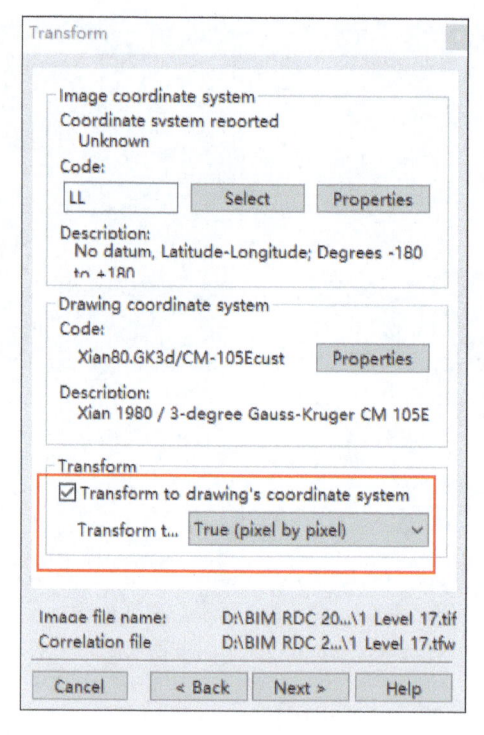

图 4-17 转换坐标系选项

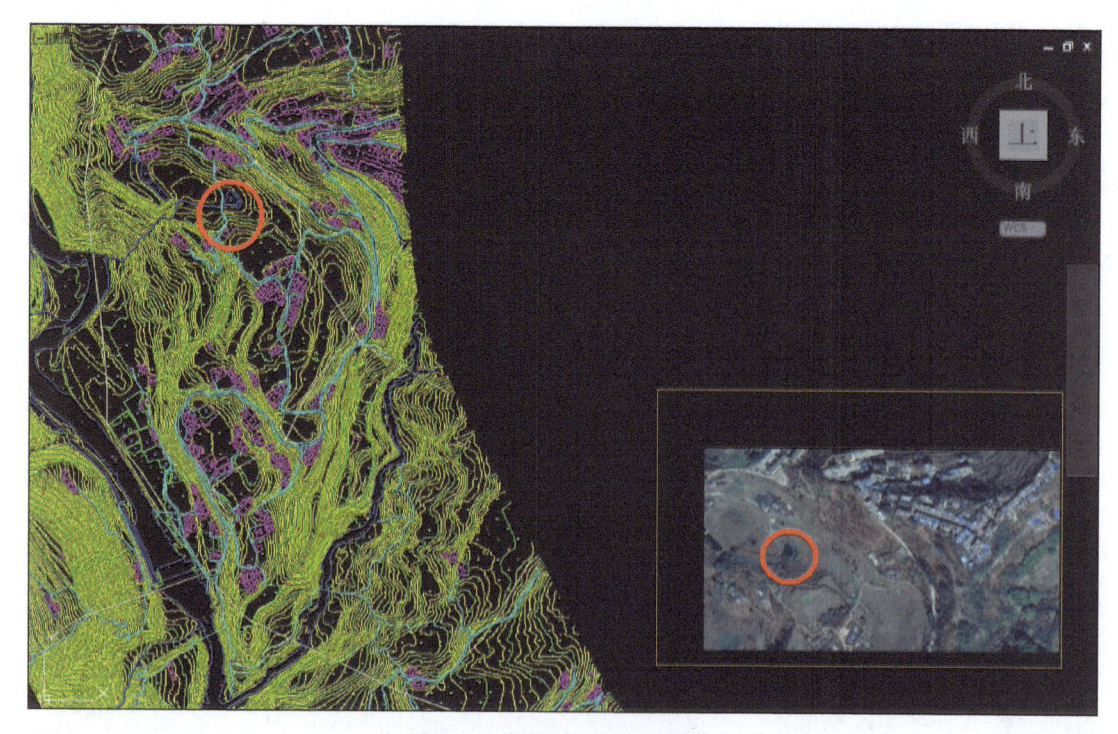

图 4-18 初始插入的卫星影像

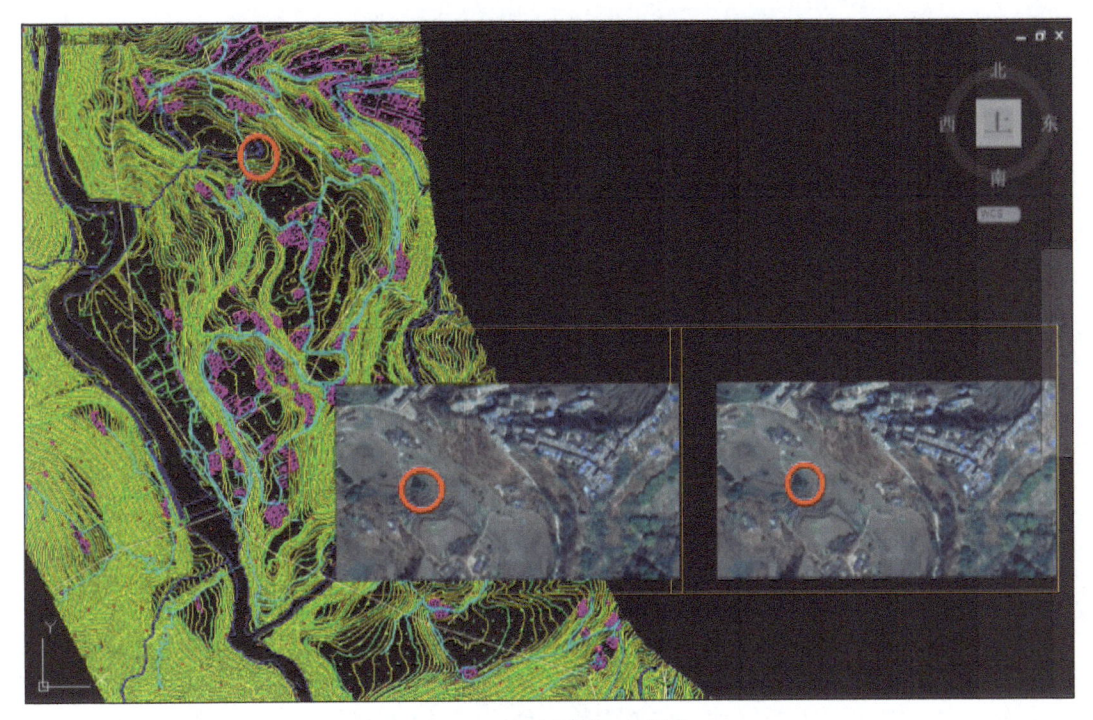

图 4-19 逐步调整卫星影像

通过逐步增加中央子午线精度值，可以在东西方向校准卫星影像。此外，我们还需要修改"缩小比例尺"系数，以调整南北方向，如图 4-20 所示。

图 4-20 参数化调整卫星影像

增加"缩小比例尺"系数，卫星影像向北移动；减小"缩小比例尺"系数，卫星影像则向南移动。基于此，可以将卫星影像与地形图校准吻合，完成自定义坐标系的配置工作（见图 4-21）。

图 4-21 完全对齐卫星影像

表 4-7 所示的卫星影像移动方向关联表，是调整"中央子午线"和"缩小比例尺"与卫星影像移动方向的关联表。

表 4-7 卫星影像移动方向关联表

参数类型	参数调整	移动方向
中央子午线	数值增加	西向
	数值减小	东向
缩小比例尺	数值增加	北向
	数值减小	南向

4.6 地形曲面生成

本节所需资料如表 4-8 所示，读者可在本书附赠的电子文件中找到相应资料。

表 4-8 本节所需资料

序号	位置	资料名称	使用软件	成果文件地址
1	3-地形	某高速-2K 地形曲面 .dwg	Civil 3D	3-地形

在 Civil 3D 中进行道路建模，首先需要根据等高线地形图或航测地形建立地形曲面，用于道路路基断面设计处理。Civil 3D 提供了众多创建地形曲面的功能，其详细操作可查阅 Civil 3D 帮助文件或相关书籍。本节主要介绍使用矢量等高线地形图中的高程点（块）创建地形曲面的方法。

第 4 章 地形及影像基础模型

首先，用 Civil 3D 打开本书附赠的电子文件中提供的矢量地形图，右键单击工具空间下的"曲面"，选择"创建曲面"，在弹出的对话框中对曲面进行命名，如图 4-22 所示。

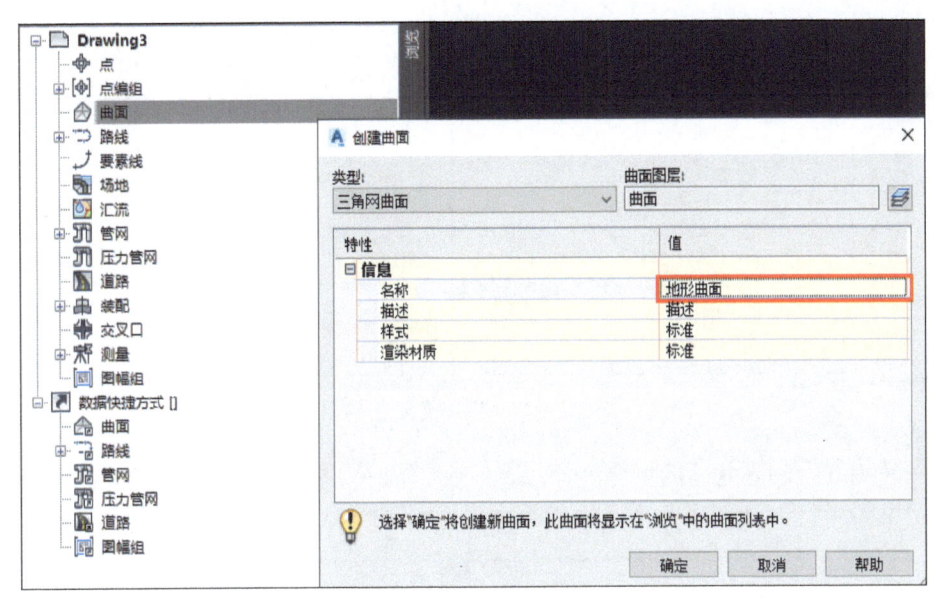

图 4-22　创建曲面

其次，区分出地形图中的等高线或高程点，关闭其余图层，若需要限定地形图范围，可以手动绘制多段线边界。展开"曲面"—"定义"—"等高线"，右键单击"添加"，在弹出的对话框中单击"确定"，如图 4-23 所示，框选等高线，即完成添加。

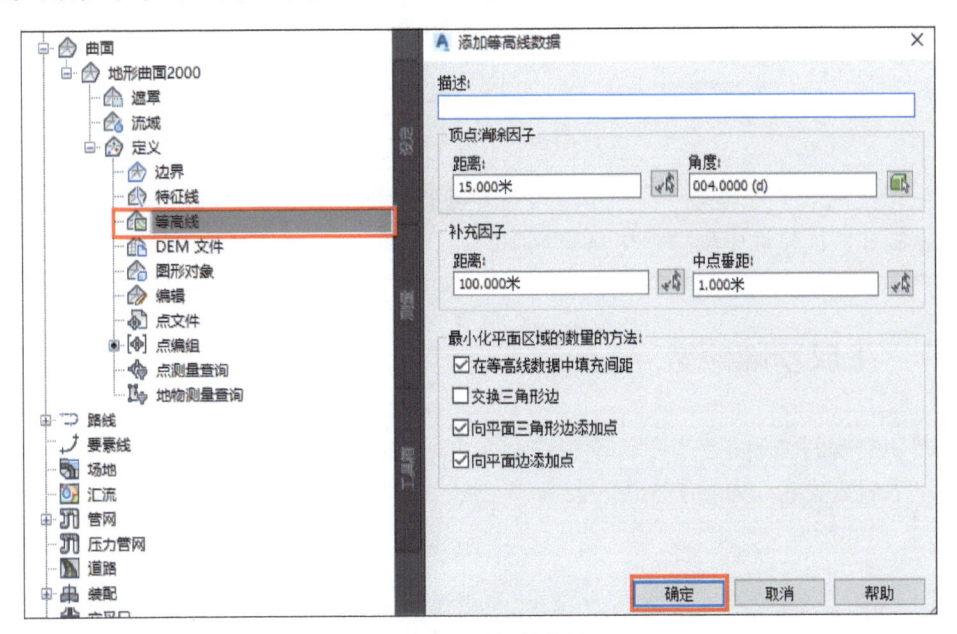

图 4-23　添加等高线

添加高程点，则展开"曲面"—"定义"—"图形对象"，右键单击"添加"，在弹出的对话框中，根据高程点的特性，选择对象类型（如线、高程点、块等，在本书附赠的电子文件中，选择"块"），单击"确定"，如图 4-24 所示，框选高程点，即完成添加。

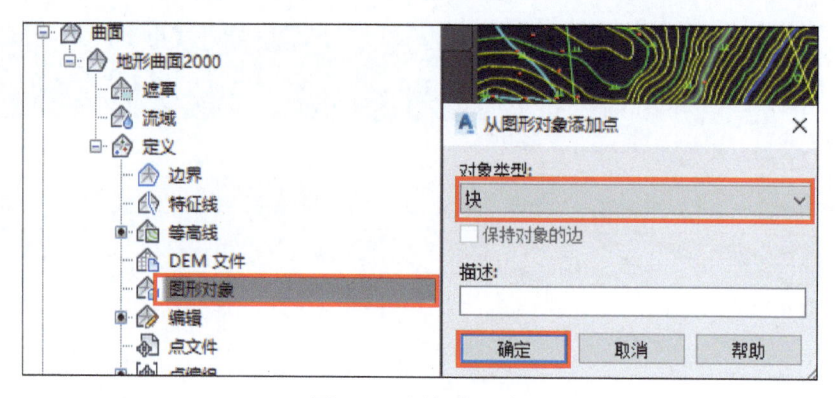

图 4-24　添加高程点

若定义边界，则展开"曲面"—"定义"—"边界"，右键单击"添加"，在弹出的对话框中（见图 4-25），选中手动绘制的多段线，完成边界定义，地形图处理完成。

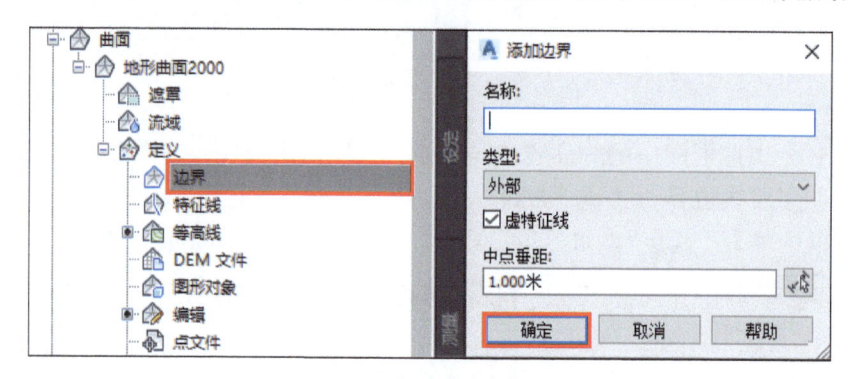

图 4-25　添加边界

最后，在地形图处理完成后，可以通过对象查看器检查是否存在高程错误。若存在高程错误，则在曲面特性中剔除超出高程范围的点。

4.7　生成基础模型

本节所需资料如表 4-9 所示，读者可在本书附赠的电子文件中找到相应资料。影像及地形数据下载完成后，可在 InfraWorks 中生成基础模型。

表 4-9　本节所需资料

序号	位置	资料名称	使用软件	成果文件地址
1	1-下载 KML	项目范围.kml	Global Mapper	—
2	4-自定义坐标系	DHGS-CHD-DY-SS-1808.dwg	Civil 3D	—

(续表)

序号	位置	资料名称	使用软件	成果文件地址
3	2-影像	影像下载.tif	InfraWorks	6-InfraWorks 基础模型
4	5-航测地形、航测影像\航测影像	影像.tif		
5	3-地形\地形下载	地形下载.tif		
6	5-航测地形、航测影像\航测地形	地形.tif		

4.7.1 加载地形

1. 地形裁剪

因为实际下载的地形范围比 .kml 文件中的地形范围更大，影像不能完全覆盖地形，需要将地形范围按照 .kml 文件范围裁剪；或者在下载影像时，框选更大的下载范围，使影像范围大于地形范围，即可略过此步。

通常，可以使用 Global Mapper 或 ArcGIS 对地形 tif 文件进行裁剪。以 Global Mapper 为例，打开软件，拖入"项目范围.kml"文件，单击"图元信息"工具，选择矩形框，在出现如图 4-26 所示的"图元信息"对话框后，关闭对话框，完成图元选择。拖入下载的地形 .tif 文件，在控制中心仅勾选地形 .tif 图层，如图 4-27 所示。单击"文件"—"导出"—"导出高程网格格式"，如图 4-28 所示，弹出"选择导出格式"对话框，默认为"GeoTIFF"，单击"确定"，直到弹出"GeoTIFF 导出选项"，在"导出边界"中勾选"以选定的区图元裁剪"，如图 4-29 所示，单击"确定"，导出 .tif 文件。

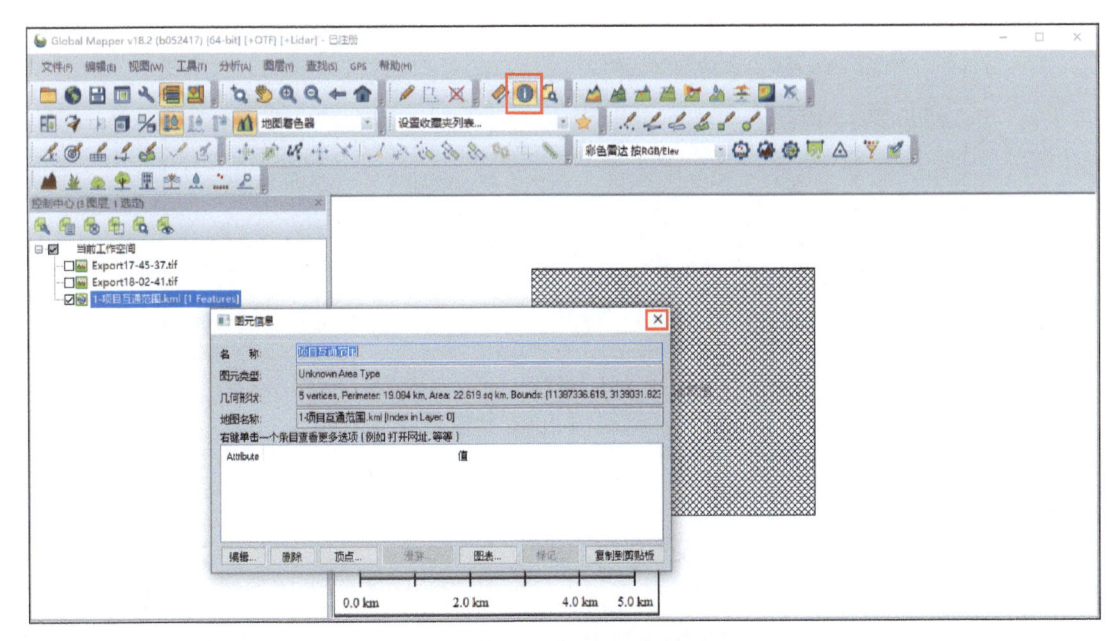

图 4-26 "图元信息"对话框

图 4-27　勾选地形 .tif 图层

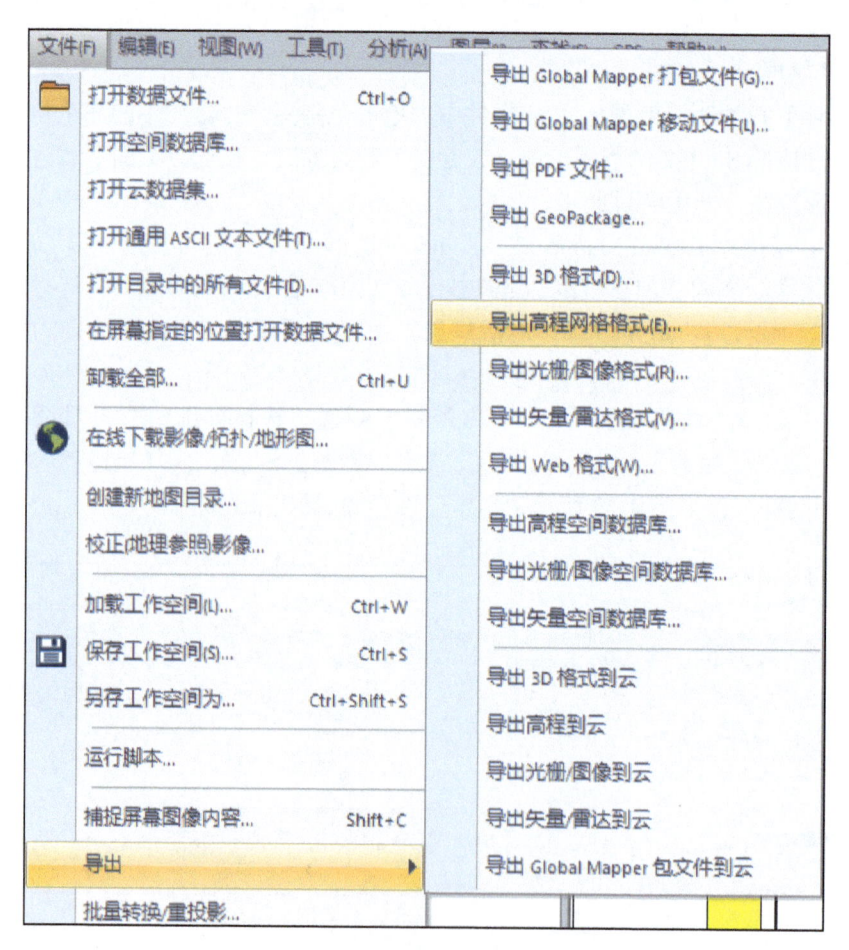

图 4-28　导出 .tif 文件

2. 地形导入

打开 InfraWorks，新建模型，设置模型名称为"老碾互通"，选择存储位置，如图 4-30 所示。模型打开后直接拖入已裁剪的地形 .tif 文件至 InfraWorks 界面，弹出"数据源配置"对话框，数据源自动配置为地形。因为地形为谷歌地形，所以无须手动配置坐标系，单击"关闭并刷新"，如图 4-31 所示，得到如图 4-32 所示的谷歌地形基础模型。

图 4-29　以选定的区图元裁剪

图 4-30　新建模型

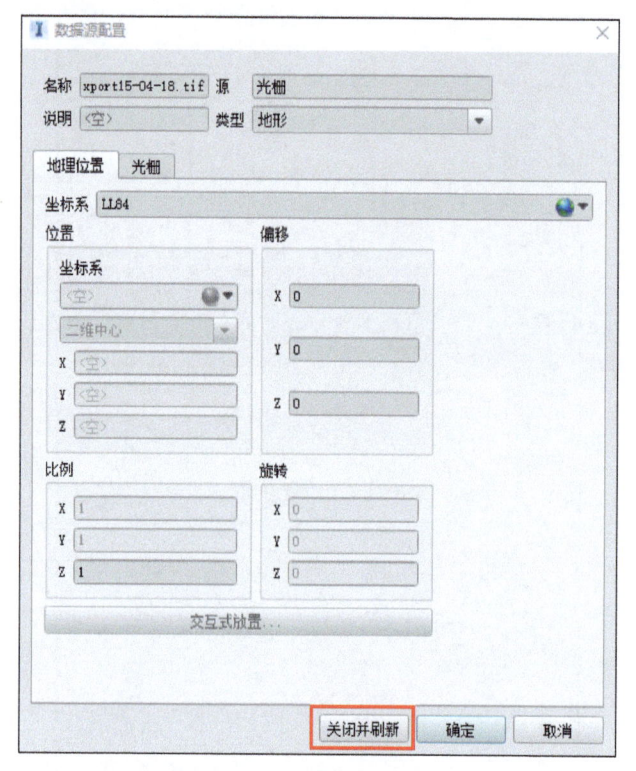

图 4-31 数据源配置

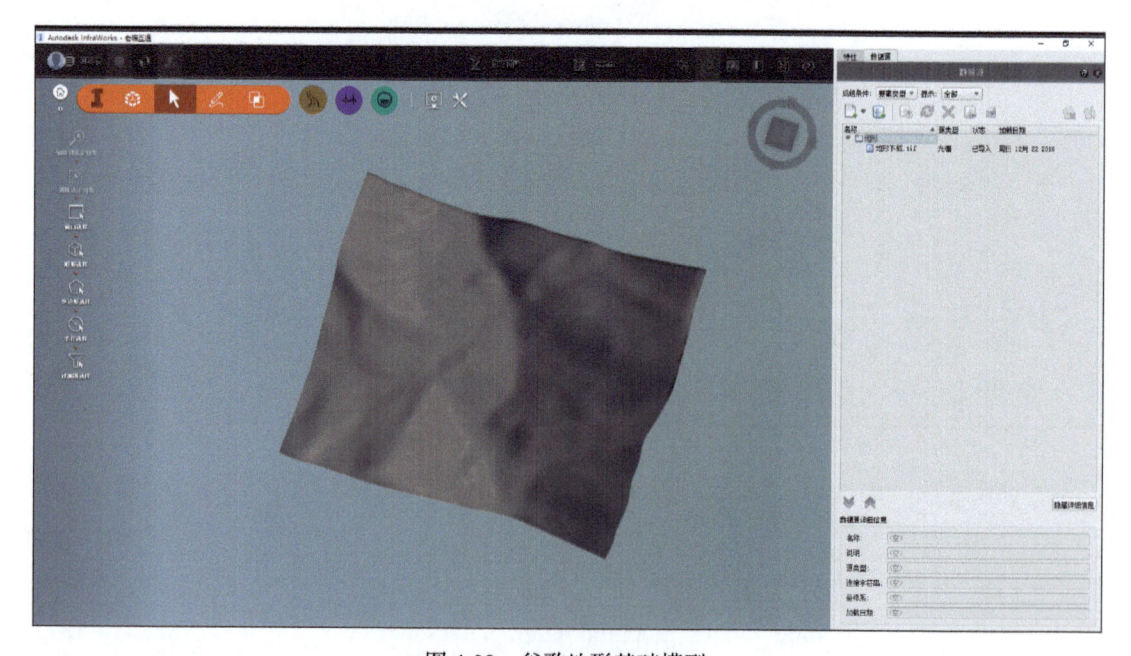

图 4-32 谷歌地形基础模型

处理的地形曲面也可以导入 InfraWorks，若有自定义坐标系（具体见 4.5 节），在导入前需要首先在 Civil 3D 中打开自定义坐标系文件，然后关闭退出软件。将地形曲面拖入

InfraWorks，弹出"DWG 文件输入"对话框，勾选"AutoCAD Civil 3D DWG"，如图 4-33 所示。配置地理位置坐标系（数据源配置—地理位置—坐标系—选择对应坐标系），单击"关闭并刷新"完成地形加载。当地形曲面过大时，可能出现加载时间较长的问题，请耐心等待，不要关闭软件。

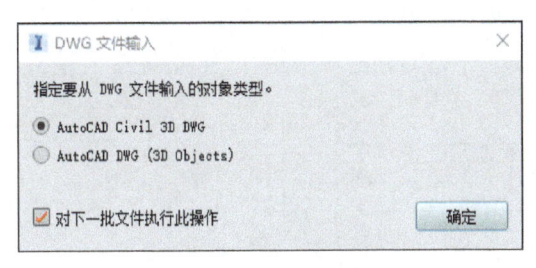

图 4-33 选择对象类型

4.7.2 加载影像

拖入 4.2 节下载完成的影像 .tif 文件，在"数据源配置"对话框"光栅"栏，选择"颜色遮罩"，遮罩 HTML 代码为 #000000 的颜色，如图 4-34 所示。此步骤是为了遮住影像的黑边（若影像为白边，处理方式相同），如图 4-35 所示，单击"确定"，并单击"关闭并刷新"，生成如图 4-36 所示的谷歌地形影像模型。

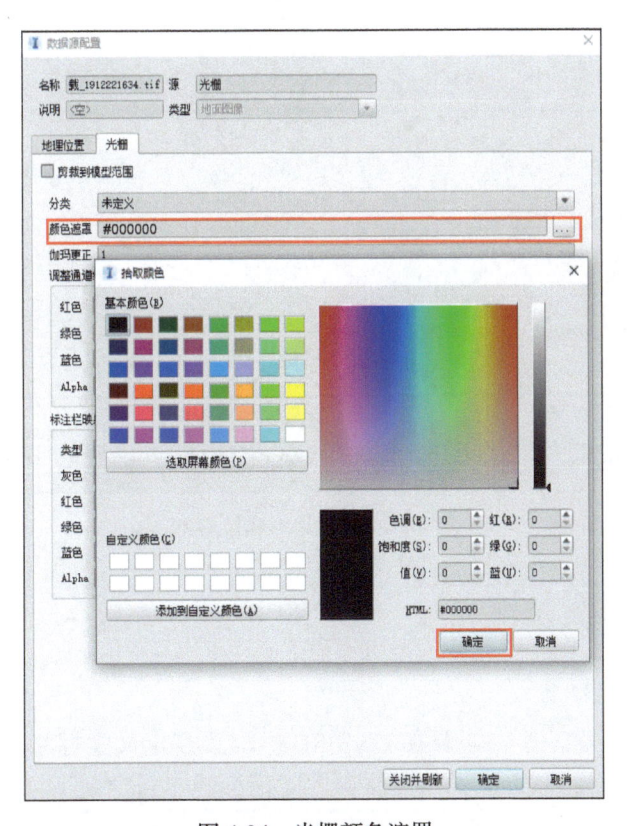

图 4-34 光栅颜色遮罩

图 4-35　影像黑边

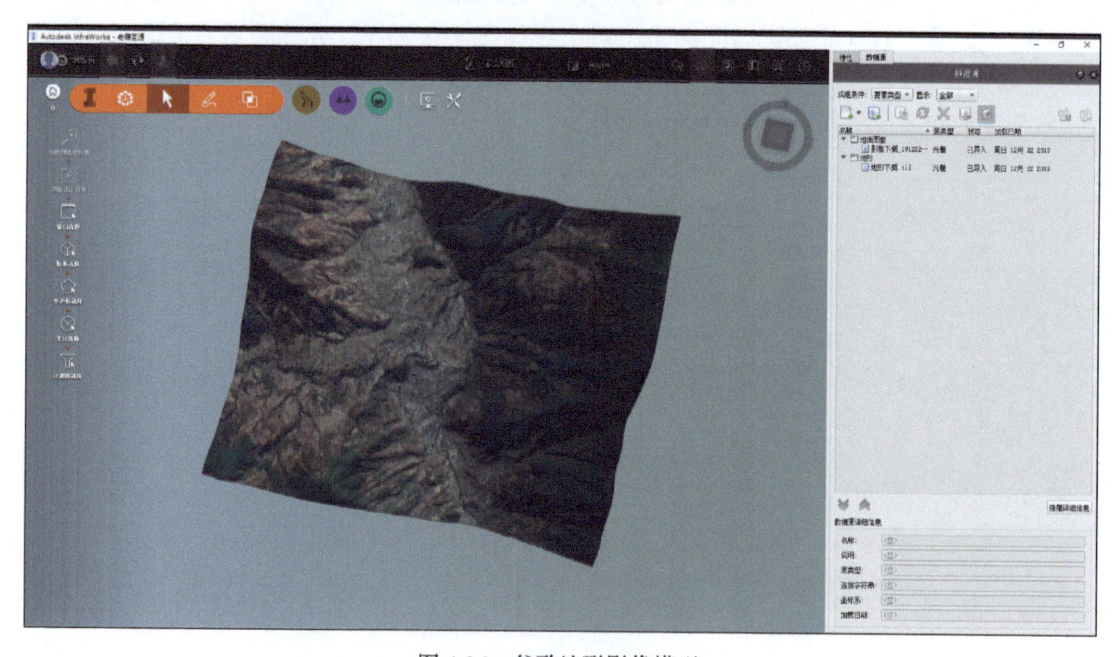

图 4-36　谷歌地形影像模型

4.7.3　加载航测数据

1. 添加自定义坐标系

在加载航测数据前，首先需要在 Civil 3D 中配置自定义坐标系。打开 Civil 3D，将自定义坐标系 .dwg 文件拖入，弹出"注释"对话框，单击"是"，即可将自定义坐标系添加到词典中。

2. 配置航测地形

重启 InfraWorks，拖入本书附赠的电子文件中"5- 航测地形、航测影像 \ 航测地形"文件夹中的"地形.tif"文件，在坐标系输入框中输入自定义坐标系名称，双击选择坐标系，然后单击"关闭并刷新"。

3. 配置航测影像

同样，将本书附赠的电子文件中"5- 航测地形、航测影像 \ 航测影像"文件夹中"影像.tif"文件拖入 InfraWorks，在"数据源配置"对话框"坐标系"下拉菜单中选中之前的坐标系，如图 4-37 所示；并对"#000000"的颜色进行颜色遮罩，如图 4-38 所示。影像及地形数据均加载后，基础模型制作完成，如图 4-39 所示。

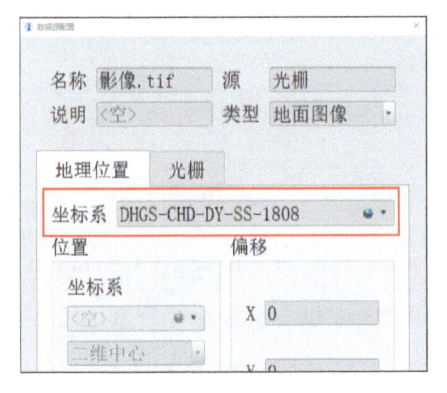

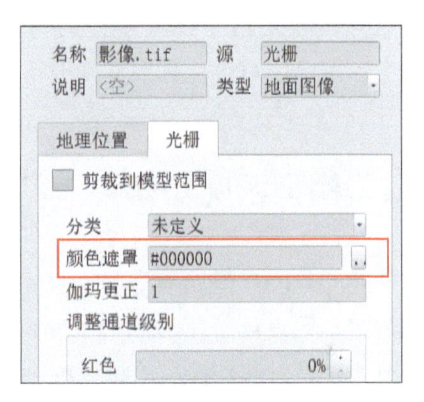

图 4-37 选择坐标系　　　　　　图 4-38 光栅颜色遮罩

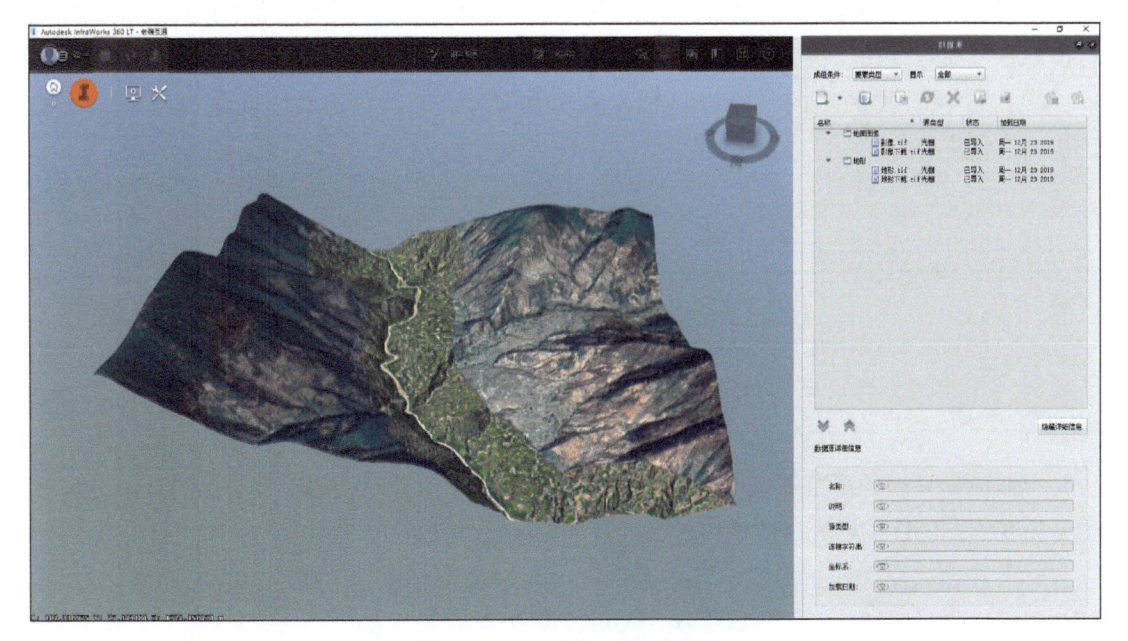

图 4-39　InfraWorks 基础模型

第 5 章
Autodesk Civil 3D道路工程建模

在完成前述章节的地形及影像基础模型后,就可以开始创建 Civil 3D 的道路模型。本书后文介绍的建模工作过程,根据已经设计完成的设计资料,通过 BIM 软件进行建模,完成二维设计资料向三维 BIM 模型的转换工作。因此,本章的操作实例资料,是按照 BIM 建模的实际需求,对设计成果文件进行的归类整理。

5.1 模型精度划分

在创建 Civil 3D 道路模型前,首先应明确当前的设计阶段,根据不同设计阶段的具体情况,制定不同设计阶段的模型精度,根据不同模型精度要求进行建模资料的准备工作可以有效节约建模时间、提高工作效率。

编写组根据多年 BIM 技术在实际项目中的应用经验,总结出满足设计方案汇报,以及评审中参会领导、专家及设计人员对模型实际要求的精度划分等级。本节仅针对施工图设计阶段标准高速公路(包含单喇叭落地互通)项目中必须包含的属性信息进行阐述。

根据设计阶段的不同,可以将模型划分为如表 5-1 所示的 3 个精细度等级,按照 L1~L3 级进行排序。

表 5-1 精细度等级

模型精细度等级	工程阶段	
L1 级	预可行性研究阶段、工程可行性研究阶段(推荐线和比较线)、初步设计阶段(比较线)	
L2 级	设计阶段	初步设计阶段(推荐线)
L3 级		施工图设计阶段

下面简要介绍各个精细度等级下的模型内容,基础模型在前述章节中已经介绍了,这里介绍在 Civil 3D 中可完成的主体模型内容的精细度等级划分。

标准高速公路(包含单喇叭落地互通)项目模型精细度划分包含路线、路基、互通、其他工程、项目区域信息、附属工程、关键控制点。

路线精细度等级如表 5-2 所示(各阶段详细划分见附录 C):

表 5-2 路线精细度等级

信　息	数据类型	扩展名	形式内容	L3 级	备　注
里程桩号信息	空间数据格式文件 / 形状定义文件	.sdf/.shp	关注点—文字	▲	
断链信息	空间数据格式文件 / 形状定义文件	.sdf/.shp	关注点—文字	▲	
空间线形及宽度信息	空间数据格式文件 / 形状定义文件	.sdf/.shp	管线 / 道路隔离带	—	L1 级、L2 级比较方案
	空间数据格式文件 / 形状定义文件	.sdf/.shp	标准路基样式	▲	L1 级、L2 级推荐方案

路基精细度等级如表 5-3 所示：

表 5-3 路基精细度等级

信　息	数据类型	扩展名	形式内容	L3 级	备　注
路基断面	Autodesk Civil 3D DWG 文件	.dwg	默认坡比放坡	▲	
排水设施	Autodesk Civil 3D DWG 文件	.dwg	按默认设置排水沟	▲	
			按横断面图设置边沟	▲	
挡土墙	Autodesk Civil 3D DWG 文件	.dwg	默认挡土墙	▲	挡墙位置段落同设计文件

互通精细度等级如表 5-4 所示：

表 5-4 互通精细度等级

信　息	数据类型	扩展名	形式内容	L3 级	备　注
路线	空间数据格式文件 / 形状定义文件	.sdf/.shp	关注点—文字	▲	
	三维模型	.fbx	路面三维模型	▲	
路基	空间数据格式文件 / 形状定义文件	.sdf/.shp	标准互通匝道样式	—	按标准互通匝道样式放坡
	Autodesk Civil 3D DWG 文件	.dwg	默认坡比放坡	▲	
桥梁	空间数据格式文件 / 形状定义文件	.sdf/.shp	标准桥梁样式	—	
	Autodesk Civil 3D DWG 文件	.dwg	桥墩位置	▲	

服务区精细度等级如表 5-5 所示：

表 5-5 服务区精细度等级

信　息	数据类型	文件扩展名	形式内容	L3 级	备　注
服务区名称	空间数据格式文件 / 形状定义文件	.sdf/.shp	关注点—文字	▲	
场坪	空间数据格式文件 / 形状定义文件	.sdf/.shp	覆盖范围	—	
	Autodesk Civil 3D DWG 文件	.dwg	同设计文件	▲	

附属工程精细度等级如表 5-6 所示：

表 5-6 附属工程精细度等级

信　息	数据类型	文件扩展名	形式内容	L3 级	备　注
位置信息	空间数据格式文件 / 形状定义文件	.sdf/.shp	覆盖范围	▲	

注：这里的附属工程包含了取弃土场、项目部、桥梁预制场、料场等工程。

项目区域信息精细度等级如表 5-7 所示：

表 5-7　项目区域信息精细度等级

信　　息	数据类型	文件扩展名	形式内容	L3 级	备　　注
地理位置信息	空间数据格式文件/形状定义文件	.sdf/.shp	覆盖范围/道路隔离带	▲	

注：这里的项目区域信息由不良地质、城镇规划、地质断裂带组成。

5.2　路线模型

路线模型是建立道路模型的基础。路线模型是指将二维的平纵设计线元拟合为三维多线段。本书编写组在大量的工程实践中，总结出一套效率高、上手简单的拟合方法。该拟合方法仅适用于在已设计完成的平纵设计线元基础上建立路线模型。Civil 3D 在正向设计方面有丰富的三维路线设计方法，本书不再阐述，请有余力的读者自行研究。

5.2.1　资料准备

创建路线模型所需资料包括路线平面设计图、路线纵断面设计图、设计数据文件和 DWG 地形文件。本节所需资料如表 5-8 所示。

表 5-8　本节所需资料

序　号	位　　置	资料名称	使用软件	成果文件地址
1	7-平面	设计平面文件-LJ1-K 线-张三.dwg	Civil 3D	9-路线文件
2	7-平面	设计平面文件-LJ1-左线-张三.dwg	Civil 3D	9-路线文件
3	7-平面	设计平面文件-LJ1-老碾互通-张三.dwg	Civil 3D	9-路线文件
4	8-纵断面图	设计纵断面文件-LJ1-K 线-张三.dwg	Civil 3D	9-路线文件
5	8-纵断面图	设计纵断面文件-LJ1-左线-张三.dwg	Civil 3D	9-路线文件
6	8-纵断面图	设计纵断面文件-LJ1-老碾互通-张三.dwg	Civil 3D	9-路线文件

5.2.2　路线平面拟合

路线平面拟合介绍两种方法，一种是线元法拟合，另一种是交点法拟合。

1. 线元法拟合

首先，将包含直线、圆曲线、缓和曲线等，并且符合规范要求组合而成的平面线元图形复制到 Civil 3D 中，在"路线"下拉菜单中单击"路线创建工具"，如图 5-1 所示。

线元法拟合路线的思路是：从路线起点到终点依次拟合。路线由直线、圆曲线、缓和曲线组合而成。一段直线、一段圆曲线、一段缓和曲线分别被称为一个线元，前一个线元的终点为后一个线元的起点。需要注意的是，由于缓和曲线受前后的直线、圆曲线线元控制，在拟合缓和曲线时，需要将缓和曲线前后线元拟合后再拟合缓和曲线。单击"路线创建工具"后，会弹出"路线布局工具"栏，如图5-2所示。

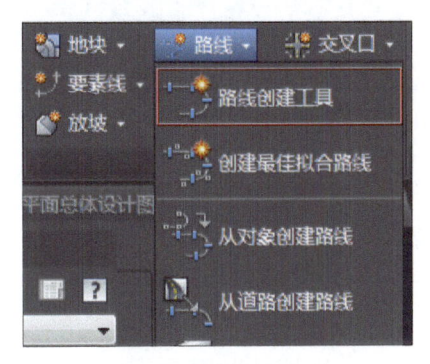

图5-1 路线创建工具

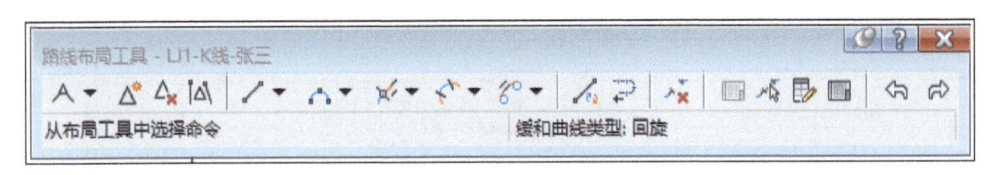

图5-2 路线布局工具

1）直线拟合

在直线段中，利用直线拟合按钮，选定"固定线（两点）"选项，然后在路线中选定直线的起点与终点，完成拟合。具体如图5-3所示。

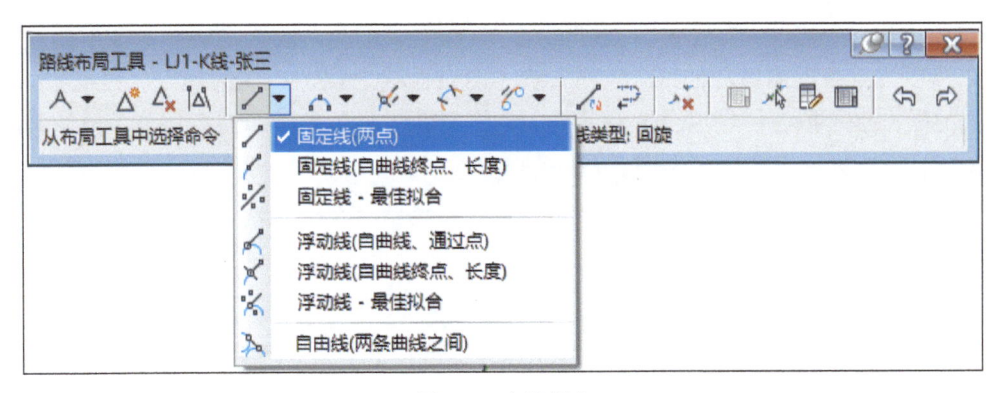

图5-3 直线拟合

2）圆曲线拟合

在圆曲线段中，利用圆曲线拟合按钮，选定"固定曲线（三点）"选项，然后在路线中选定圆曲线起点、起点和终点中间任意点、终点，完成拟合。具体如图5-4所示。

3）缓和曲线拟合

在缓和曲线段中，利用缓和曲线拟合按钮，根据缓和曲线形式，选定对应选项，然后在路线中根据提示选择已经拟合的前后图元，完成拟合。具体如图5-5所示。

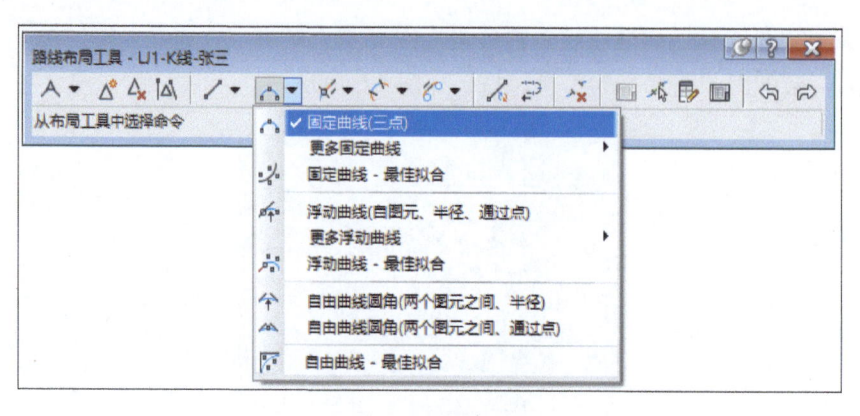

图 5-4 圆曲线拟合

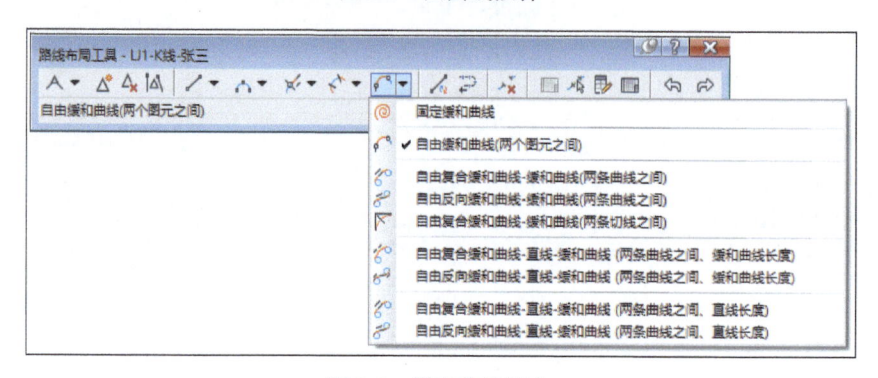

图 5-5 缓和曲线拟合

需要注意的是，一般缓和曲线选择第二个选项"自由缓和曲线（两个图元之间）"；卵形曲线选择第三个选项"自由复合缓和曲线 - 缓和曲线（两条曲线之间）"；S 形曲线选择第四个选项"自由反向缓和曲线 - 缓和曲线（两条曲线之间）"。在选择后，根据 Civil 3D 命令框的操作提示拟合。在拟合 S 形曲线时，需要输入相关参数，红色部分为已拟合图元（两圆曲线），中间为未拟合 S 形曲线，如图 5-6 所示。

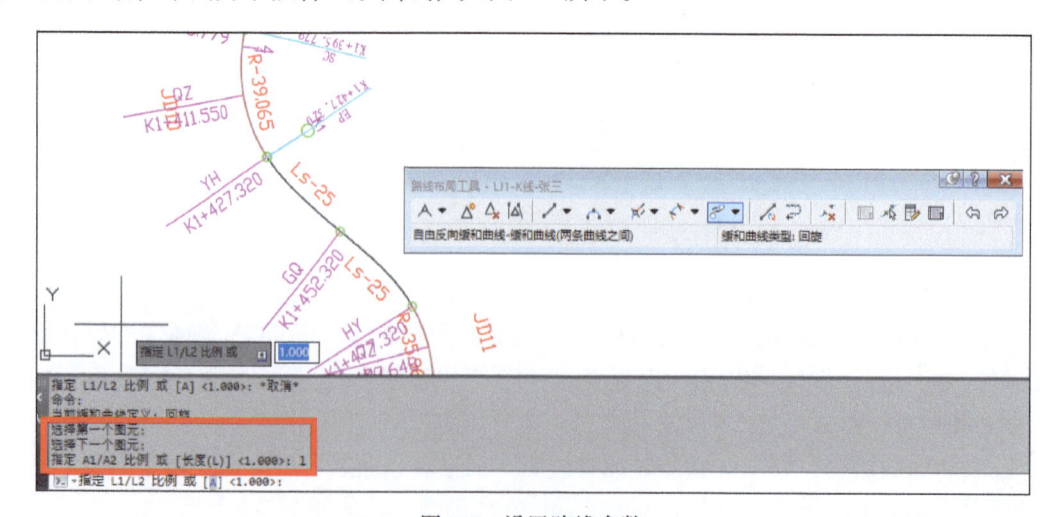

图 5-6 设置路线参数

缓和曲线拟合与直线拟合和圆曲线拟合不同的是，直线拟合和圆曲线拟合选择起点、终点，如图 5-7 所示，而缓和曲线选择的是前后图元，如图 5-8 所示。

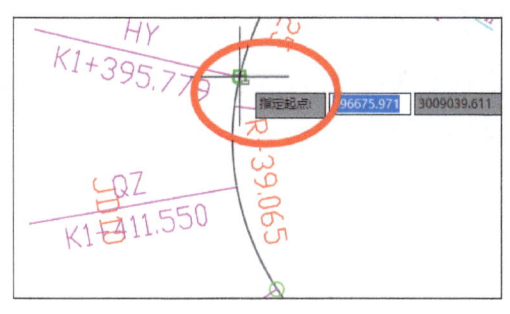

图 5-7　选择起点、终点

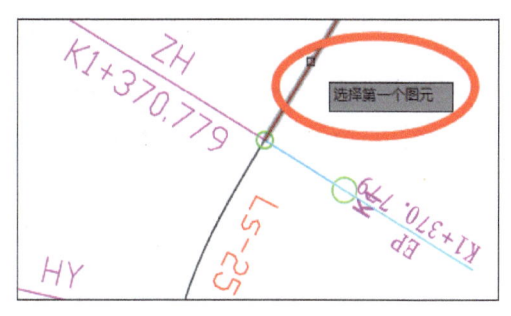

图 5-8　选择前后图元

平面线元法拟合方式如表 5-9 所示。

表 5-9　平面线元法拟合方式一览表

曲线种类	操作方式	备　注
直线	选择起点、终点	固定线（两点）
圆曲线	选择圆曲线起点、终点及圆上任意点	固定曲线（三点）
一般缓和曲线	先拟合前后图元（直线、圆曲线），再选择前后图元	固定缓和曲线 自由缓和曲线（两个图元之间）
卵形曲线	先拟合前后圆曲线，再选择前后圆曲线图元	固定缓和曲线 自由缓和曲线（两个图元之间） 自由复合缓和曲线-缓和曲线（两条曲线之间）
S 形曲线	先拟合前后圆曲线，再选择前后圆曲线图元，输入组成 S 形曲线图元的 A 值或 L 值的比值	固定缓和曲线 自由缓和曲线（两个图元之间） 自由复合缓和曲线-缓和曲线（两条曲线之间） 自由反向缓和曲线-缓和曲线（两条曲线之间）
回头曲线	先拟合前后直线线元，再拟合中间两段圆曲线图元，最后拟合连接直线与圆曲线的缓和曲线	运用"直线""圆曲线""一般缓和曲线"功能组合

线元法拟合的优点是逻辑简单、步骤清楚，因而其适用于路线较短、线性较简单的情况。当路线较长、线性较复杂时，推荐使用交点法拟合。

2．交点法拟合

首先，将由纬地软件生成的路线复制到 Civil 3D 中；然后，单击"路线"下拉菜单中

"从对象创建路线",如图 5-9 所示。其中,对象为路线交点线。

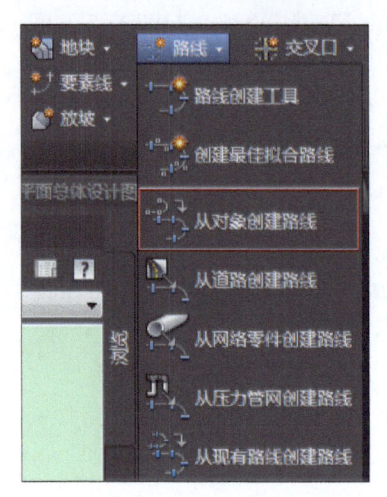

图 5-9 从对象创建路线

在选择"从对象创建路线"后,出现如图 5-10 所示的"从对象创建路线"对话框,可自定义名称,并注意取消勾选"转换选项"中的两项,单击"确定"。另外,打开图层管理器,关闭"circle"图层,以免后续出现误操作。

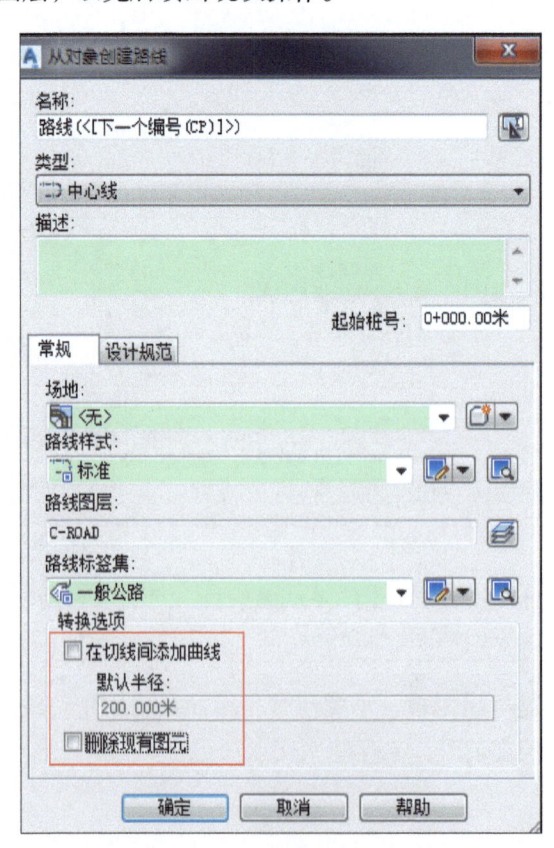

图 5-10 "从对象创建路线"对话框

创建好对象后，与线元法拟合不同的是，此时全线交点线已经生成，接下来配置曲线部分即可。如图 5-11 所示，交点法拟合主要运用交点法按钮下拉菜单中第五项"自由缓和曲线 - 曲线 - 缓和曲线（两个图元之间）"、第七项"自由反向缓和曲线 - 曲线 - 缓和曲线 - 缓和曲线 - 曲线 - 缓和曲线（两条切线之间）"拟合功能。其中，第五项拟合功能针对常规"缓—圆—缓"曲线拟合；第七项拟合功能针对 S 形曲线拟合。

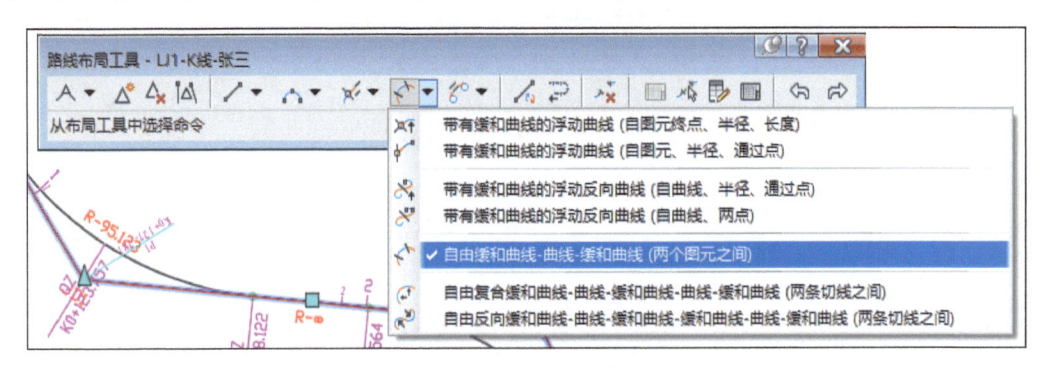

图 5-11　自由缓和曲线设置

1）"缓—圆—缓"曲线拟合

单击第五项"自由缓和曲线 - 曲线 - 缓和曲线（两个图元之间）"，依次选中交点的前后交点线，单击"确定"，根据提示依次输入圆曲线半径值、第一缓和曲线长度 L 值或 A 值、第二缓和曲线长度 L 值或 A 值，单击"确定"后，完成此曲线拟合。

2）S 形曲线拟合

首先，如图 5-12 所示，删除 S 形曲线上的交点切线图元，删除交点切线图元后如图 5-13 所示。

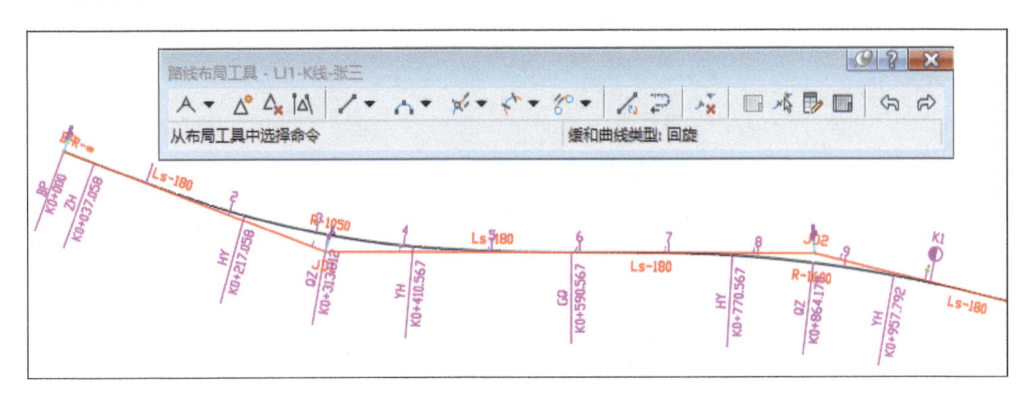

图 5-12　删除交点切线图元前

其次，如图 5-14 所示，选择"交点法"按钮下拉菜单最后一项"自由反向缓和曲线 - 曲线 - 缓和曲线 - 缓和曲线 - 曲线 - 缓和曲线（两条切线之间）"功能，选定已断开的前后图元，根据提示输入前圆曲线半径、前圆曲线第一缓和曲线长度、前圆曲线第二缓和曲线长度、后圆曲线半径、后圆曲线第一缓和曲线长度、后圆曲线第二缓和曲线长度，指定前圆曲线第一缓和曲线直缓点位置，单击"确定"完成 S 形曲线的拟合。

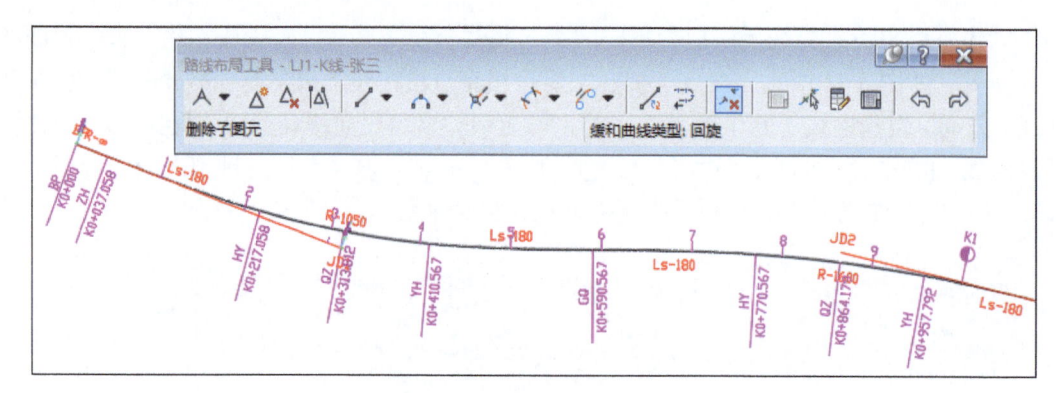

图 5-13 删除交点切线图元后

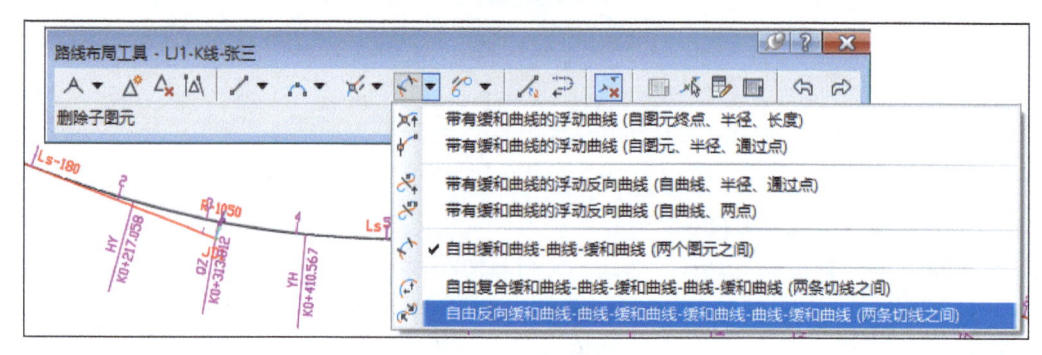

图 5-14 S 形曲线拟合

3）圆曲线拟合

在只有圆曲线的路段，选择"自由曲线圆角（两个图元之间、半径）"，如图 5-15 所示。然后，选择交点前后切线图元，输入圆曲线半径，单击"确定"完成圆曲线拟合。

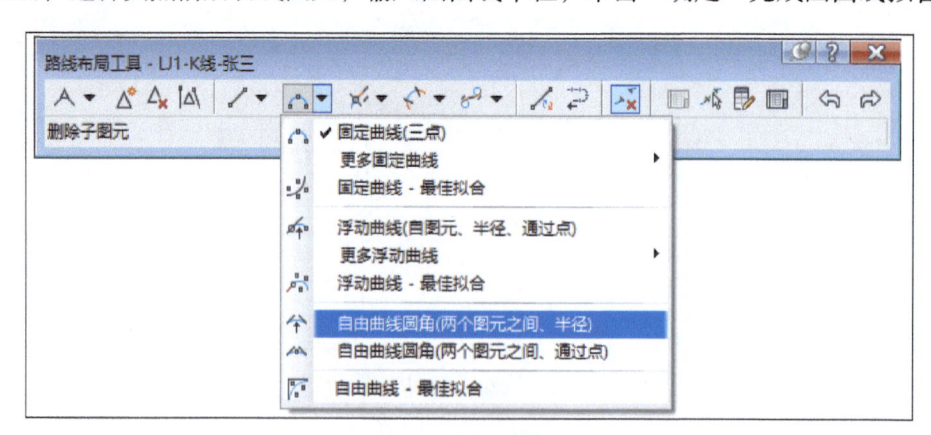

图 5-15 圆曲线拟合

4）其他情况

如图 5-16 所示，交点法按钮下拉菜单第六项功能针对卵形曲线拟合。拟合方法与上述方法类似，因应用较少此处不再赘述。

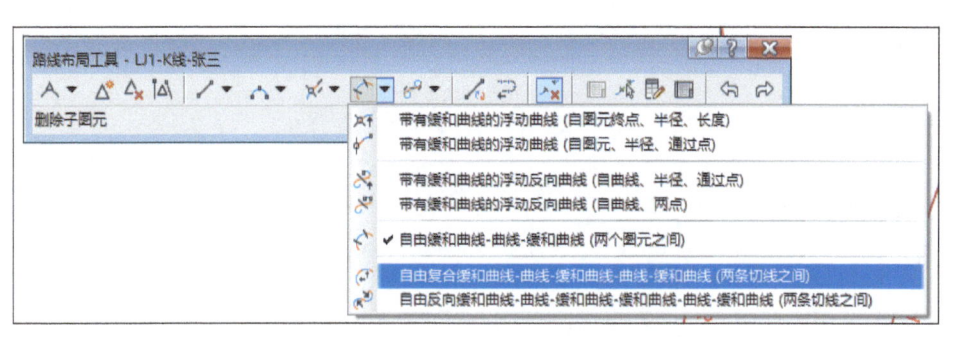

图 5-16　线元法单独拟合特殊路段

此外，在等级路中还会遇到连续 S 形曲线的情况，在通常情况下，删除切线图元，用线元法单独拟合特殊路段。

5.2.3　路线纵断面拟合

路线纵断面拟合介绍两种方法，一种是图形法，另一种是参数法。

1. 图形法拟合

首先，打开 5.2.2 节完成的平面拟合的 .dwg 文件，将此平面对应的包含直线、竖曲线、竖曲线标识半径信息、纵坡标识信息的纵断面图复制到此 .dwg 文件中。单击"纵断面图"按钮，在下拉菜单中单击"创建纵断面图"，如图 5-17 所示。

图 5-17　创建纵断面图

在弹出的对话框中，选择已拟合的对应路线，编辑纵断面图名称，如图 5-18 所示。在"纵断面图高度"栏中，设定该路线的大致高程范围，如图 5-19 所示。其他属性可暂时略去，直接单击"创建纵断面图"。

创建纵断面图后，需要修改此纵断面图比例使之与原纵断面图一致。选中此纵断面图，在工具栏中，选定"纵断面图特性"下拉菜单中的"编辑纵断面图样式"，如图 5-20 所示。在弹出的"纵断面图样式 - 标准"对话框中，设置此纵断面图比例，如图 5-21 所示，此比例应与纬地软件中纵断面图生成的比例一致。"纵断面图样式"对话框还有其他功能，读者可自行操作，目的是让纵断面图更美观，以方便查看。

创建好纵断面图后，将之前复制到 Civil 3D 中的纬地纵断面设计线移动到创建的纵断面图中，应注意将起点高程对准。如图 5-22 所示，红色和蓝色部分为纬地软件生成的相关数据信息，其他部分为创建的纵断面图。之后，可以开始下一步拟合。

图 5-18 纵断面图设置

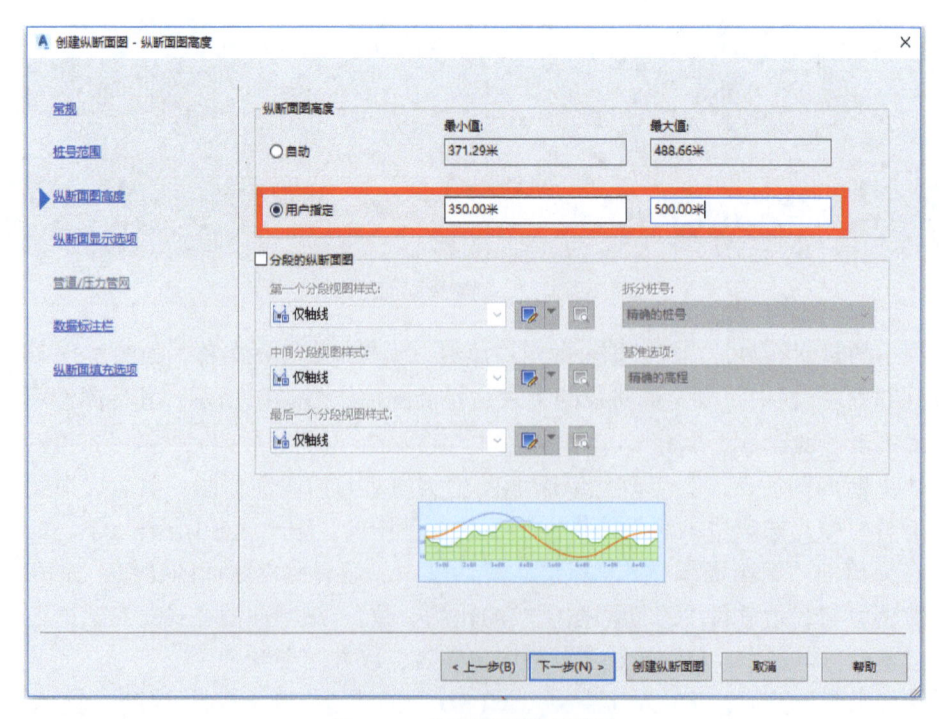

图 5-19 纵断面图高度设置

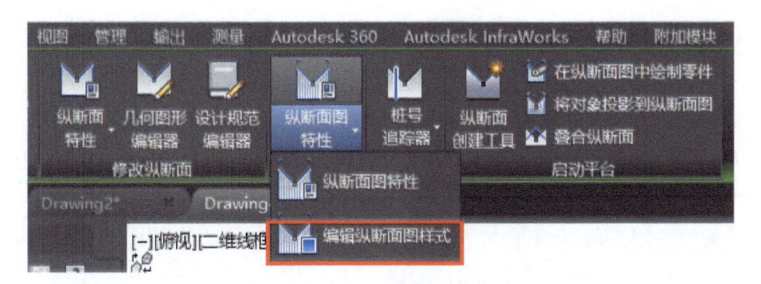

图 5-20 编辑纵断面图样式

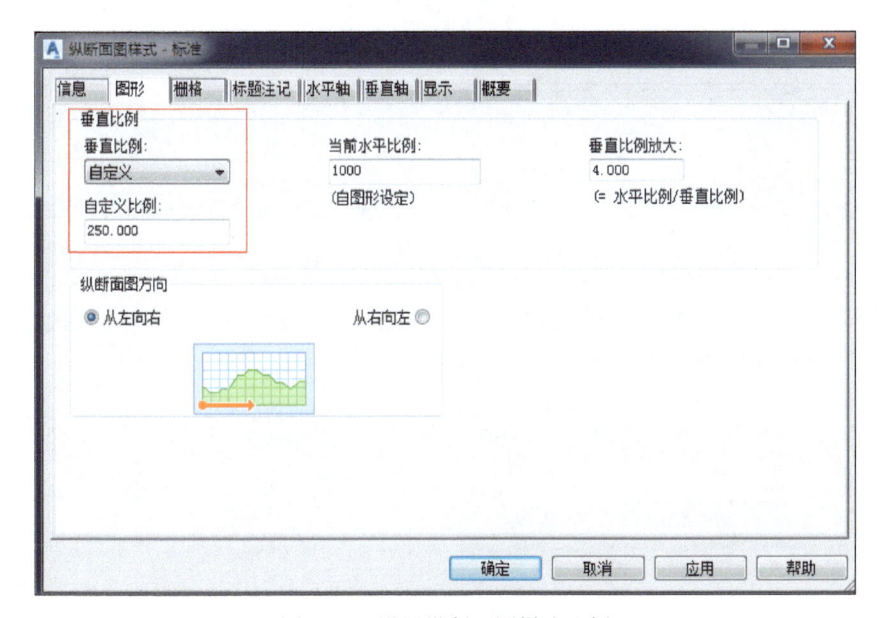

图 5-21 设置纵断面图样式比例

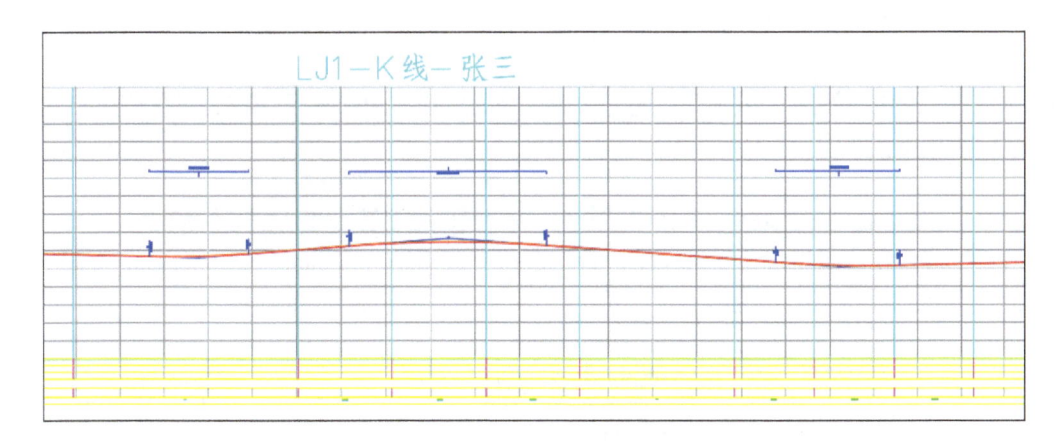

图 5-22 创建好的纵断面图

选择工具栏中"纵断面"下拉菜单中的"纵断面创建工具",如图 5-23 所示。单击此选项后选中纵断面图,在弹出的对话框中单击"确定",会弹出"纵断面布局工具"面板,如图 5-24 所示。

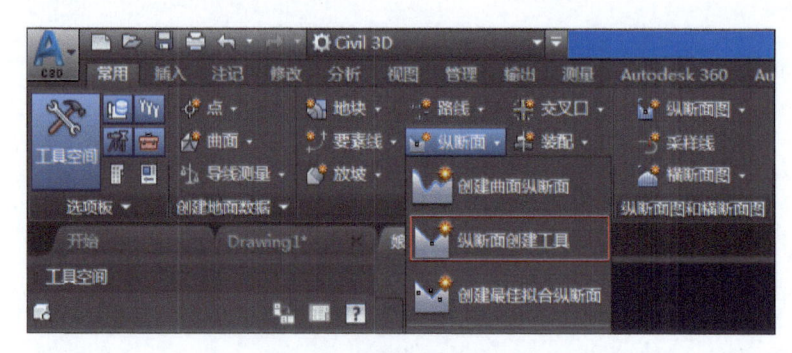

图 5-23　纵断面创建工具

图 5-24　"纵断面布局工具"面板

如图 5-25 所示,选择"纵断面布局工具"面板中的"绘制切线"选项,从纵断面设计线的起点开始绘制切线直至终点。

图 5-25　绘制切线

切线绘制完成后,开始设定竖曲线半径。选定"纵断面布局工具"面板中"自由竖曲线(圆形)"选项,如图 5-26 所示。选中变坡点前后切线,根据提示输入竖曲线半径,单击"确定"完成拟合。

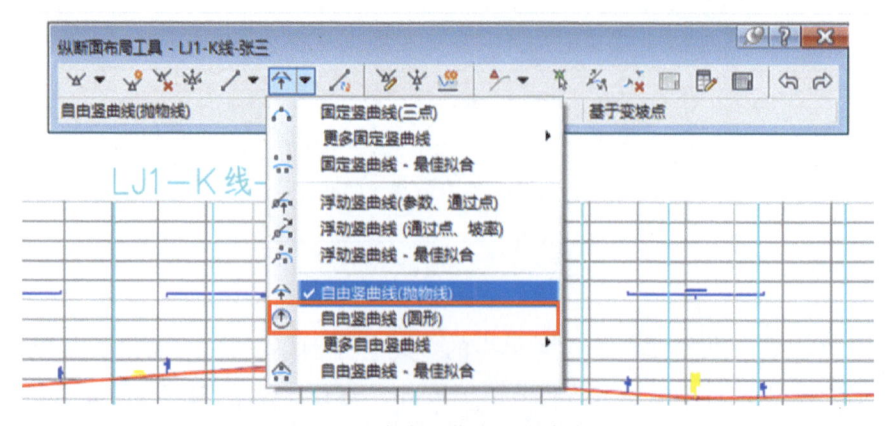

图 5-26　自由竖曲线(圆曲线)

完成拟合后，竖曲线变为灰色，如图 5-27 所示。按照此方法，可依次完成剩余竖曲线的拟合。

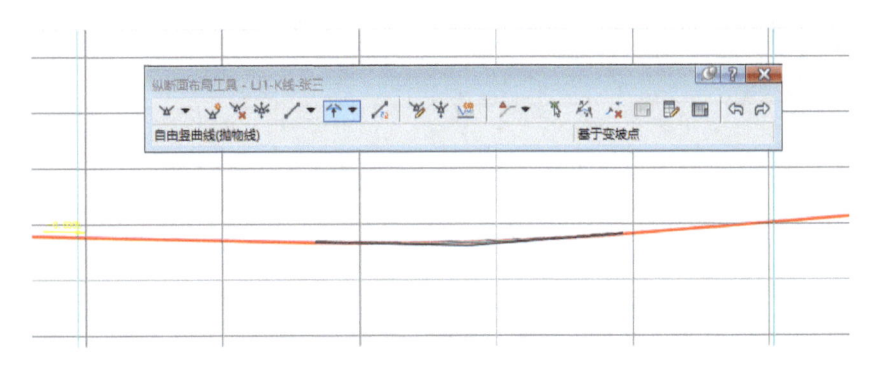

图 5-27 拟合后的竖曲线

另外，本节介绍两个"纵断面布局工具"的常用功能。

一个是"删除图元"，如图 5-28 所示，可删除拟合错误的切线或竖曲线。

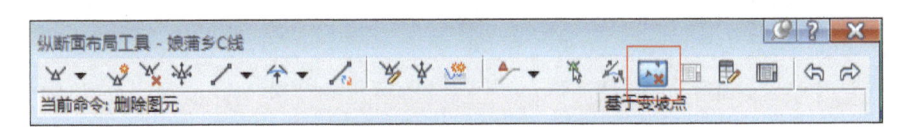

图 5-28 "纵断面布局工具"面板中"删除图元"功能

另一个是"纵断面格栅视图"，如图 5-29 所示。单击该按钮后，会弹出对话框，里面包含了拟合纵断面的所有信息，以方便核对修改。

图 5-29 "纵断面布局工具"面板中"纵断面格栅视图"功能

2. 参数法拟合

参数法拟合的操作方法前半部分与图形法拟合的操作一致（见图 5-17 ~ 图 5-24）。之后操作如下所述。如图 5-30 所示，在"纵断面布局工具"面板中选择"绘制曲线切线"功能，以绘制曲线切线。这里，选择"绘制曲线切线"功能绘制曲线切线才能在下一步更改竖曲线参数值。

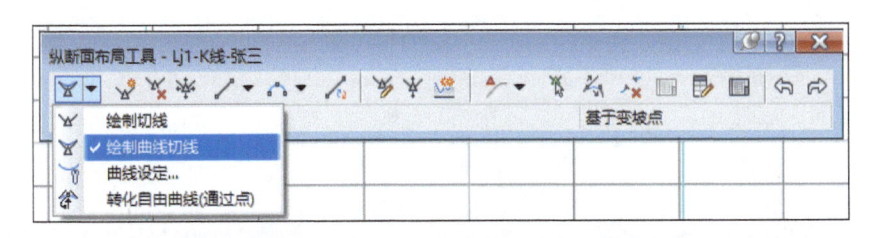

图 5-30 "纵断面布局工具"面板中的"绘制曲线切线"功能

在绘制完曲线切线后，单击"纵断面布局工具"面板中的"纵断面格栅视图"按钮，如图 5-31 所示，得到可修改纵断面拟合参数信息的界面，如图 5-32 所示。在此界面中可以根据设计数据更改竖曲线半径，更改完成后关闭此界面，即可得到拟合好的竖曲线。

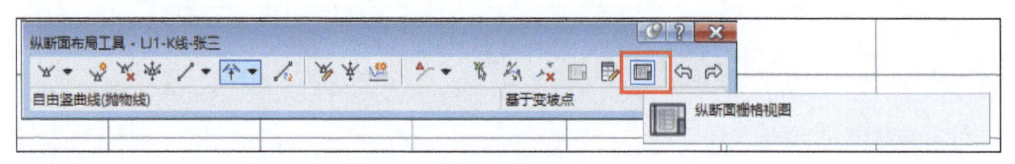

图 5-31 "纵断面格栅视图"按钮

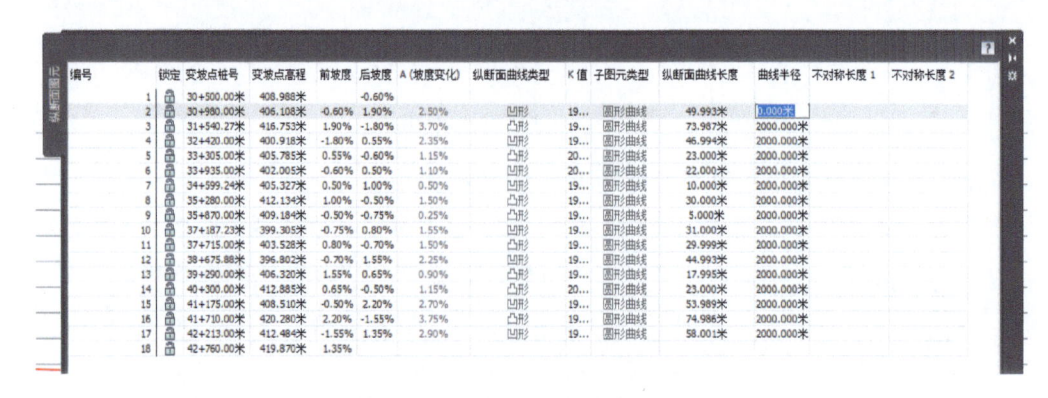

图 5-32 纵断面拟合参数信息界面

根据上述操作步骤完成 Civil 3D 中路线模型创建，5.3 节将在此基础上继续创建道路模型。另外，对于三维路线，还可以在 5.6.1 节完成路线 SDF 文件的创建生成，用于后续 InfraWorks 模型的最终生成。除此之外，对于纬地道路设计软件中的路线数据（*.pm、*.jd、*.zdm 格式文件），也可以通过图新地球（LSV）软件中的道路工程—纬地线路转换功能快速导出 .shp 文件，直接用于 7.2.1 节的路线 SDF 配置。

5.3 道路模型

5.3.1 创建道路

本节所需资料如表 5-10 所示，读者可在本书附赠电子文件中找到相关文件。

表 5-10 本节所需资料

序 号	位 置	资料名称	使用软件	成果文件地址
1	9-路线文件	LJ1-老碾互通 - 张三.dwg	Civil 3D	11-自带装配
2	9-路线文件	LJ1-主线 - 张三.dwg	Civil 3D	
3	9-路线文件	LJ1-左线 - 张三.dwg	Civil 3D	
4	3-地形	某高速-2K 地形曲面.dwg	Civil 3D	
5	10-总体图	老碾互通总体图.dwg	Civil 3D	

在路线平面、纵断面数据创建完成后，可以结合装配部件、总体图、横断面图、地形曲面等数据生成道路模型，并以此为基础创建道路曲面。

本节以某高速老碾互通为背景阐述道路模型创建步骤，其路线平面图、路线纵断面图、地形图和总体图见本书附赠电子资料。

1. 预置装配部件

如图 5-33 所示为装配控制选项板中的基本装配，在 Civil 3D 中通过快捷键"Ctrl+3"即可弹出。

图 5-33 装配控制选项板中的基本装配

创建装配部件既可以使用 Civil 3D 自带装配部件，也可以根据实际项目需求制作自定义部件，并将其导入 Civil 3D。本节介绍 Civil 3D 自带装配部件创建道路模型的流程，并在最后给出本书编写组自定义装配部件的制作成果，以供读者建模参考。

打开创建完成的 Civil 3D 平纵数据 DWG 文件，如"LJ1-老碾互通-张三.dwg"，用粘贴到原坐标系的方式将其平纵数据整合到一张 DWG 文件中，如"LJ1-老碾互通-平纵整合-张三.dwg"。使用快捷键"Ctrl+3"弹出装配控制选项板，单击"装配-公制"右侧的"基本装配"，移动光标至合适的位置（路线附近为宜），单击左键完成部件装配，如图 5-34 所示。

若需要导入外部的自定义部件，则在装配控制选项板中右键单击"新建选项板"，对其命名，如"自定义部件"，再次右键单击命名后的选项板，选择"导入部件"，将自定义部件导入选项板。其余步骤与自带装配部件相同，左键单击各部件完成部件装配即可。

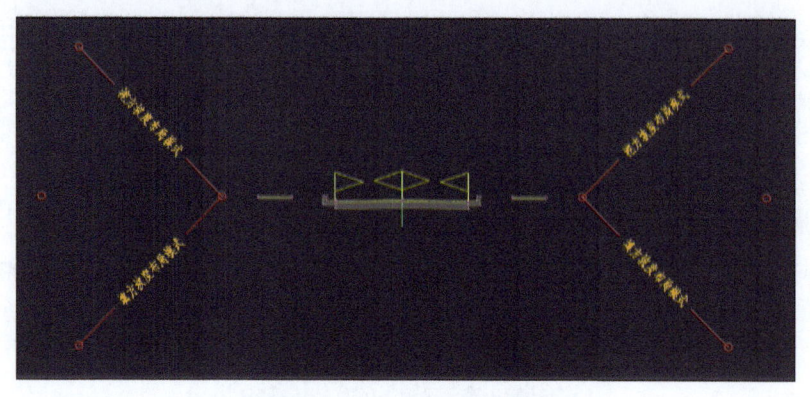

图 5-34 完成 Civil 3D 自带的"基本装配"

2．使用自带部件创建主线道路模型

1）创建道路

确认刚刚整合的 DWG 文件内包含平面数据（路线数据）、纵断面数据、地形数据及完成部件装配后，单独打开总体图作为参照，即可开始创建道路模型。

在 Civil 3D 的选项面板中选择"道路"下拉菜单中的"道路"，弹出"创建道路"界面，如图 5-35 所示。按照既定的规则设置路线名称，如"某高速 - 老碾互通 -A 匝道"，依次选择道路样式、与路线匹配的纵断面、适合主线的装配（部件）、目标曲面（地形曲面数据）。

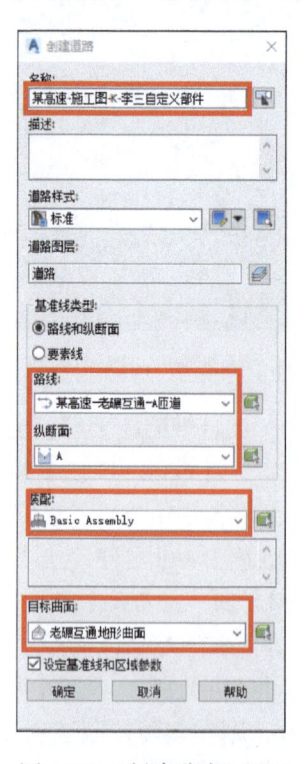

图 5-35 "创建道路"界面

第5章 Autodesk Civil 3D 道路工程建模

2）道路参数配置

单击"创建道路"界面下方"确定"按钮，弹出"基准线和区域参数"界面，如图 5-36 所示。这里简要介绍其主要功能。在装配栏下，此刻已预置为基本装配"Basic Assembly"，当 DWG 文件中存在多个装配部件时，也可以选择其他装配部件替换当前所用的装配部件。起点桩号和终点桩号可以单击右侧定位按钮在图中定位桩号，也可以在左侧框内手动输入精确的桩号。频率也被称为步长，即道路模型相邻点位的间隔。步长根据模型精度需求结合硬件配置综合考虑，步长越短，Civil 3D 的计算量越大，等待时间越长，越容易产生卡顿。一般而言，较长的主线范围内用 10 米的步长，互通的匝道范围内宜采用默认 5 米的步长，对于特别精细的局部道路模型，可以采用 1 米的步长。目标下面的"…"按钮可以单击进入装配部件编辑界面，其与装配部件内在逻辑构造相关，此处不再赘述。

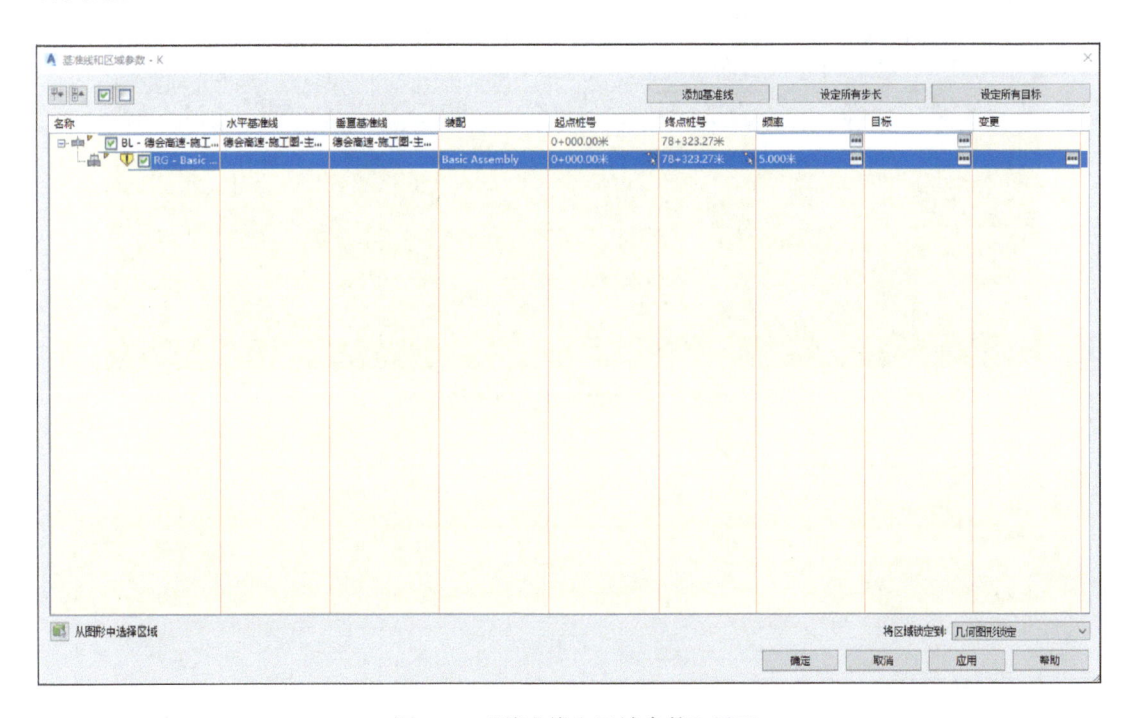

图 5-36 "基准线和区域参数"界面

3）代码配置

选择合适的起点桩号、终点桩号，其余为默认参数配置，单击"基准线和区域参数"界面下方"确定"按钮，建立一小段道路模型，如图 5-37 所示。此时的道路模型仅由若干条白色线段组合而成，还缺少相应的材质与代码。

首先，选择初步创建的道路模型，单击右键选择"道路特性"，在"道路特性"选项板中选择"代码"，将"代码集样式"的"横断面出图"修改为"标准"（与"Ctrl+1"快捷键的道路信息样式相同），如图 5-38 所示，其目的是使装配部件代码与道路模型呈现的代码集样式匹配。其次，单击右侧的"编辑"按钮，选择"编辑当前选择"，弹出"标准"

的"代码集样式"界面，选择"导入代码"，如图 5-39 所示。再次，选取初步创建的道路模型，回到"标准"的"代码集样式"界面，此时单击"名称"下的"连接"，为左侧的连接线在右侧的"渲染材质"下赋予相应的材质，如"场地工程.夯实.砂砾.粉碎"，理论上材质不为空即可。最后，逐次单击"确定"，回到 DWG 文件界面，可以看到道路模型已有蓝色的连接线，说明相应的代码导入成功，道路模型创建完成，如图 5-40 所示。

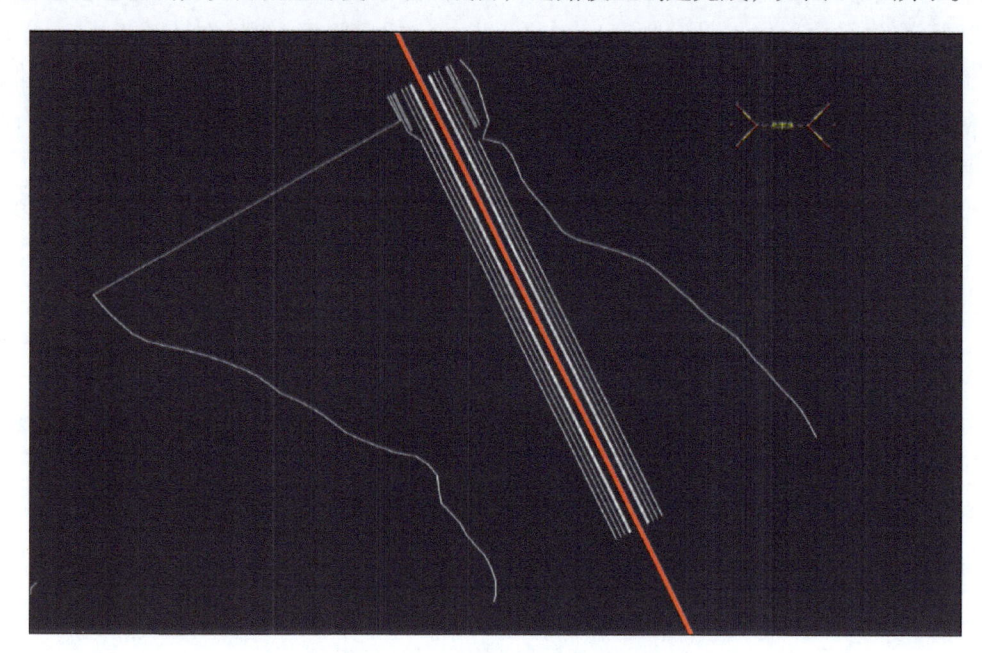

图 5-37 初步创建的道路模型

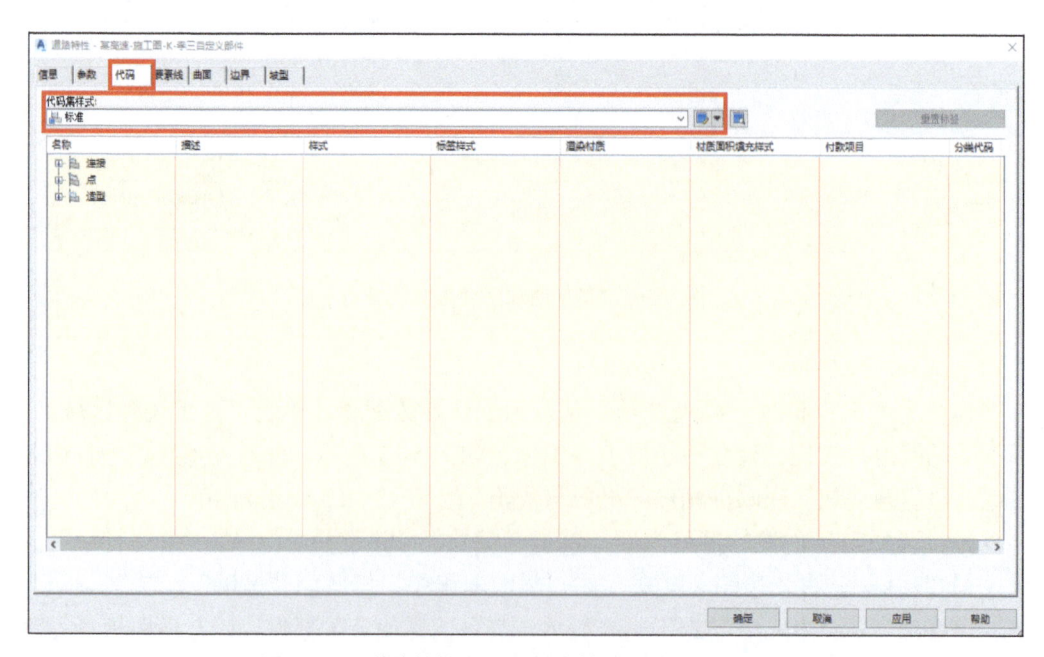

图 5-38 "道路特性"选项板中修改"代码集样式"

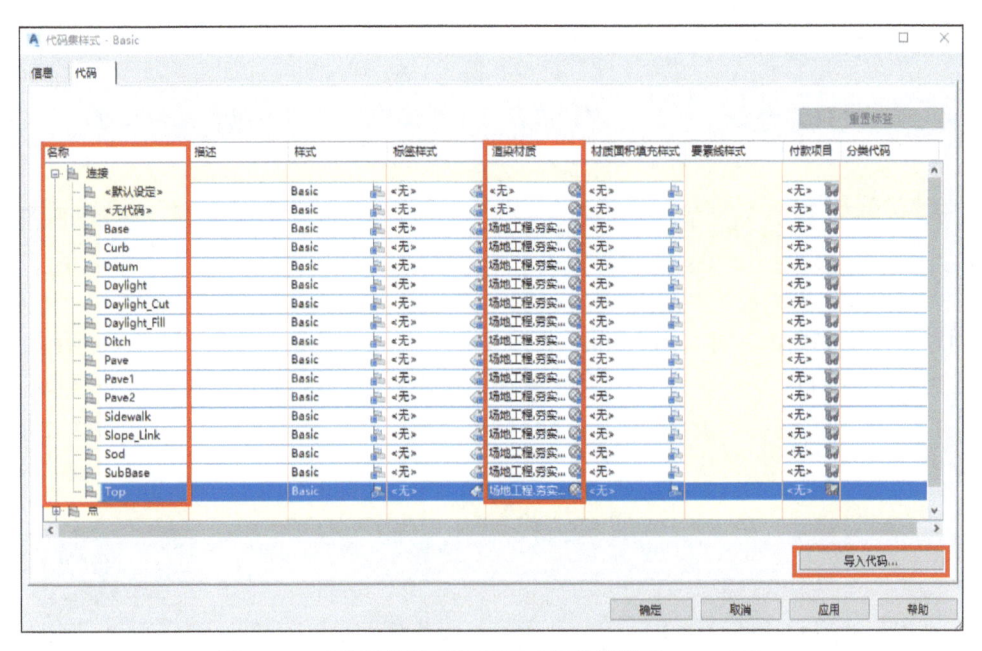

图 5-39 "代码集样式"界面（具体设置见 7.1.3 节）

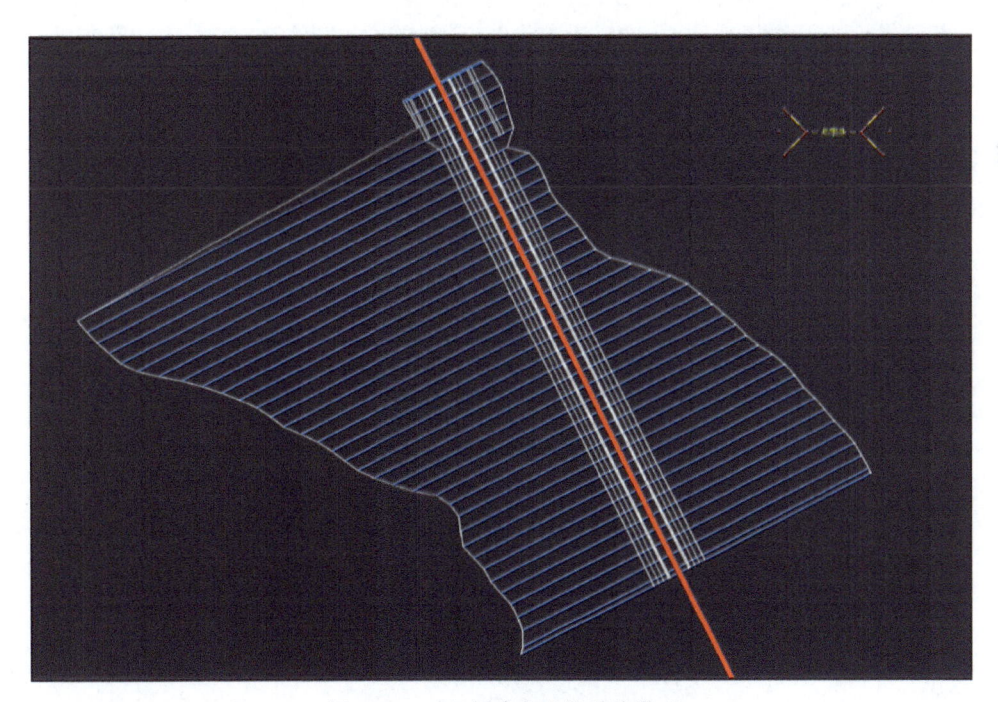

图 5-40 已经创建完成的道路模型

代码的主要作用是为装配部件中各种结构的组成（如机动车道、非机动车道、边沟、边坡、路面等）赋予不同的特性，此处"标准"的装配部件中表现为 Base、Curb、Datum 等，可以进行独立的修改，如修改道路模型中对应结构的显示颜色、线宽等，使设计者的设计效率有较大提升。"代码集样式"界面中各个部分的具体功能见 7.1.3 节。

5.3.2 道路曲面创建与修改

本节所需资料如表 5-11 所示，读者可在本书附赠电子文件中找到相关文件。

表 5-11 本节所需资料

序号	位置	资料名称	使用软件	成果文件地址
1	12-道路 DWG	LJ1-老碾互通-道路（无曲面）-李三.dwg	Civil 3D	12-道路 DWG

通过创建道路曲面，并加载到 InfraWorks 中进行三维模型呈现，如图 5-41 所示，是编写组经过多个项目反复验证后，认为最安全、最高效、最便捷的方式。本节将详细阐述在 Civil 3D 中通过既有的道路模型创建并调整道路曲面，使道路曲面与道路样式材质能够紧密贴合。

图 5-41 将 Civil 3D 道路曲面加载到 InfraWorks 中

1. 创建道路曲面

本部分以"老碾互通 B 匝道"为例进行介绍。通过"道路特性"窗口，进入"曲面"选项卡，单击创建"道路曲面"表栏，如图 5-42 所示，此处创建一个名为"老碾互通-B-道路曲面"的空曲面文件。

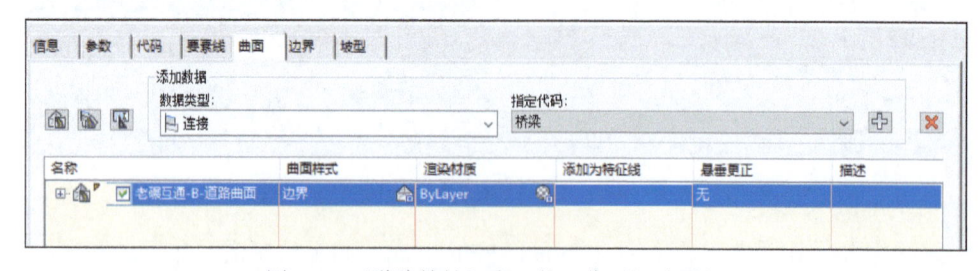

图 5-42 "道路特性"窗口的"曲面"选项卡

道路曲面的创建方式为，根据每个道路横断面相同的"连接"代码进行三角构网，从而形成道路曲面。根据这个原则，即可指定特定的"连接"代码创建单独的曲面，如填方边坡、填方平台、边沟等。在本道路文件中，每个道路横断面的连接线段均有"路基曲面"线代码，故在"指定代码"中，仅需要选择"路基曲面"即可，如图 5-43 所示。

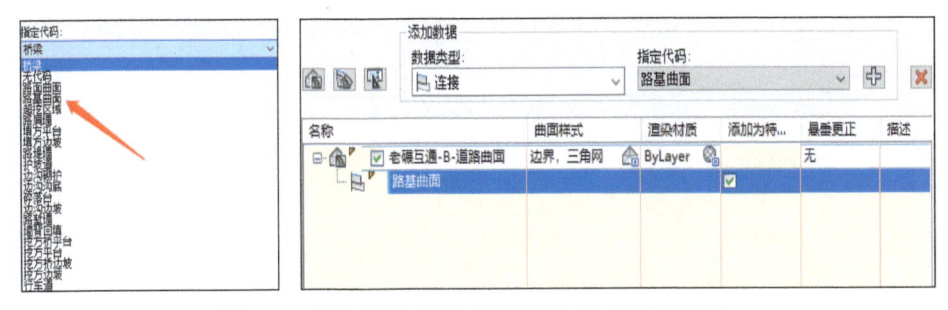

图 5-43 添加道路曲面时"连接"的"指定代码"

单击"确定"后，即可在模型窗口看见对应的道路曲面，如图 5-44 所示（在左侧工具空间中的曲面树，可查看、编辑已经创建的曲面对象）。

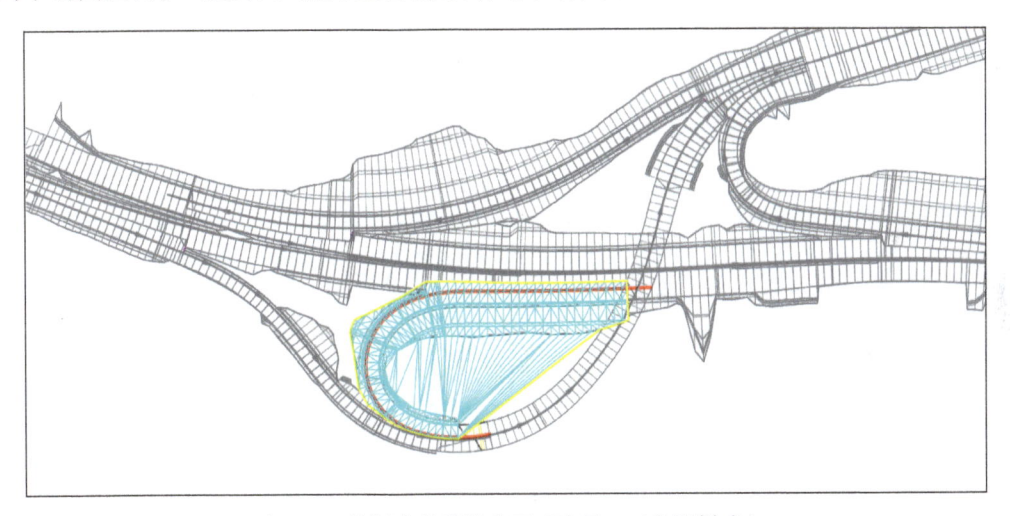

图 5-44 将创建的道路曲面（边界、三角网样式）

可以明显看出，按照上述方式创建的道路曲面范围，已经完全超出了道路本身的范围，在环形匝道的中间创建了不需要的曲面。若使用此曲面呈现互通模型，则会改变空白处的地形曲面。显然，还需要对创建好的道路曲面进行"加工""修改"。

2．通过设置边界约束道路曲面

在"道路特性"窗口中，还有一个"边界"选项卡。在"边界"选项卡中可以编辑道路曲面的相关设置，让道路曲面更加准确地贴合道路模型。单击右键选择道路曲面对象后，选择曲面约束为"作为外部边界的道路范围"。单击"确定"并重新生成模型后，可以看到老碾互通 -B- 道路曲面匝道中间的曲面消失了。

道路工程中大部分道路模型的创建，仅通过本节前部分就可以完成，并且可以满足相应的质量要求。但是，对于互通匝道而言，上述方式还不能使道路曲面完整地与道路模型贴合。仔细观察老碾互通 -B- 道路曲面匝道的中间段落，可以明显看出曲面边界（红色）

与道路边界（蓝色）并没有完全贴合，曲面边界存在明显的锯齿状，如图 5-45 所示。

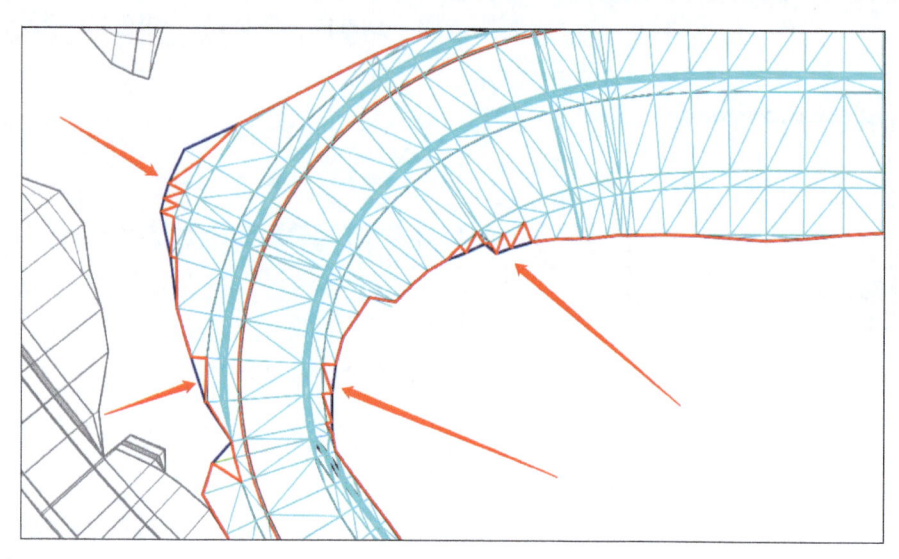

图 5-45　曲面边界存在明显的锯齿状

读者可以用对象查看器查看此道路曲面在三维视图中的效果，结果显示存在明显"漏洞"。在道路工程匝道的建模过程中，上述情况时常会出现，这种锯齿状的曲面边界会严重影响模型的最终呈现效果。因此，这种情况应采取另一种方式进行曲面调整。

3. 通过调整曲面特性约束道路曲面

首先，删除对道路曲面边界的约束，返回如图 5-44 所示的曲面状态。其次，选中该道路曲面，在曲面特性的"定义"选项卡（单击右键），展开"生成"树状节点，通过"使用三角形最大边长"来约束道路曲面。值得说明的是，对于"三角形最大边长"的确定，目前还没有一个较为科学的计算方法，需要根据匝道路幅宽度及匝道边坡情况反复调试验证，读者可在实际项目中多做尝试。本书编写组在大量高速公路互通建模过程中，通过经验总结得出：对于特殊匝道道路曲面，"三角形最大边长"一般取 15～30 米。在本项目老碾互通 -B- 道路曲面匝道中，将该值设定为 15 米，如图 5-46 所示。

图 5-46　调整曲面特性约束道路曲面

除调整曲面特性中的"三角形最大边长"外,有时为了进一步满足实际需求,还可以通过设置"相邻三角网线之间的最大角度"控制道路曲面。读者可以在实际项目中尝试设置该值(经验值为 90°~120°)进一步调整。本节不再单独阐述。如图 5-47 所示是编辑后曲面边界与道路边界贴合效果。

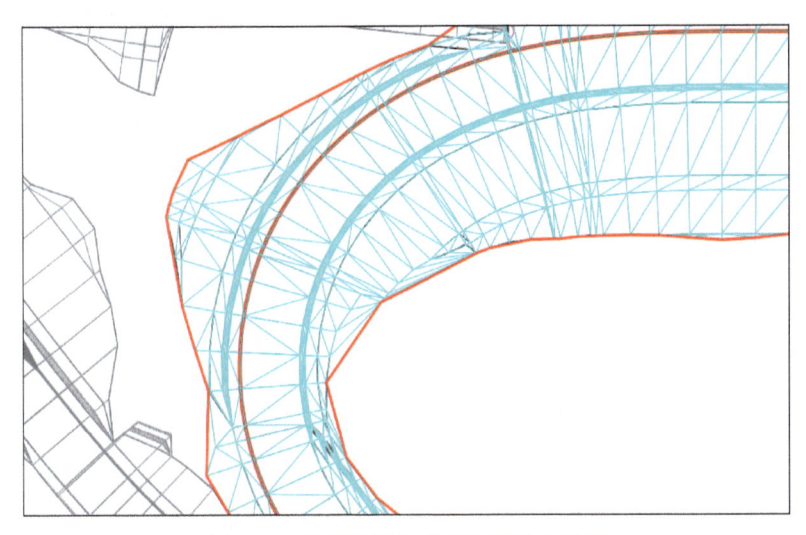

图 5-47 曲面边界与道路边界贴合效果

4. 自动添加边界约束条件

若创建道路的装配部件是通过部件编辑器自定义的,还有一种较为科学的方法能够对道路曲面进行有效约束,即在"道路特性"窗口的"边界"选项卡中,自动添加边界约束条件。由于该方法与自定义部件有关,本节不进行具体的操作说明,仅向读者说明自动添加边界约束条件的原理。

在图 5-48 中,可以看到有"BG_L1""BG_L2"等选择对象,这些选择对象实际上是装配部件的对应点代码。只有在一个装配部件中,左右侧同时存在该点代码,并且整个道路模型任意断面均有对应的点代码时,才能够进行自动添加。图 5-49、图 5-50 可以详细说明这个原理。

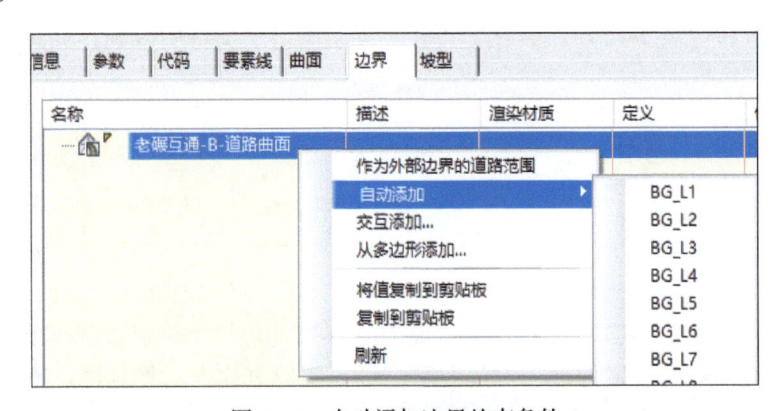

图 5-48 自动添加边界约束条件

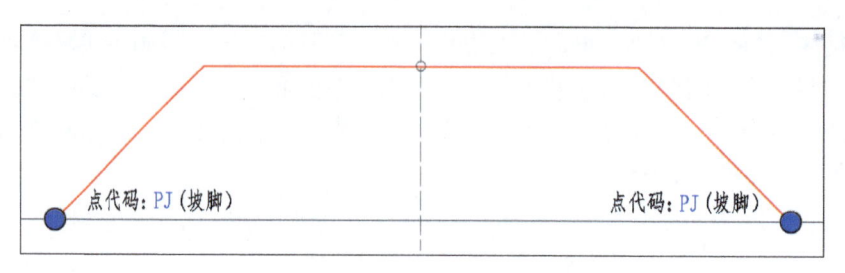

图 5-49 可自动添加的点代码结构

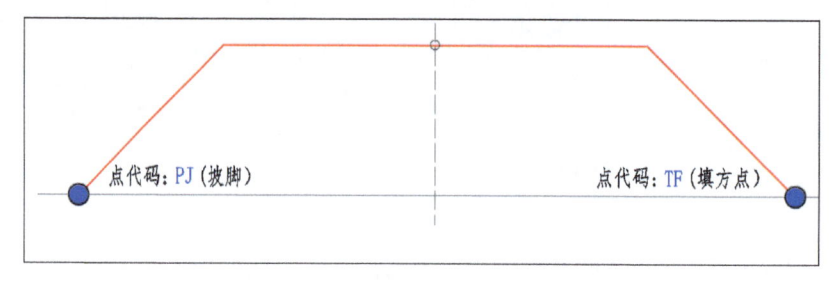

图 5-50 不能自动添加的点代码结构

在图 5-49 中，路基左侧最后一个点代码与右侧最后一个点代码相同，均为"PJ"，即可以在"道路特性"窗口的"边界"选项卡中自动添加"PJ"点代码，使该道路曲面的边界约束为 PJ 点代码连成的封闭区间。在图 5-50 中，路基左侧最后一个点代码与右侧最后一个点代码不同，则无法自动添加该点代码结构。

综上所述，若要较为方便、快速、准确地创建完整的道路曲面，在最开始的部件定义中，就应该对结构中的每个点代码有较为详细的规划。这样，在创建道路及道路曲面时，才能更好地将每个点代码用于模型创建。

5.4 其他附属工程

5.4.1 雨污水管网创建

本节所需资料如表 5-12 所示，读者可在本书附赠电子文件中找到相关文件。

表 5-12 本节所需资料

序号	位置	资料名称	使用软件	成果文件地址
1	27-雨污水、压力管网资料\雨污水管网创建	某高速路线及道路曲面.dwg	Civil 3D	27-雨污水、压力管网资料

雨污水管网的创建，一般用于市政道路建模中。雨污水管网创建所需要的资料有路线、道路曲面，以及雨污水管道设计平面图、横断面图（参照设计图确定管道平面位置及埋深）。

首先，新建 Civil 3D 文件，在工具空间的数据快捷方式内，找到项目所需路线、道路曲面文件，创建数据快捷方式（创建数据快捷方式的方法见 5.5 节）。

1. 创建管网规则集

Civil 3D 自带管道和结构默认规则集，在创建管网时，需要事先设定好特定规则，即设定好管道的结构样式等，确保创建的管网符合设计需求。

（1）在"工具空间"的"设定"选项卡上，展开"管道"或"结构"集合，在"管道规则集"或"结构规则集"上单击右键，选择"新建"，创建新的规则集，如图 5-51 所示。

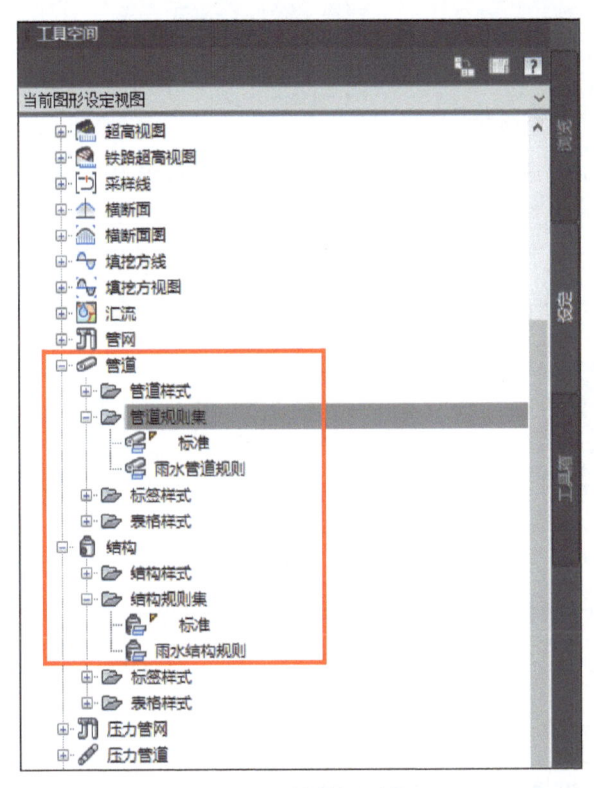

图 5-51 管道规则集

（2）在"管道规则集"的"信息"选项卡上，输入新建规则集的名称，如"雨水管道规则"。

（3）在"管道规则集"的"规则"选项卡上，单击"添加规则"，如图 5-52 所示。在"添加规则"对话框的"规则名称"下拉列表中，选择要添加的规则。选择相应规则后，其参数和值将显示在"规则参数"表中。在雨水管道规则设置中，添加"覆土厚度和坡度""管道到管道匹配"两项规则，根据规范及设计要求修改相应参数（见图 5-53）。一般情况下，管道的最小覆土厚度设置为 0.7 米以上，管道连接方式为管道内底平接。

（4）在结构规则集中，可以设定井底深度、管道落差值。其中，井底深度指的是管道内底至井底的深度，而非井口到井底的深度，由于施工设计图中一般井底标高与管道内底标高相同，所以选择用深度来控制井深，并统一设置这个深度值为 0 米，如图 5-54、图 5-55 所示。

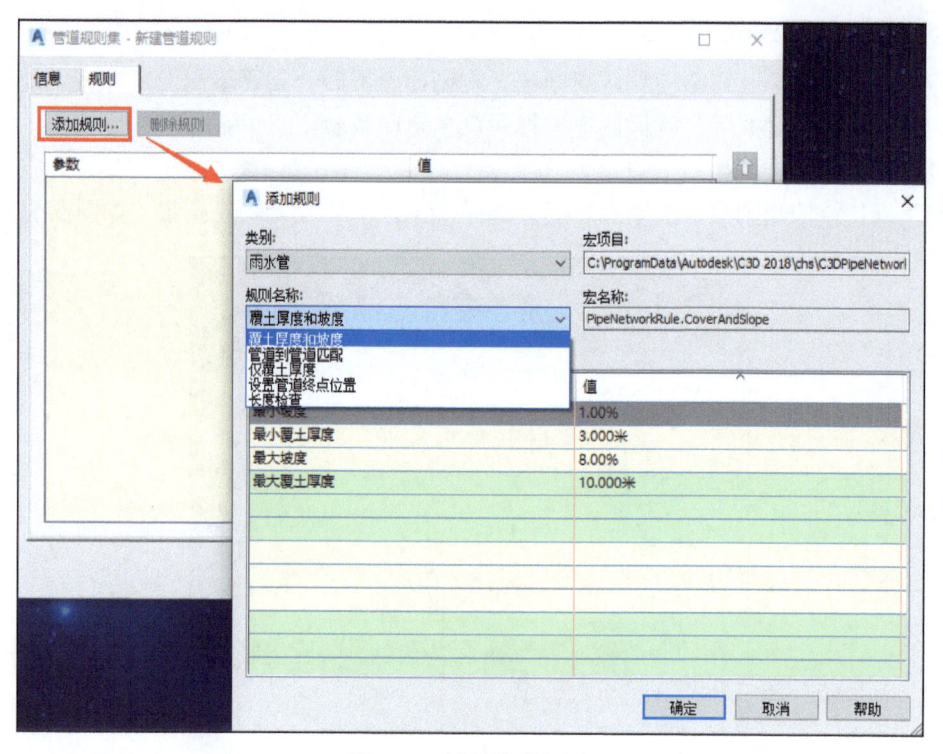

图 5-52　添加管道规则

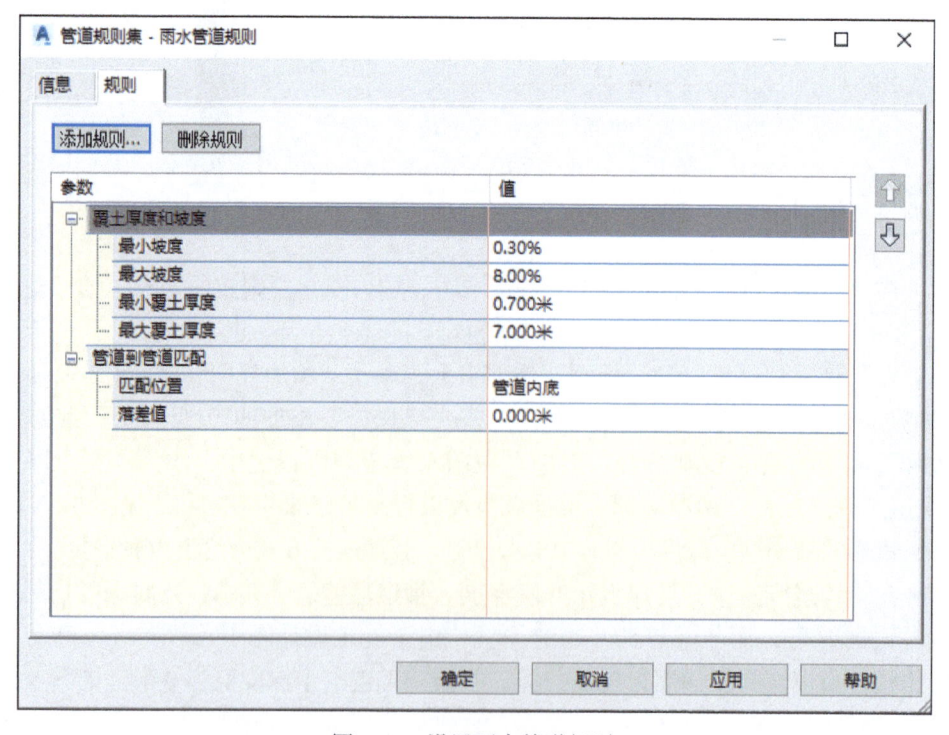

图 5-53　设置雨水管道规则

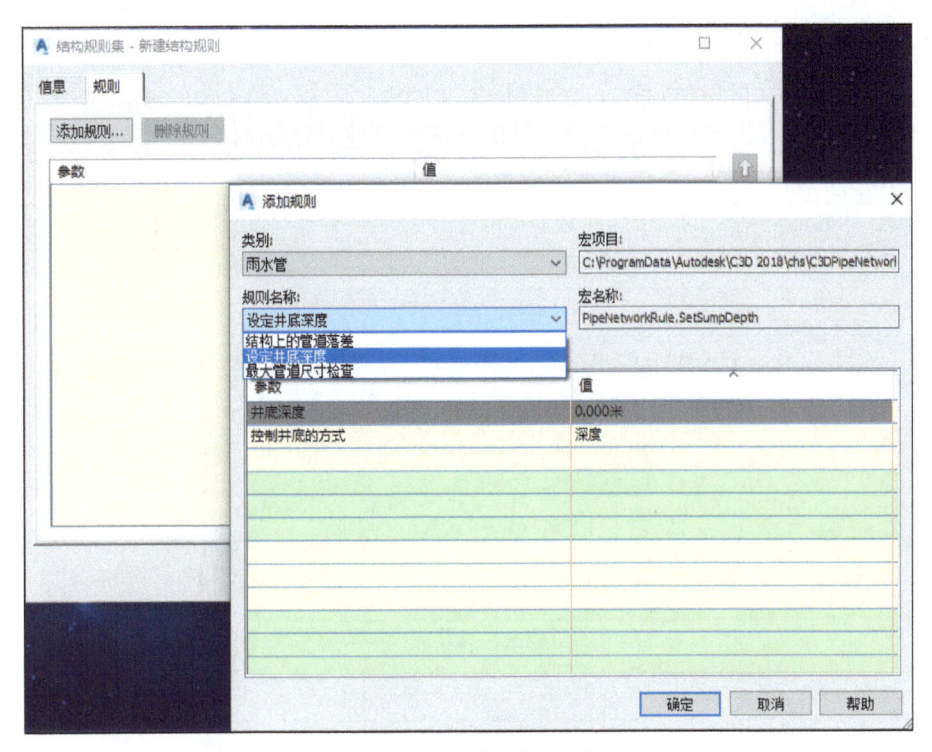

图 5-54　新建结构规则

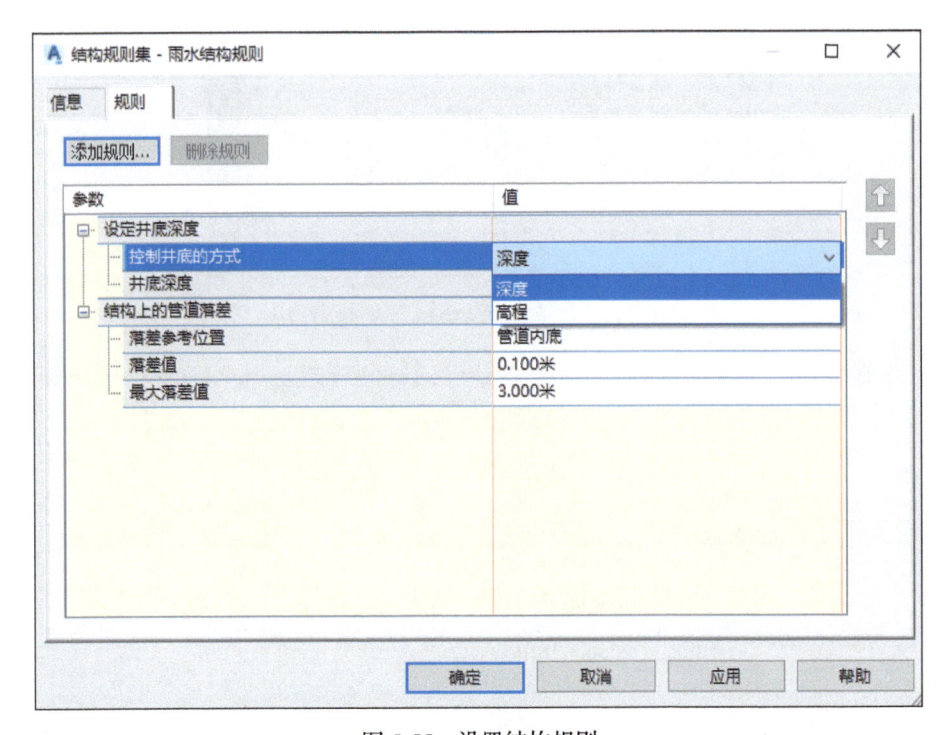

图 5-55　设置结构规则

（5）单击"应用"或"确定"，保存更改。

2. 创建管网标签样式

Civil 3D 中自带标准标签样式，可以根据绘图习惯修改文本高度、流向箭头大小、管道标注样式等；也可以新建标签样式，具体方法与创建管道规则集的方法类似。管道和结构各自有相应的标签样式，可以分别进行设置。

（1）在"工具空间"的"设定"选项卡上，展开"管道"或"结构"集合，可以找到"标签样式"，以最常用的"平面纵断面"为例，设置平面、纵断面图中标注的样式，如图 5-56 所示。

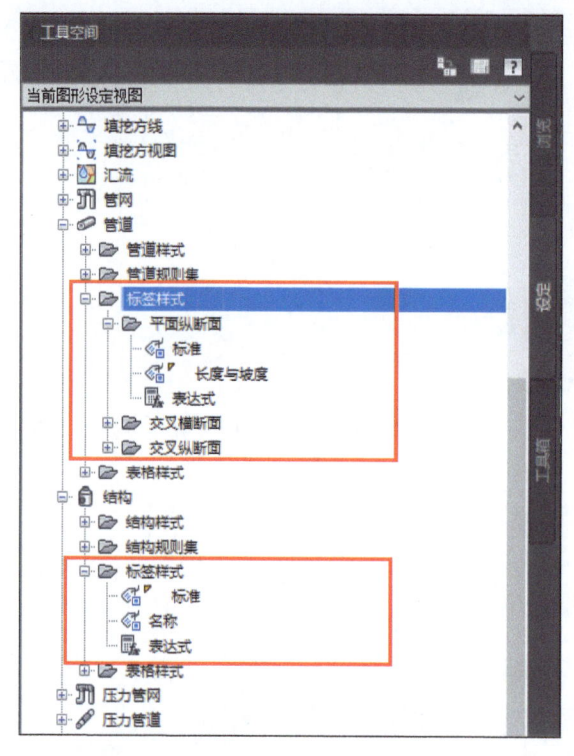

图 5-56 "管道"或"结构"的标签样式

（2）右键单击"平面纵断面"，选择新建管道标签样式。"标签样式"选项卡及功能如表 5-13 所示。

表 5-13 "标签样式"选项卡及功能

选项卡名称	选项卡功能
信息	修改标签样式的名称
常规	设置标签文字样式、图层、文本朝向等
布局	管道标注的内容和方式

单击"文本"选项栏中的"内容"按钮，展开"文本部件编辑器"。在"特性"下拉菜单中，可以选择管道标注的内容，一般管道标注样式为"管径 - 管长 - 坡度"，选择后单击右侧箭头，标注内容会出现在右侧预览窗口。设置好标签样式后，在右侧预览窗口可以

看见平面图、纵断面图中相应的标注样式，如图 5-57 所示。

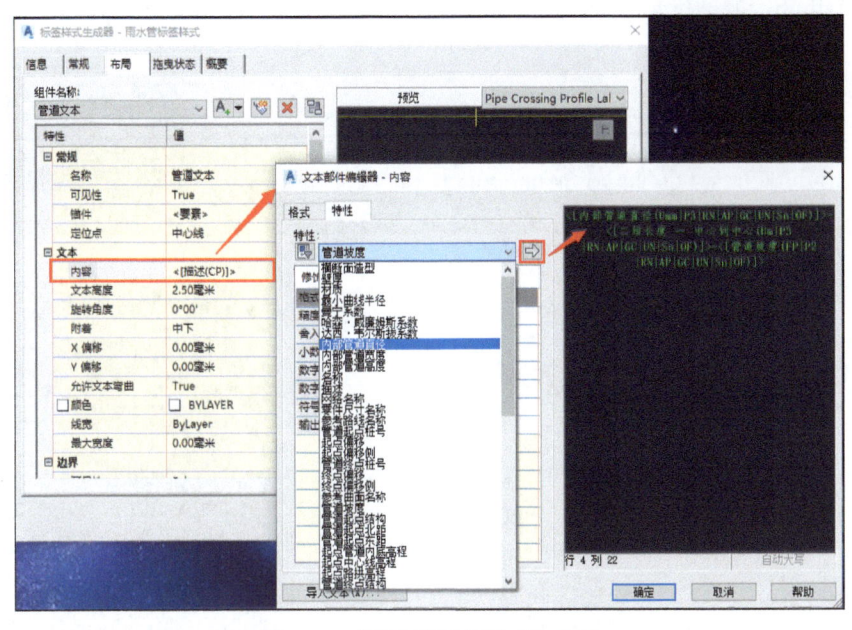

图 5-57 "雨水管标签样式"设置

（3）同一段管道，可以创建不同类型的标签组件，如文本、流向箭头等。单击"创建组件"按钮，选择"流向箭头"，在下方设置箭头位置、大小等参数，如图 5-58 所示。

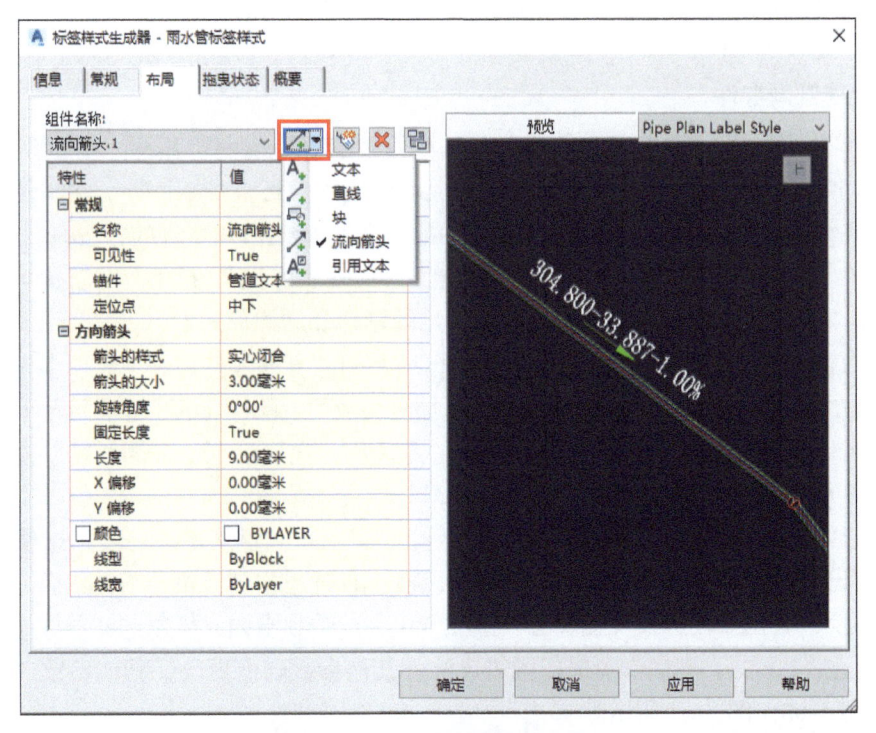

图 5-58 "雨水管标签样式"修改

(4)雨水管"结构样式"设置方式与"标签样式"设置方式类似,对于雨污水管来说,雨污水井的一般"结构样式"为"井桩号 - 井底高程",如图 5-59 所示。

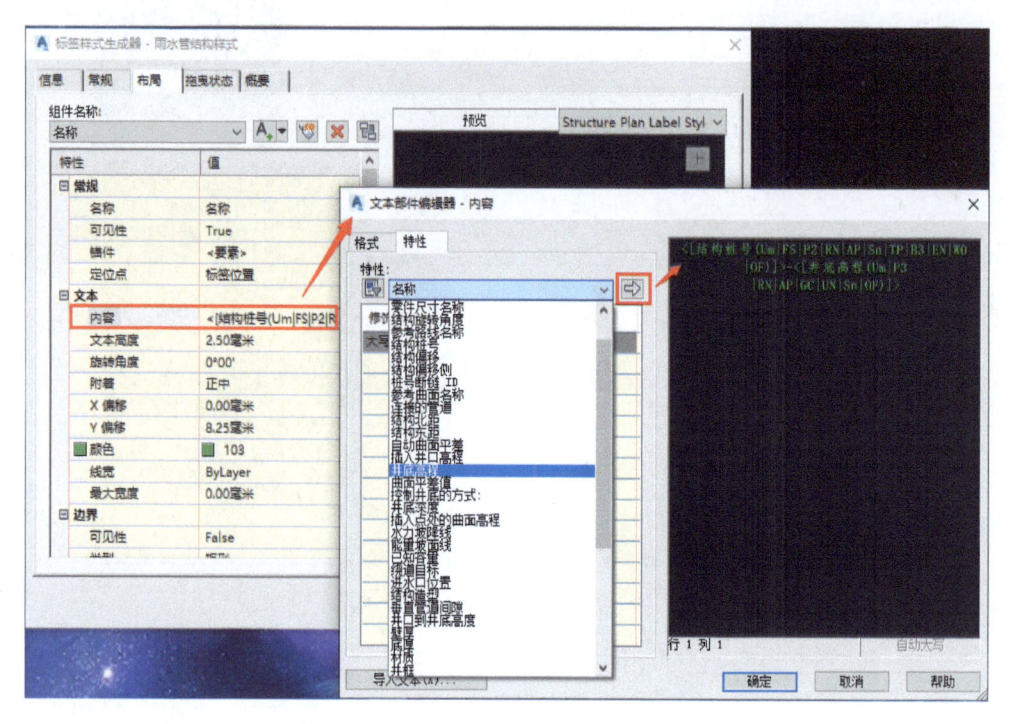

图 5-59　"结构样式"设置

3. 创建管网零件

管网零件主要是指管道和结构的形式,如管道直径、管材、雨污水井的形状、规格等。在管网零件列表内,可以新建零件族,也可以使用模板自带零件族,在零件族内添加所需管道和结构的规格形式。本节主要介绍在已有零件族内添加零件的方法。

(1)在"工具空间"的"设定"选项卡上,展开"管网"集合,可以找到"零件列表",在其"常用"选项里可以找到设计中常用的管道和结构形式。

(2)右键单击"常用"选项,选择"编辑",展开"管网零件列表"选项卡,右键单击"管道"选项卡下的"常用"按钮,选择"添加零件族",弹出"零件目录"选项卡,在此选项卡中可以选择添加不同形状、不同材质的零件族,在该选项卡右侧栏可以查看预览图像,如图 5-60 ～图 5-62 所示。

(3)以混凝土管道为例,选择"混凝土管道 SI"后,"管网零件列表"选项卡中出现了混凝土管道选项,但该零件族内没有管道规格。右键单击"混凝土管道 SI",选择"添加零件尺寸",弹出"零件尺寸创建者"选项卡。在此选项卡内,可以选择零件尺寸,单击"内部管道直径",在下拉菜单中选择所需尺寸,其他参数随之更改,其他参数也可以自行设定,如图 5-63、图 5-64 所示。

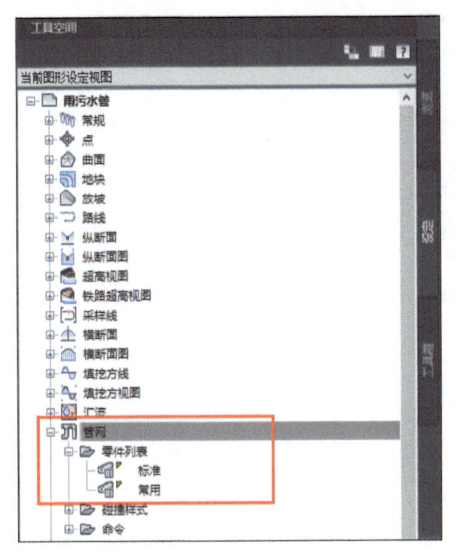

图 5-60 "管网"集合中的"零件列表"

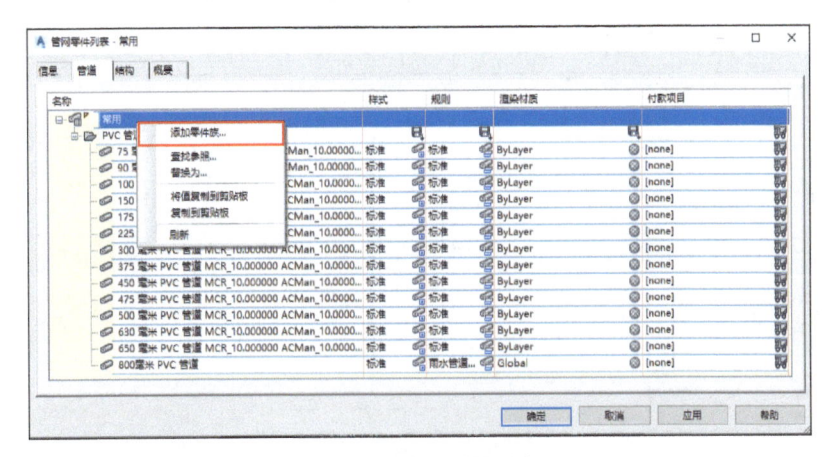

图 5-61 管网零件列表

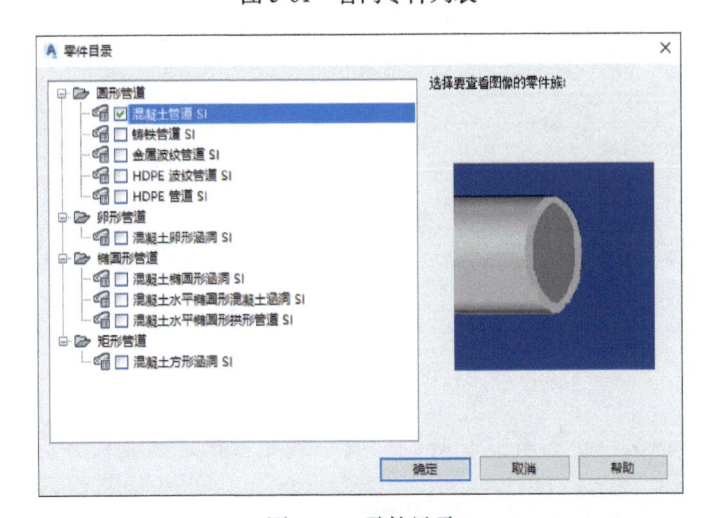

图 5-62 零件目录

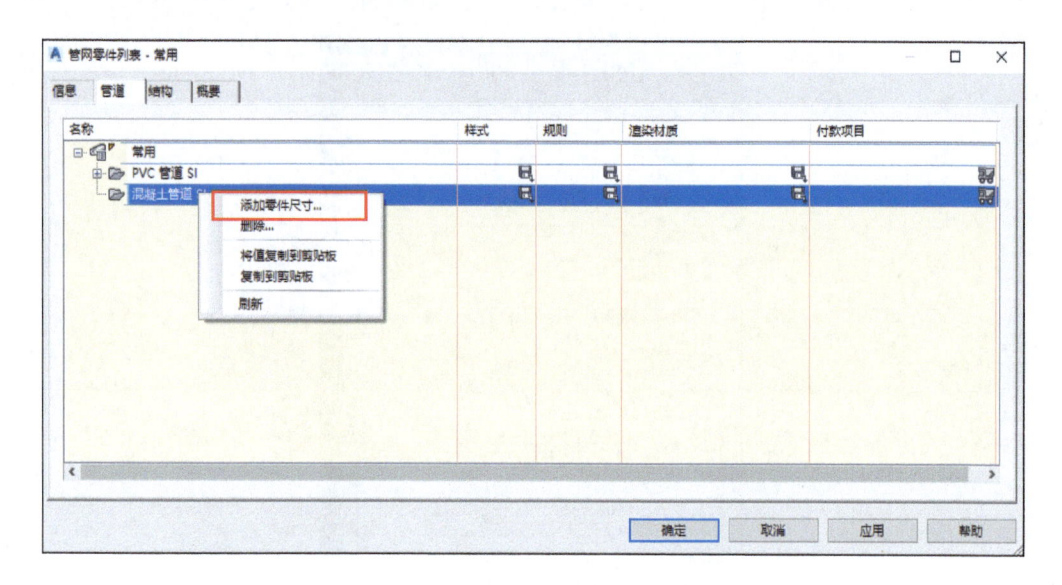

图 5-63 "管网零件列表"选项卡

图 5-64 "零件尺寸创建者"选项卡

（4）添加的管道可以更改样式、规则，其中规则选择之前设置好的管道规则集即可，如图 5-65 所示。

（5）"结构"零件的添加方式和管道类似，如图 5-66 所示。

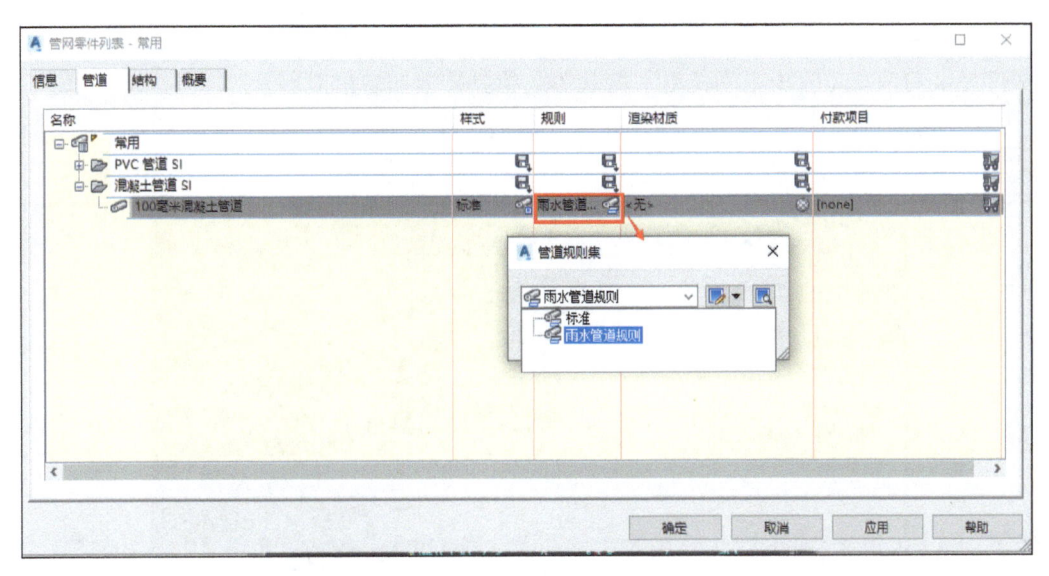

图 5-65　管道规则修改

图 5-66　结构零件设置

4．创建管道

在规则样式、零件样式都设置好的情况下，可以开始创建管道。下面介绍两种创建管道的方式。

1）从对象创建管道

对象包括二维多段线、三维多段线、AutoCAD 直线和圆弧及要素线等多种图元，可以先在图中绘制出相应管道，再通过命令将其转换为管网。

（1）打开包含地形曲面、道路曲面及路线的 *.dwg 格式文件。使用多段线命令根据设计文件提供的信息（管道平面位置、管长等）绘制需要布置的管线。

（2）单击"常用"选项卡"创建设计"面板，在"管网"下拉菜单中单击"从对象创建管网"，如图 5-67 所示。

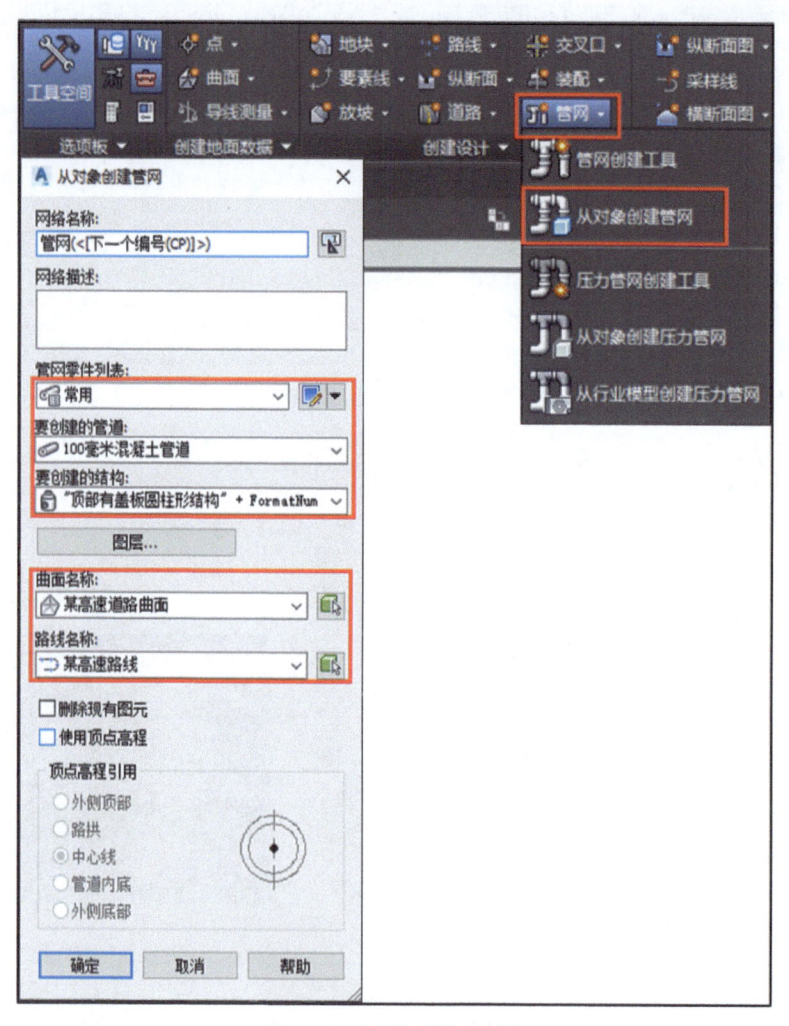

图 5-67　从对象创建管网

（3）选择多段线作为对象，按照提示确定管道流向，并选定管道所在的曲面、路线，以及管道类型、结构类型等参数，得到初步绘制的管道结果。此时得到的管道上并无标注。

（4）选中管道右键单击，在面板中选择"添加标签"，可以得到管道信息。此时的标签样式是默认的，可以选择事先设定好的标签样式进行修改。选中标签右键单击，选择"编辑标签样式"，弹出如图 5-68 所示对话框，在对话框中选择之前设置好的标签样式。在自定义的标签样式中标注了管道的直径、长度、坡度及流向。

（5）管道两端的雨水井标签，可以参考以上操作进行设置，包含桩号、井底标高、井深等信息。

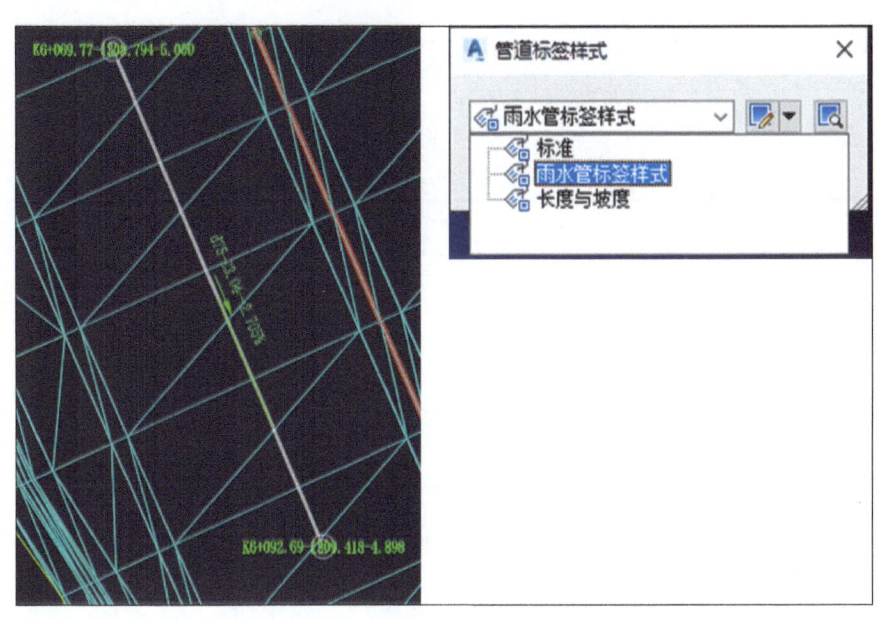

图 5-68　编辑"管道标签样式"

（6）选中所绘的管道和结构，右键单击选择"在纵断面图中绘制零件"命令，根据提示选择管道所在道路相应的纵断面图，即可在纵断面图中查看管道和结构。

（7）纵断面图中的管道是可以改变坡度、埋深的，选中管道，拖动两端夹点，可以改变两端位置的高度，拖动中间位置夹点，可以改变管道的整体高度。同时，平面管道上的标注也会实时联动。

2）按布局创建管网

如图 5-69 所示是按布局创建雨水管网的软件界面，具体操作如下。

（1）单击"常用"选项卡"创建设计"面板，在"管网"下拉菜单中单击"管网创建工具"，选择需要布置管网路段的曲面、路线、标签样式等，新的管网即添加到"工具空间"的"浏览"选项卡中的"管网""网络"集合，并显示"网络布局工具"工具栏。

（2）在"网络布局工具"工具栏的"结构列表"和"管道列表"中，如图 5-70 所示，分别选择相应的管道和结构形式。设置 ￼ 为下坡，勾选 ￼ "管道和结构"选项，此时命令栏会出现"指定结构插入点"命令。此时，在图中需要布置管道的位置用鼠标单击插入即可。若需要管线依托于道路桩号，还可以在"指定结构插入点"命令之后输入"SO"以激活道路桩号偏移命令。随后，选取管道所在的路线、管道起始桩号及管道偏移距离。

（3）在生成管道之后，需要对管道属性进行修改，单击"网络布局工具"中的"管网视景" ￼ ，查看管道各项参数，可以更改管道、结构名称，也可以修改管道坡度、起终点中心线高程等参数来调整管道纵向布置，如图 5-71 所示。

（4）修改管道特性的方法不唯一，也可以在选择管道后，右键单击，选择"管道特性"选项（见图 5-72），在其中进行参数修改。其中，起点管道内底高程、终点管道内底高程和管道坡度是管道绘制数据中需要重点注意修改的地方。

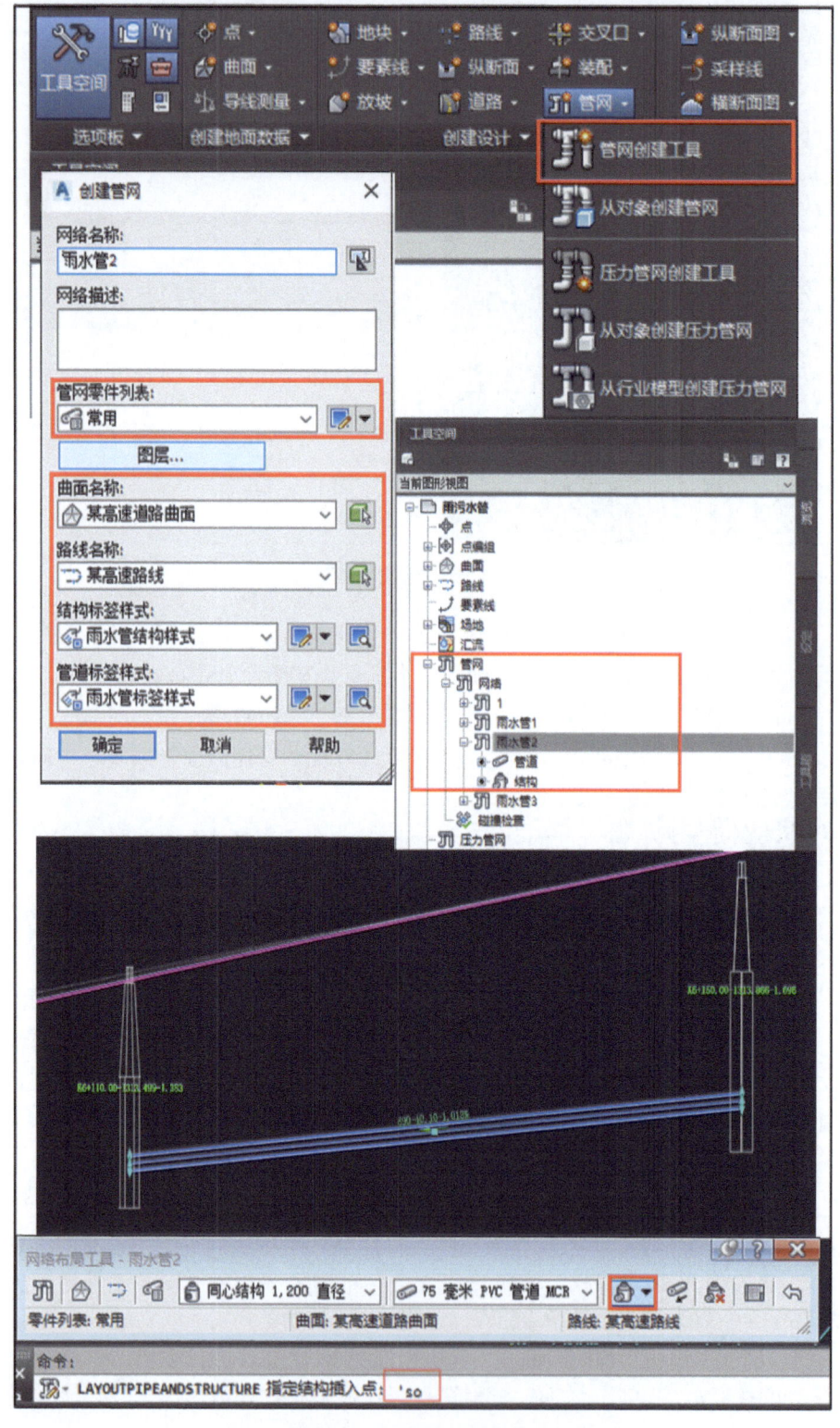

图 5-69 按布局创建雨水管网的软件界面

图 5-70 "网络布局工具"工具栏

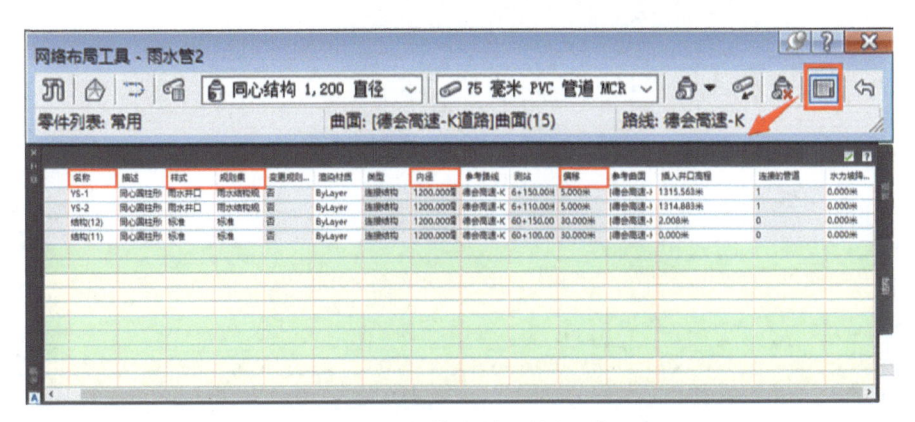

图 5-71 "网络布局工具"面板

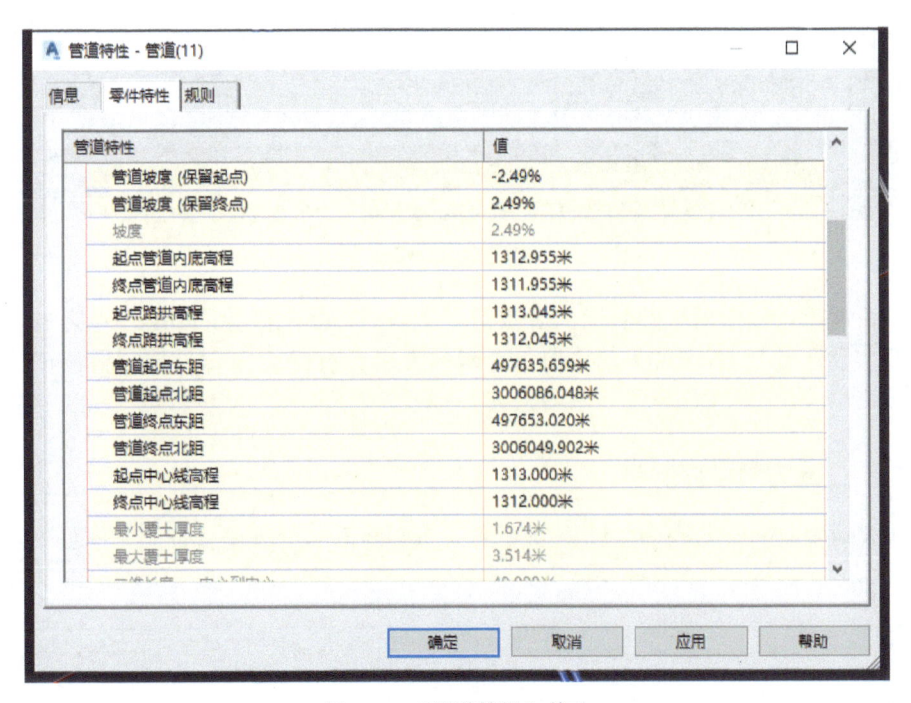

图 5-72 "管道特性"修改

（5）在纵断面中绘制管道的步骤如前所述。

（6）创建好的管网 .dwg 格式文件可以直接拖入 InfraWorks 中，对应样式属于管线，配置好相应的坐标系，选择混凝土管道样式，可以在 InfraWorks 中根据需要调整管道大小、高程等。导入 InfraWorks 后的名称如图 5-73 所示，管道模型效果如图 5-74 所示。

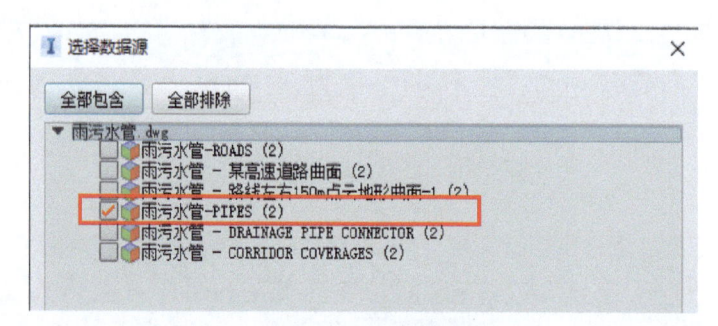

图 5-73 导入 InfraWorks 后的名称

图 5-74 管道模型效果

由于在建模过程中遇见的管网大多数情况下是将 .sdf 文件导入 InfraWorks 的，因此本章仅简要叙述了使用 Civil 3D 直接创建管网的方法，有许多内容没有涵盖，请读者自行探索。

5.4.2 压力管网创建

本节所需资料如表 5-14 所示，读者可在本书附赠电子文件中找到相关文件。

表 5-14 本节所需资料

序号	位置	资料名称	使用软件	成果位置地址
1	27-雨污水、压力管网资料	压力管网.dwg	Civil 3D	27-雨污水、压力管网资料

同雨污水管网一样，压力管网的设计也是市政道路工程设计的常规内容。本节针对压力管网 BIM 模型的创建进行介绍。

1. 平面布置压力管网

在"常用"工具栏的"管网"下拉菜单中选择"压力管网创建工具"，如图 5-75 所示。

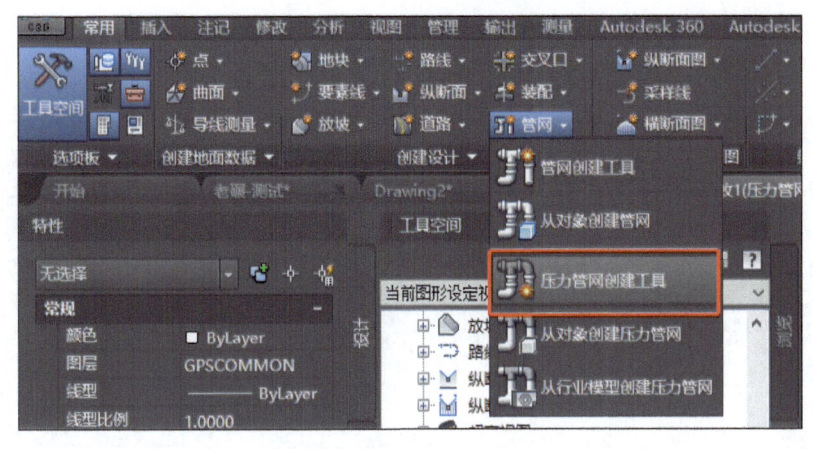

第 5 章 Autodesk Civil 3D 道路工程建模

图 5-75 压力管网创建工具

修改该压力管网的网络名称、零件列表、标签样式等内容，如图 5-76 所示。

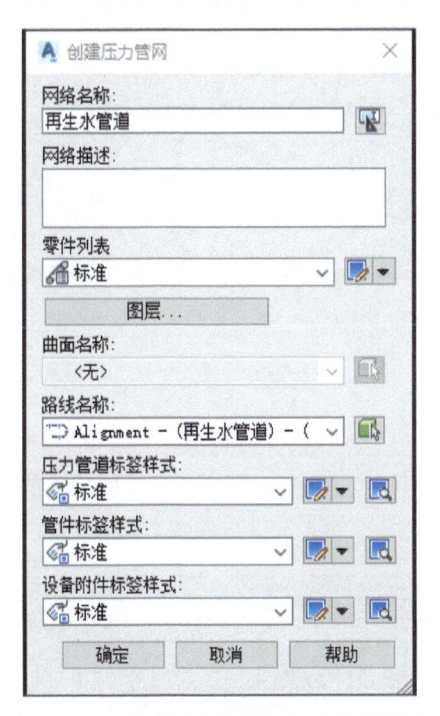

图 5-76 "创建压力管网"初始配置属性

在工具栏中选择"管道和弯头"，如图 5-77 所示。

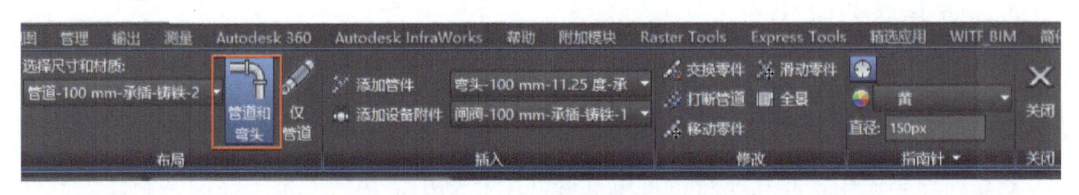

图 5-77 管道和弯头

结合平面图即可进行压力管网的平面布置工作。

图 5-78 中黄圈上的线段，表明该压力管网的转角角度。

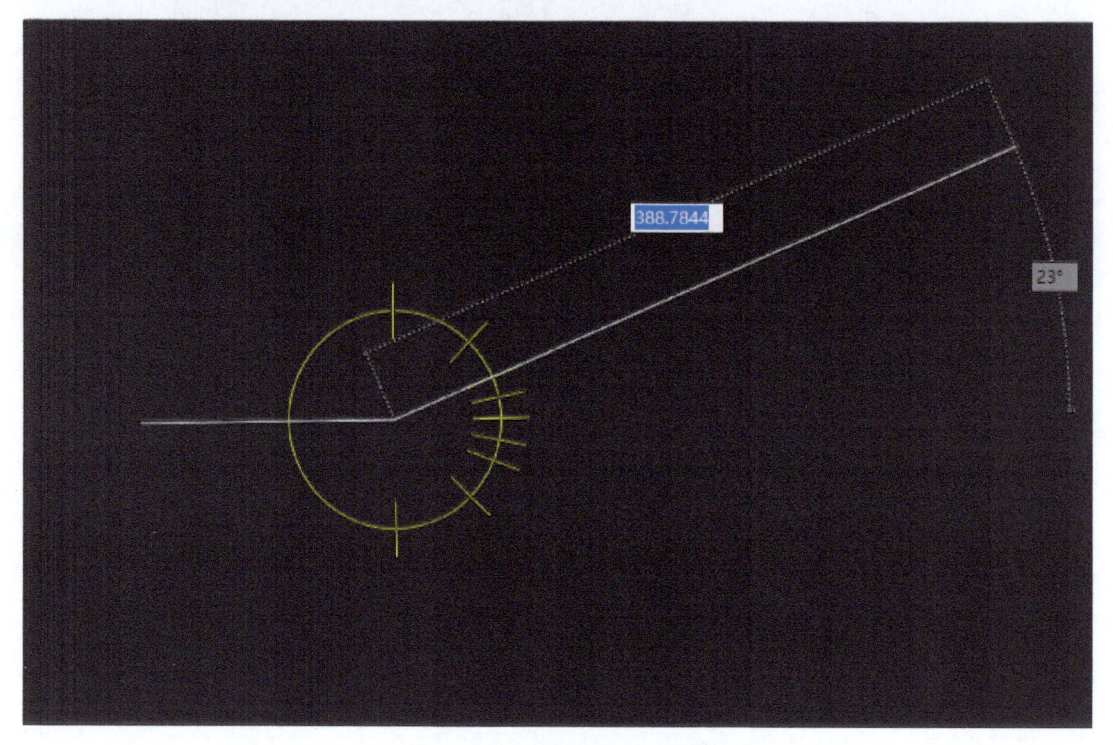

图 5-78　压力管网的转角角度

2. 从管网创建路线

完成平面布置的压力管网模型，需要进行纵断面的设计和调整。在此之前，需要以此压力管网创建路线。选择绘制平面布置的压力管网模型，再在工具栏中选择"从管网创建路线"，如图 5-79 所示。

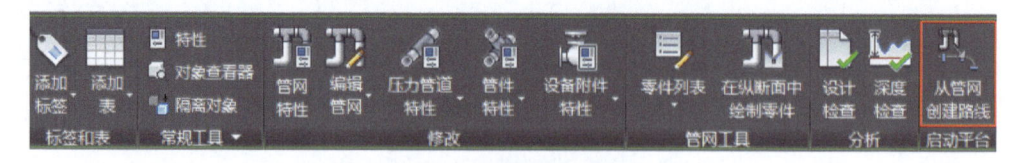

图 5-79　从管网创建路线

3. 纵断面设计压力管网

类似路线创建纵断面的方法，选择"创建纵断面图"，并将"创建纵断面图"对话框中的"选择路线"设置为从压力管网创建的路线，即可完成压力管网的纵断面图创建，如图 5-80、图 5-81 所示。

然后，在平面中选择压力管网模型，并在工具栏中选择"在纵断面中绘制零件"，如图 5-82 所示。创建的压力管网纵断面图如图 5-83 所示。

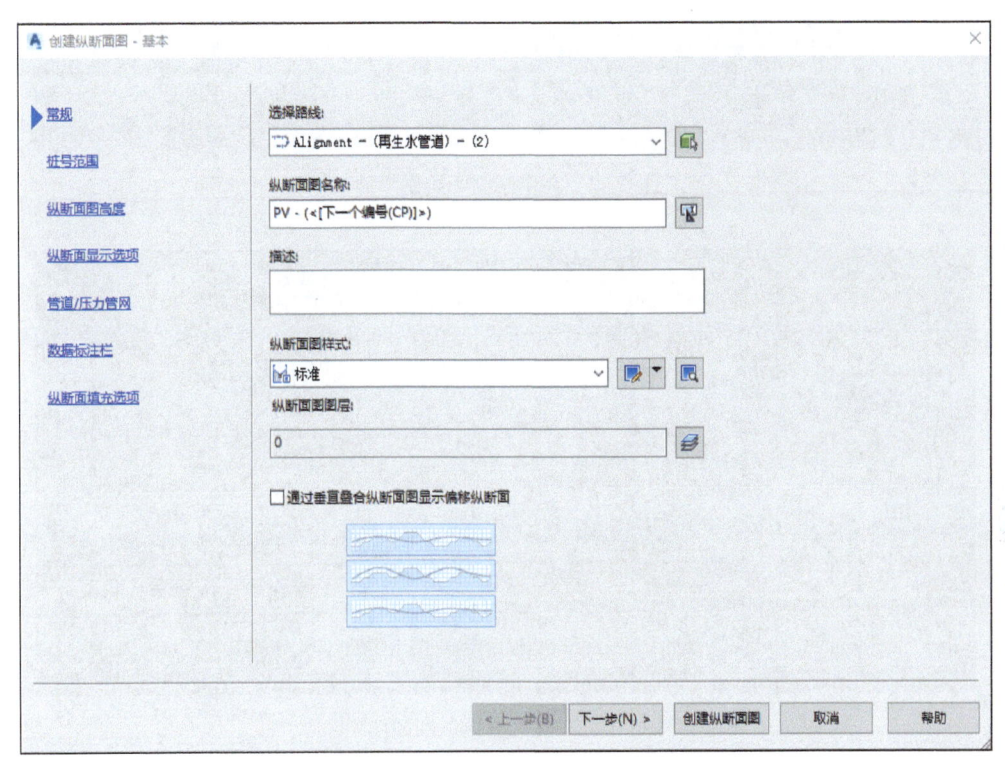

图 5-80 "创建纵断面图"对话框

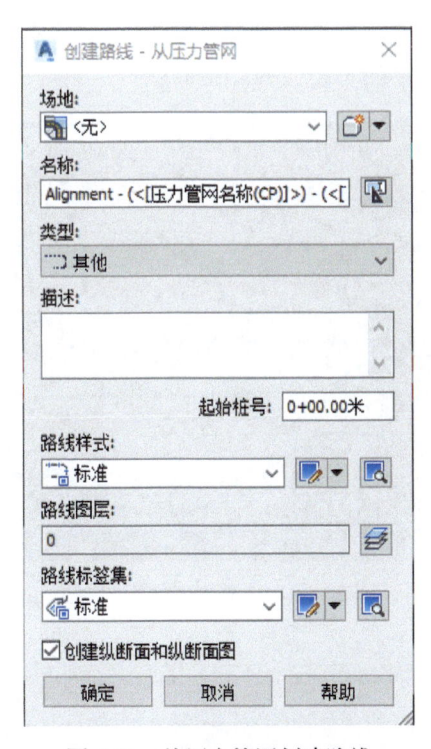

图 5-81 从压力管网创建路线

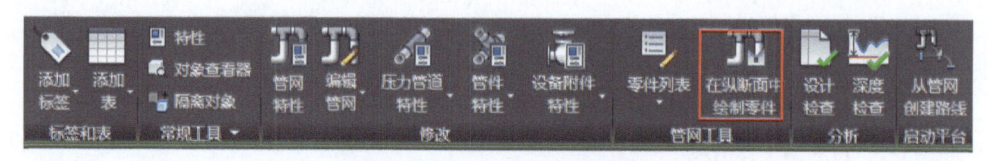

图 5-82 在纵断面中绘制零件

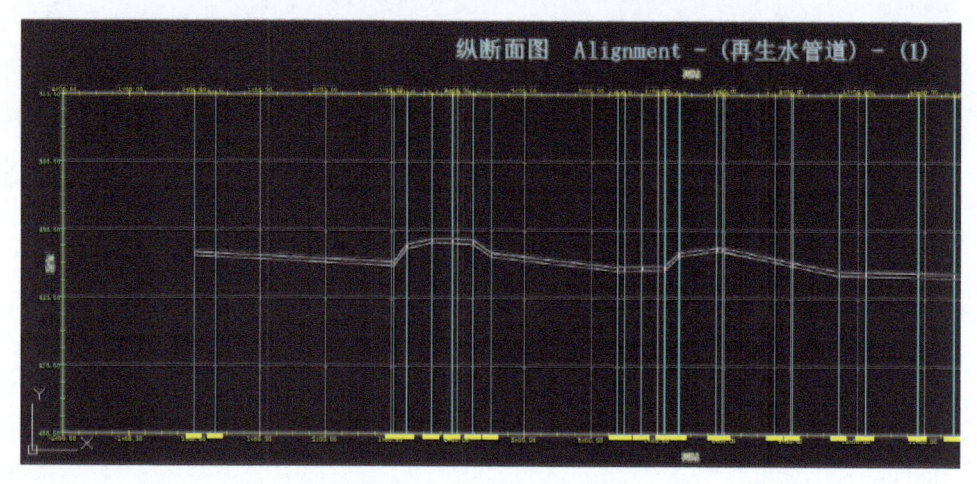

图 5-83 压力管网纵断面图

4. 在纵断面图中调整压力管网

在纵断面图中选择需要修改的管道或接头，通过编辑夹点对压力管网进行调整。如图 5-84 所示，可以调整管道平面半径以避让障碍物。

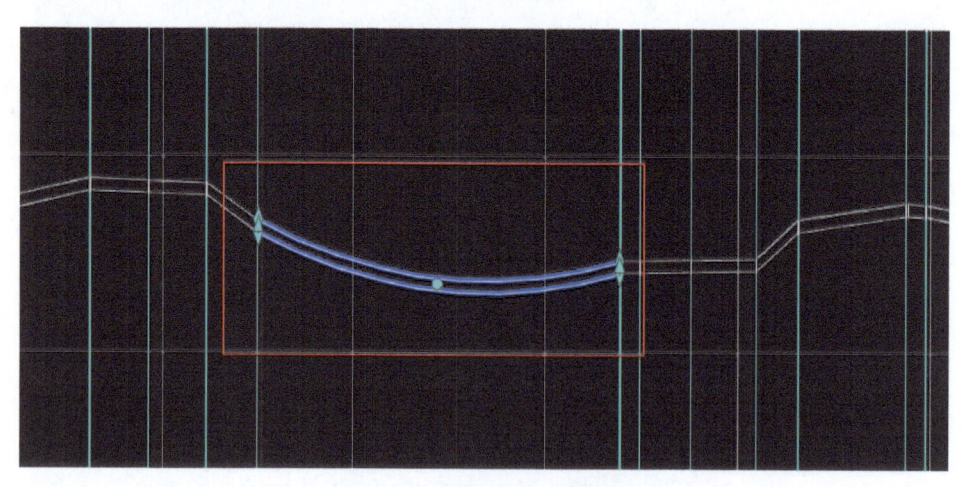

图 5-84 纵断面图优化调整

5. 压力管网导入 InfraWorks

将平面、纵断面创建完成的压力管网 .dwg 格式文件导入 InfraWorks，并将样式配置为"Metal Pipe"（金属管），如图 5-85 所示。

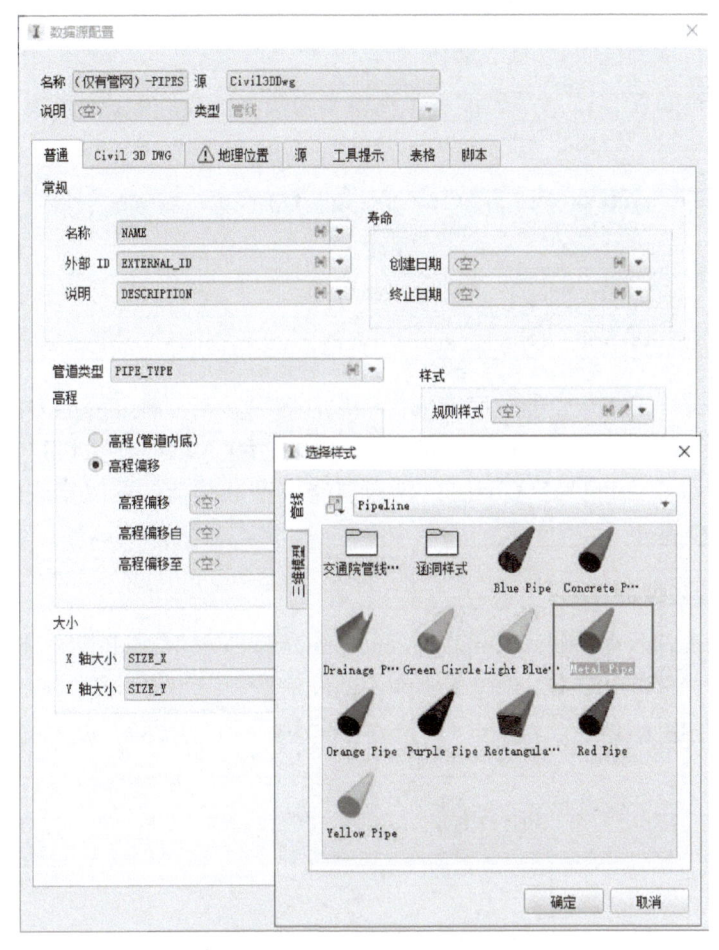

图 5-85 压力管网样式配置

关闭刷新后，可在模型中看到与雨污水管网不同的白色压力管网 InfraWorks 模型，如图 5-86 所示。

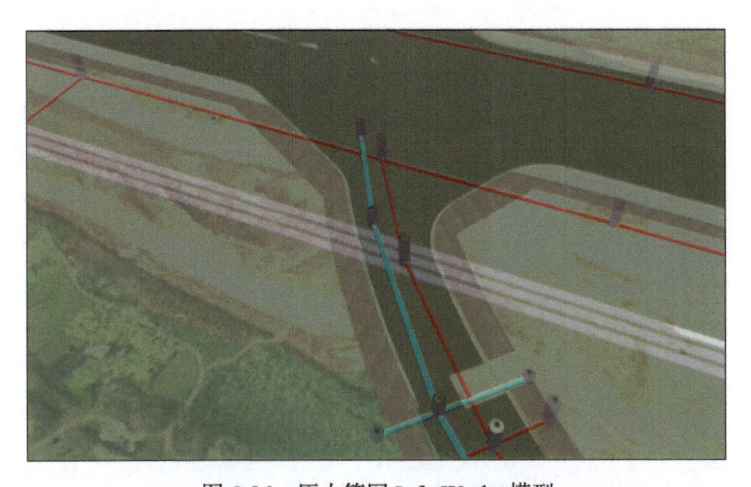

图 5-86 压力管网 InfraWorks 模型

5.4.3 电力浅沟创建

本节所需资料如表 5-15 所示,读者可在本书附赠电子文件中找到相关文件。

表 5-15 本节所需资料

序 号	位 置	资料名称	使用软件	成果位置地址
1	13-电力浅沟部件	排管.pkt	Civil 3D	13-电力浅沟部件
2	14-电力浅沟图纸	电力浅沟.dwg	Civil 3D	14-电力浅沟图纸
3	15-电力浅沟 FBX 实体	电力浅沟.fbx		15-电力浅沟 FBX 实体

在市政道路设计中通常会涉及电力浅沟的设计内容,本节将介绍电力浅沟 BIM 实体模型的创建。通过运用 Autodesk Subassembly Composer for AutoCAD Civil 3D 创建电力浅沟造型部件和 Autodesk AutoCAD Civil 3D 创建道路模型的功能,可以实现对电力浅沟 BIM 实体模型的准确创建。

1. 电力浅沟造型部件

使用 Autodesk Subassembly Composer for AutoCAD Civil 3D,并结合市政道路工程中电力浅沟设计文件中的详细尺寸,创建电力浅沟的准确造型,如图 5-87、图 5-88 所示。同时,也可以根据具体的电力浅沟设计高程,调整电力浅沟截面上的原点,以定位准确的高程点。

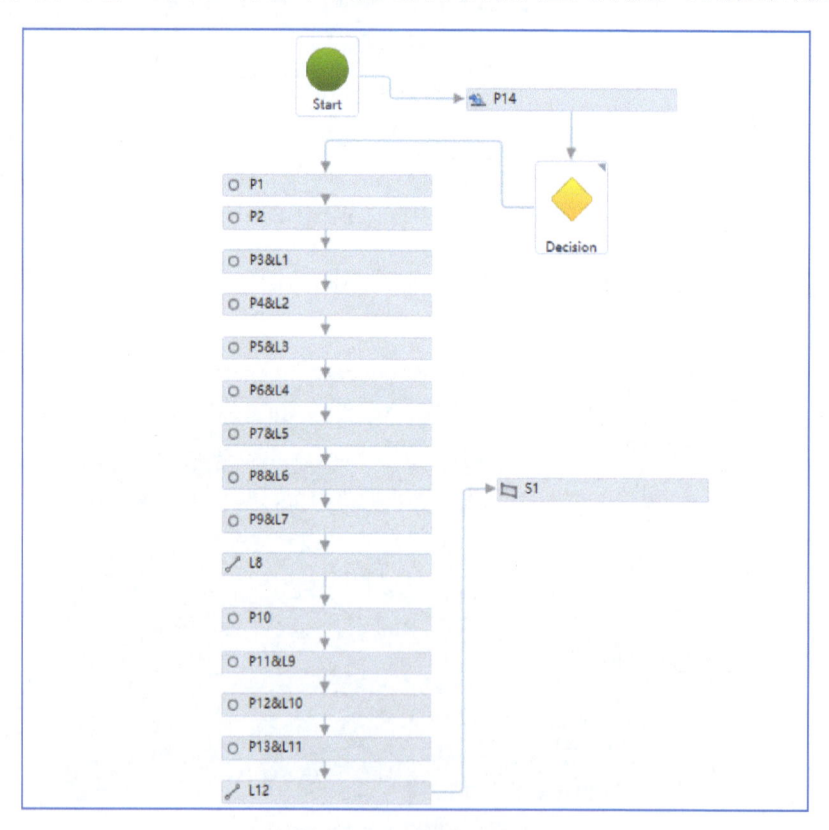

图 5-87 电力浅沟部件

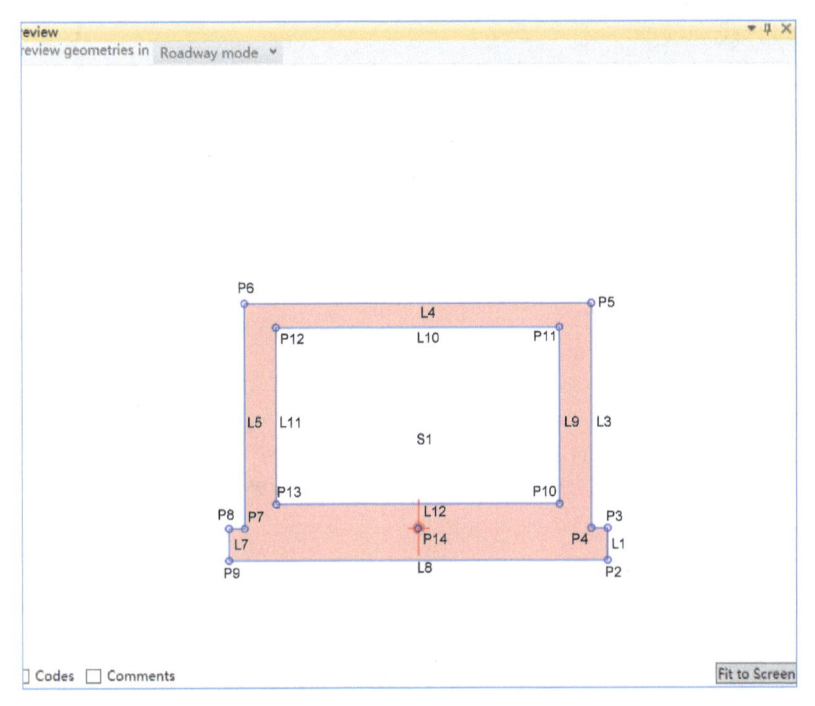

图 5-88 电力浅沟部件断面预览

2. 创建电力浅沟的路线平纵模型

运用 Autodesk AutoCAD Civil 3D 的创建路线功能，根据电力浅沟平面、纵断面的设计资料，创建电力浅沟的路线平纵模型。

3. 创建电力浅沟装配

导入部件可参考前面章节相关内容，并以此部件创建电力浅沟的准确模型装配，如图 5-89 所示。

图 5-89 电力浅沟的准确模型装配

4．创建电力浅沟模型

使用 Autodesk AutoCAD Civil 3D 创建道路模型功能，以上一步的电力浅沟模型装配来创建电力浅沟模型平面布置，如图 5-90 所示。

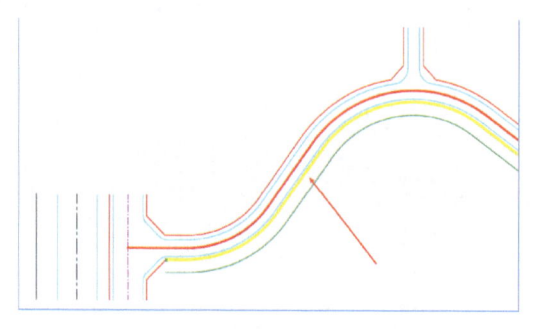

图 5-90　电力浅沟模型平面布置

5．提取电力浅沟实体

选中创建的电力浅沟"道路"模型，在工具栏中选择"提取道路实体"，如图 5-91 所示。

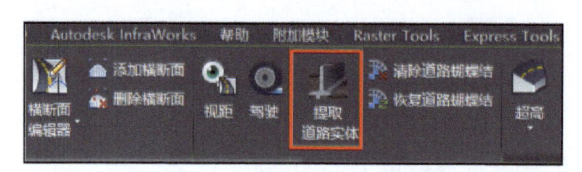

图 5-91　提取电力浅沟道路实体

在如图 5-92 所示的"提取道路实体"对话框中，可以根据需要选择要提取实体的生成代码，然后单击"提取实体"。

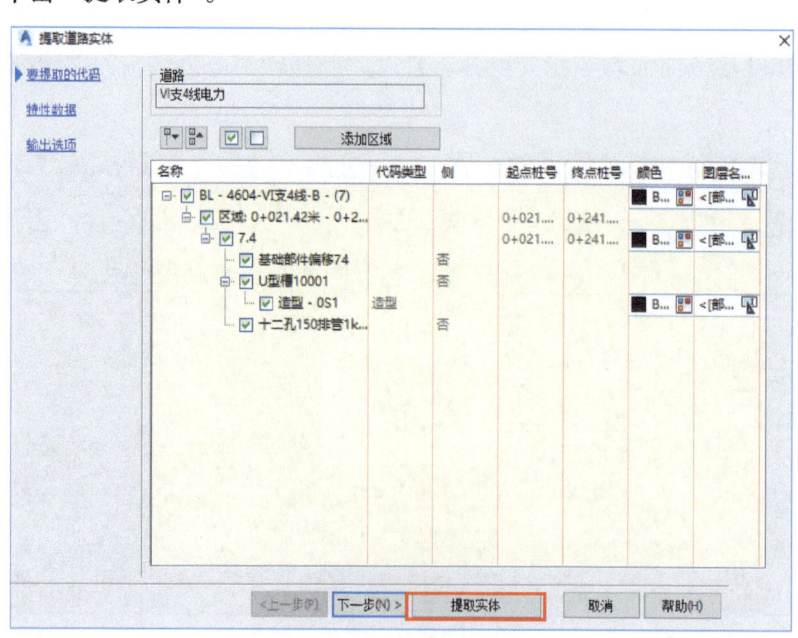

图 5-92　"提取道路实体"对话框

由此可以生成所需要的电力浅沟实体模型，如图 5-93 所示。

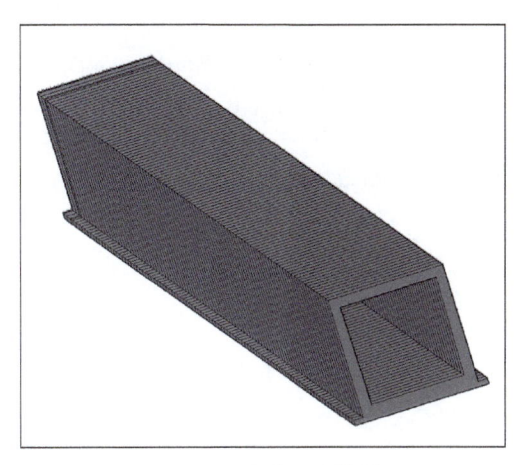

图 5-93　电力浅沟实体模型

6．导出并整合电力浅沟实体模型

在 Autodesk AutoCAD Civil 3D 中，对市政道路的电力浅沟完成了模型创建。电力浅沟实体模型也可以进一步拓展应用，例如，导出 FBX 格式模型，放入 InfraWorks 以整合展示该电力浅沟的设计成果，如图 5-94 所示。整合 FBX 格式模型可参考 7.2.3 节。

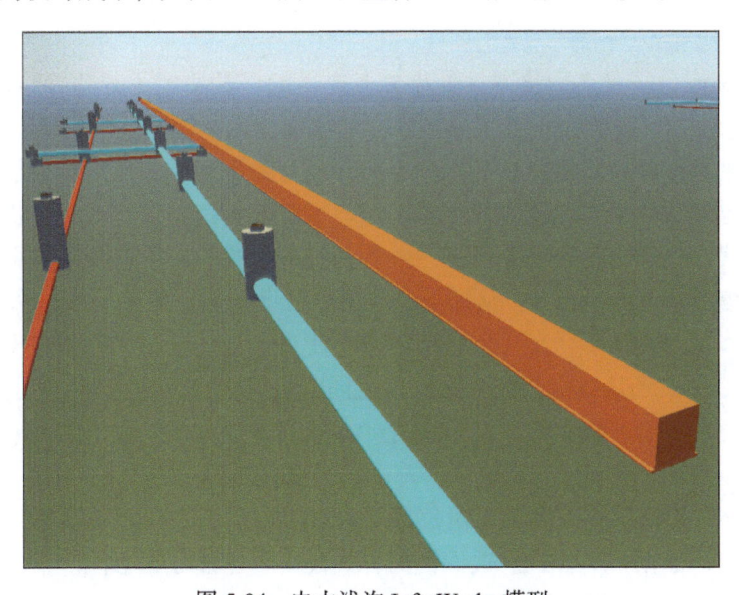

图 5-94　电力浅沟 InfraWorks 模型

5.5　协同设计

本节所需资料如表 5-16 所示，读者可在本书附赠电子文件中找到相关文件。

表 5-16　本节所需资料

序号	位置	资料名称	使用软件	成果位置地址
1	28-协同设计资料	LJ1-老碾互通-路面-张三-快捷方式源.dwg	Civil 3D	28-协同设计资料
2	28-协同设计资料	数据快捷方式成果.dwg	Civil 3D	28-协同设计资料

道路工程协同设计概念如图 5-95 所示。

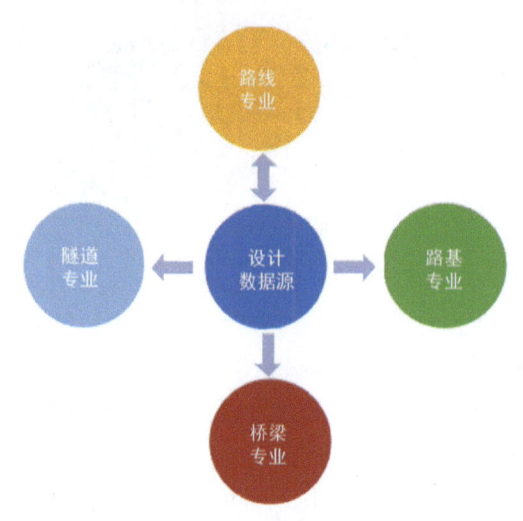

图 5-95　道路工程协同设计概念

BIM 协同设计，其意义为将设计前序专业产生的设计成果（如路线专业），作为唯一且及时更新的数据源，供整个设计工作各个专业协作使用。如图 5-95 所示，在路线专业完成道路项目的平纵设计后，将设计成果作为核心设计数据源，为后续专业提供唯一确定的设计依据。当路基、桥梁或隧道专业在设计过程中需要路线专业对其设计进行优化时，基于权限控制方式，仅允许路线专业对设计数据源进行调整修改，避免了数据在流动传递过程中因未限制权限产生的误操作，从而保证了设计数据源的可靠性。

在 Civil 3D 道路设计中，可应用数据快捷方式进行协同设计。使用数据快捷方式涉及两个主要过程：一个是从数据快捷方式的源图创建数据快捷方式，另一个是在用户图形中创建对源图中源对象的数据参照，简单来说就是数据快捷方式的创建和参照。数据快捷方式可用于曲面、路线、纵断面、道路、管网、压力管网和图幅组。

数据快捷方式提供了到可共享源对象位置的直接路径。在一次操作中，可以在源图中创建多个源对象的数据快捷方式。数据快捷方式仅用于创建数据参照。下面将介绍为满足协同设计需求如何使用数据快捷方式功能。

5.5.1　应用场景

工程项目的设计阶段往往由多个专业的多名工程设计人员共同完成。为了保证项目数据的一致性和唯一性，可采用本书介绍的多人、多专业基于局域网创建的服务器数据，以开展工程项目设计的工作方式，解决在道路工程设计流程中路线设计成果在传递过程中的版本控制问题。如果工程项目设计由单人独立工作完成，则无须进行协同设计。

5.5.2 创建数据快捷方式

1. 新建数据快捷方式项目文件夹

打开已经完成曲面或路线、道路等创建工作的.dwg格式文件，在"工具空间"中的"浏览"选项卡中的"数据快捷方式"处，右键单击选择"新建数据快捷方式文件夹"。在跳出的"新建数据快捷方式文件夹"对话框中，将名称修改为合适的项目名称。后续专业若需要使用该数据快捷方式，在新建文件时需要先将"工作文件夹"选择为上面步骤创建的项目文件夹。

上面介绍的"新建数据快捷方式文件夹"的创建采用默认创建路径，如图5-96所示；还可以将项目文件夹中自己创建的快捷方式文件夹作为"设定工作文件夹"，如图5-97所示。

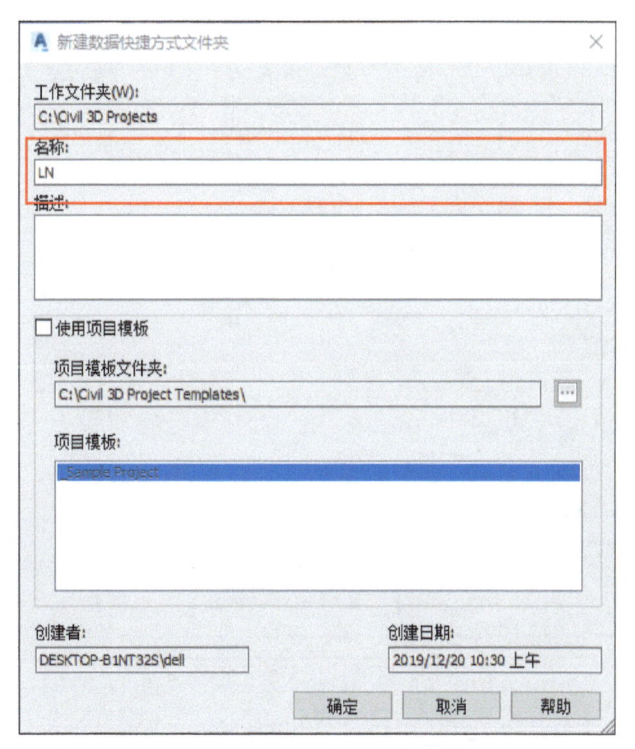

图5-96 "新建数据快捷方式文件夹"对话框

2. 将项目与当前图形关联

在"工具空间"中"浏览"选项卡中的"数据快捷方式"处，单击右键选择"将项目与当前图形相关联"，如图5-98所示。

3. 创建数据快捷方式

在"工具空间"中"浏览"选项卡中的"数据快捷方式"处，单击右键选择"创建数据快捷方式"，如图5-99所示。

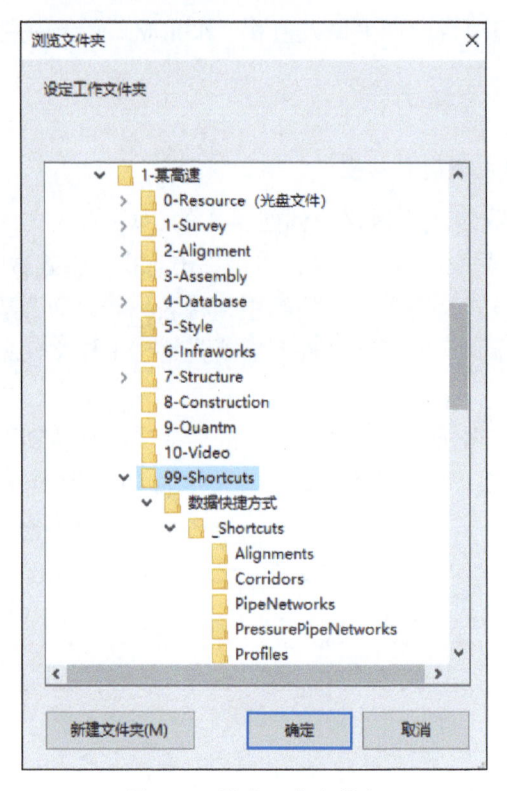

图 5-97　设定工作文件夹

图 5-98　将项目与当前图形相关联

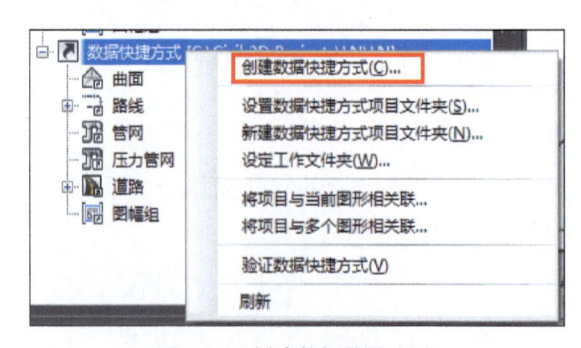

图 5-99　创建数据快捷方式

在"创建数据快捷方式"对话框中可勾选需要创建数据快捷方式的曲面、道路、路线等数据,如图 5-100 所示。

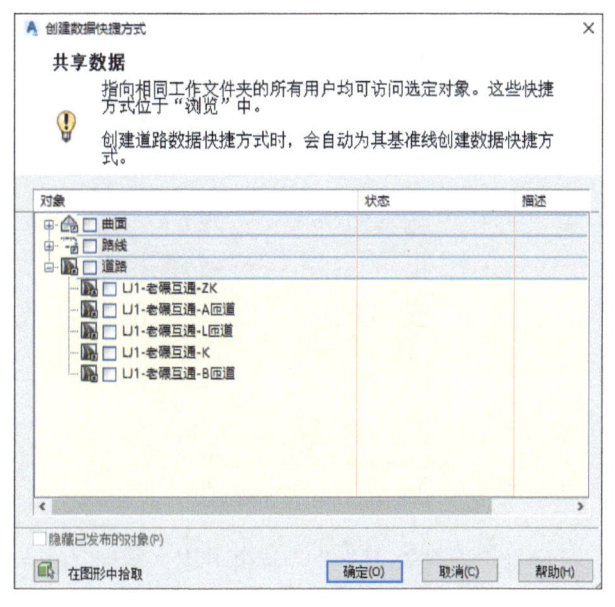

图 5-100 数据快捷方式数据源

5.5.3 参照数据快捷方式

1. 创建参照

此后,如果需要新建图形文件,或者需要参照、引用数据快捷方式,可以在"数据快捷方式"树形结构中,单击右键选择"参照",由此可以参照曲面、道路、路线平纵面等信息,如图 5-101、图 5-102 所示。

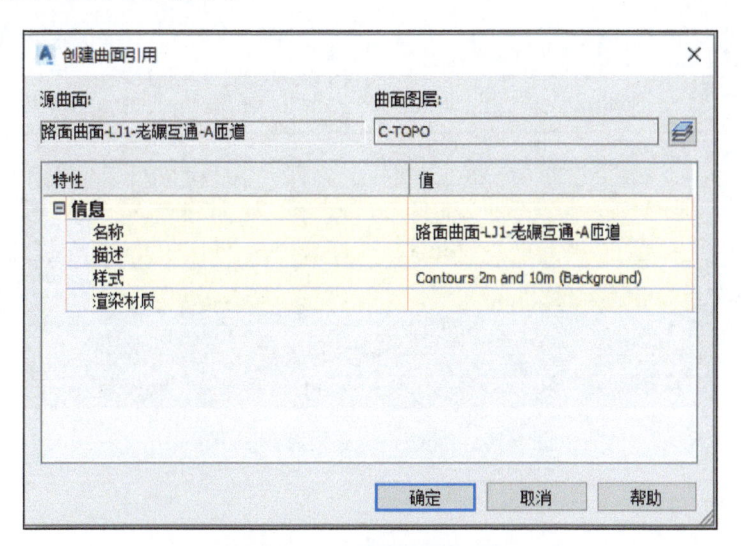

图 5-101 创建曲面引用

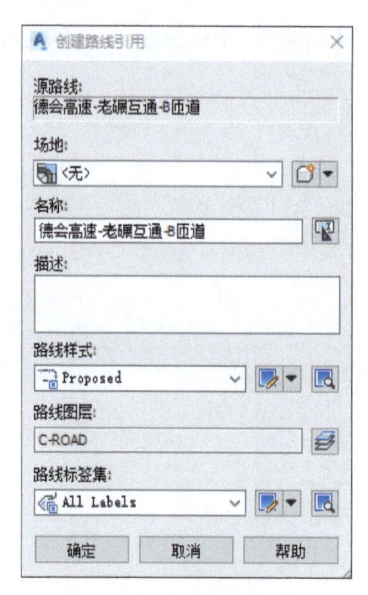

图 5-102　创建路线引用

这样就可以将创建了数据快捷方式的信息参照引用，同时加以修改和优化。Civil 3D 数据快捷方式可以对曲面、路线、管网、压力管网、道路和图幅组进行参照，不能对地块、要素线和标签进行参照，成果如图 5-103 所示。

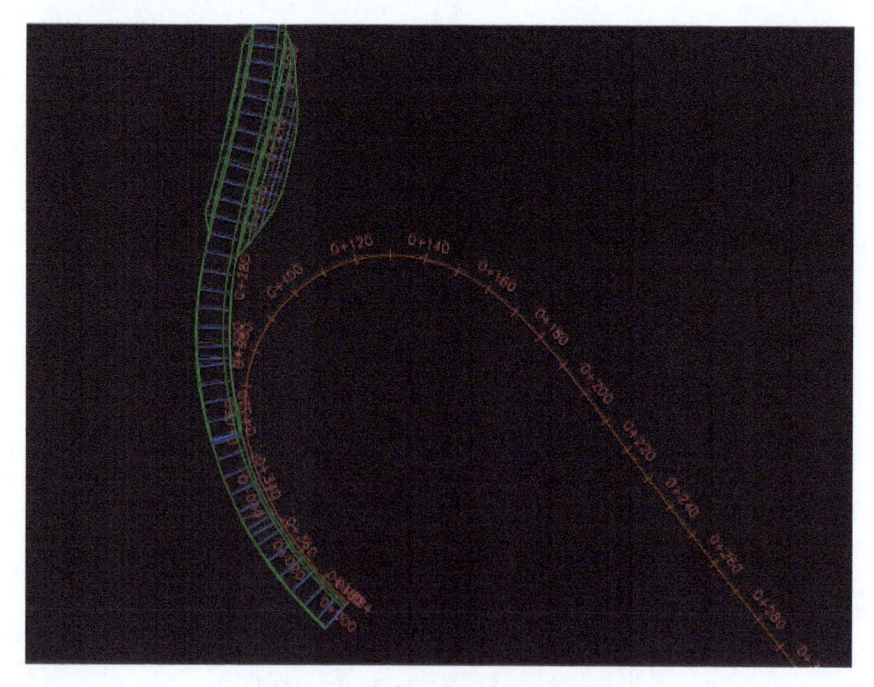

图 5-103　路线、道路模型参照引用

2. 提升数据

在"工具空间"中，选择相应的曲面、道路或路线模型，右键单击"提升"，如图 5-104

所示，提升的参照会成为独立对象，并且不再随原始源的编辑而自动更新。"提升"的目的是参照的数据在本地并不能修改，有时出现需要在本地修改的情形，可以通过"提升"将参照数据在本地保存下来，以方便下一步操作。

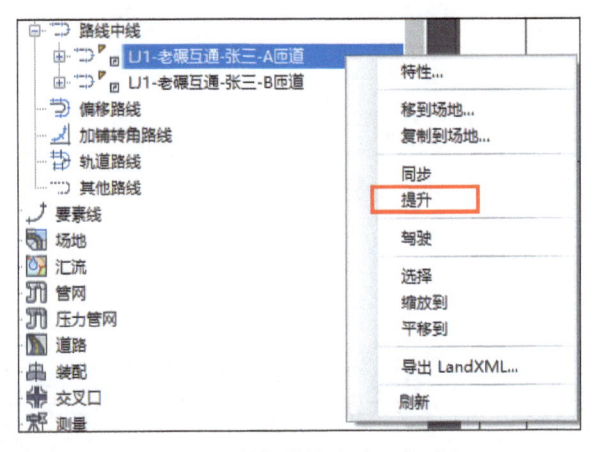

图 5-104　数据快捷方式"提升"

在数据快捷方式的数据或模型类型中，道路模型不能提升。

3．优化修改数据

如果需要对参照引用的曲面、道路或路线进行优化修改，为了保证原始设计文件的唯一性，需要找到源文件，再针对路线或曲面进行修改。在完成修改后进行文件保存，即可对数据快捷方式的信息进行更新。

在必要的情况下，可以对"主体数据源"文件进行优化调整，如图 5-105 所示。

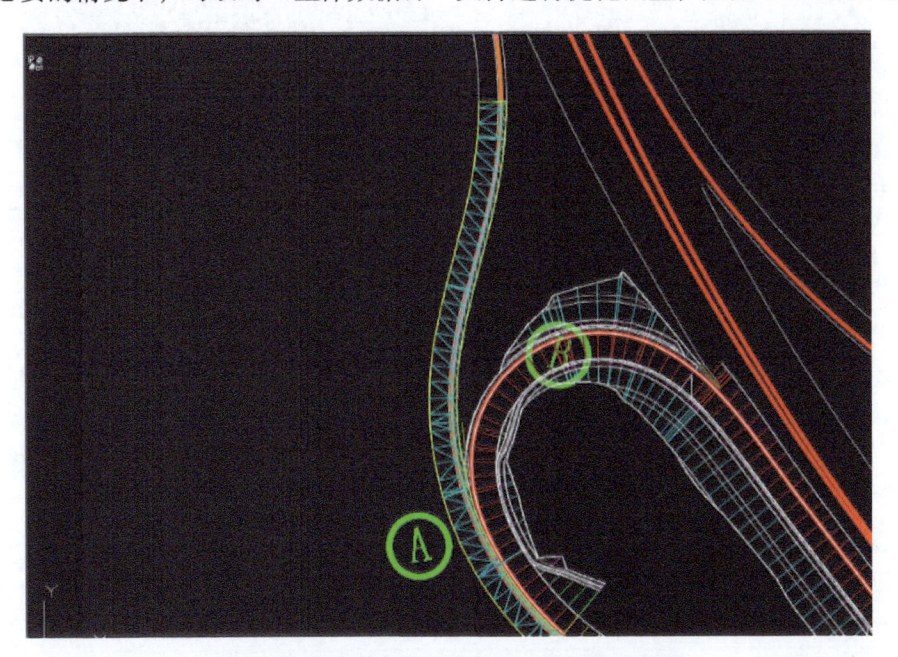

图 5-105　"主体数据源"文件优化调整 A 匝道

参照引用该数据的设计人员会在设计界面右下角收到"同步提示",如图 5-106 所示。

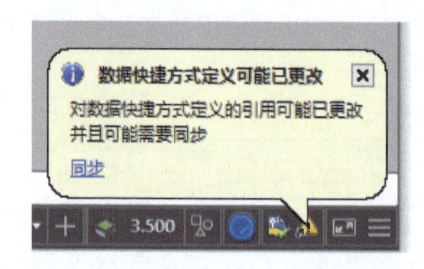

图 5-106　数据快捷方式"同步提示"

单击"同步",参照的道路模型立即更新为最新成果状态。如图 5-107 所示为同步数据前后的对比效果图。

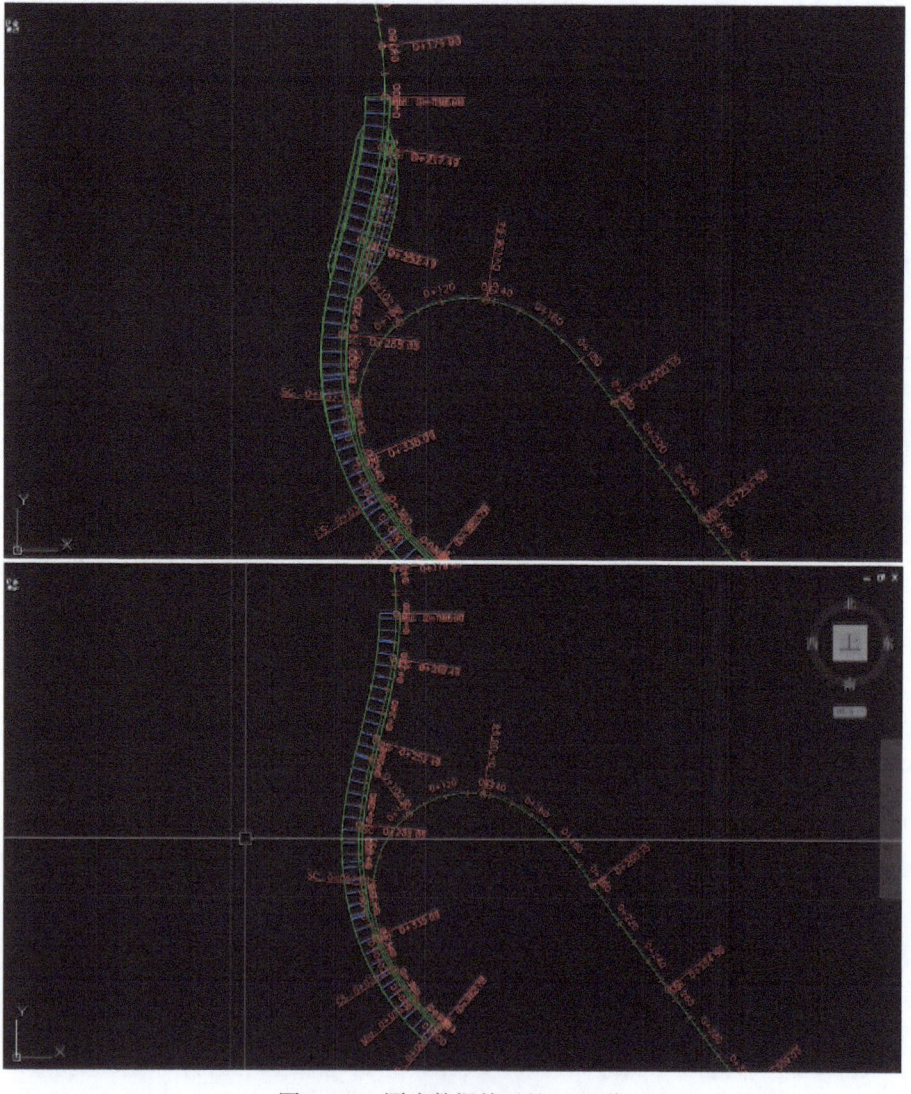

图 5-107　同步数据前后的 A 匝道

5.6 模型信息提取拓展

5.6.1 路线 SDF

本节所需资料如表 5-17 所示，读者可在本书附赠电子文件中找到相关文件。

表 5-17 本节所需资料

序 号	位 置	资料名称	使用软件	成果文件地址
1	9-路线文件	LJ1-主线-张三.dwg	Civil 3D	16-路线 SDF
2	9-路线文件	LJ1-左线-张三.dwg	Civil 3D	16-路线 SDF

SDF 文件，全称 Spatial Data Format（空间数据格式），它是 Autodesk 公司推出的使用 FDO（Feature Data Objects，特征数据对象）技术访问的地理空间数据格式。SDF 作为一种易于使用的文件型空间数据格式，能够在一个文件中以表格的方式存储多种地理要素，包括多种几何类型（点、线、多边形和圆弧）及关联的属性信息。

将路线 SDF 文件导入 InfraWorks，通过赋予不同的样式，可以创建其道路主线模型。区别于道路路面曲面，此处的路线 SDF 文件作用于主线范围。SDF 文件导入 InfraWorks 的方法详见 7.2.1 节。

在选项板中找到"要素线"，在下拉菜单中选择"从路线创建要素线"，如图 5-108 所示，单击"确定"，手动单击需要创建要素线的路线，再单击"确定"直至创建出要素线。按组合键"Ctrl+1"，调出属性面板，如图 5-109 所示；选中刚刚创建的要素线，可以发现在顶端显示的是"自动要素线"的属性，需要将其转化为三维多段线才可以导入 InfraWorks。选择创建好的"自动要素线"，输入炸开命令"X"，"属性面板"显示为"三维多段线"，则路线的三维多段线已创建完成。

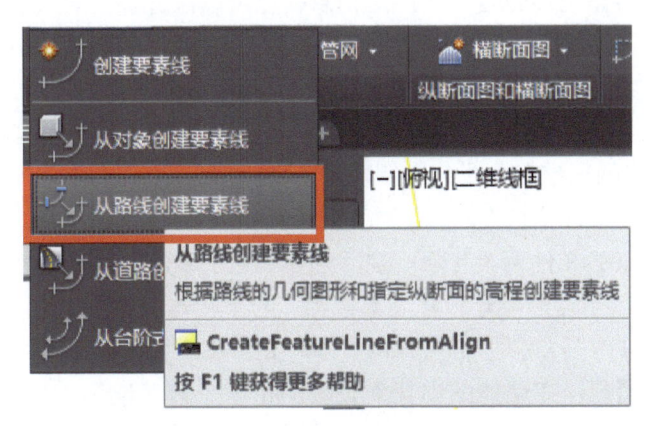

图 5-108 "从路线创建要素线"界面

图 5-109　属性面板（按组合键"Ctrl+1"调出）

在 SDF 文件中，既可以包含一个图层信息，也可以包含多个图层信息。一般而言，每个图层包含一个独立的路线信息，如路基、桥梁、隧道等。在导入 InfraWorks 后，相同基本信息的 SDF 文件可以使用同一种样式规则批量配置，详见 7.2.1 节。

打开选项板的"图层特性"，新建一个图层名称，如"某高速 -YK- 路基 - 老碾互通 - 李三 -SDF"，将路线的三维多段线导入新建的图层；然后输入"MAPDWGTOSDF"，选择导出的位置并输入文件名，如"某高速 -YK- 路基 - 老碾互通 - 李三 -SDF"，单击右侧"保存"按钮即可弹出 SDF 文件编辑界面。在"选择"栏下单击"手动选择"右侧的按钮，在图中选择需要导出的三维多段线；在"要素类"栏下单击"选择属性"，勾选"特性"里的"图层"，如图 5-110 所示，单击"确定"即可导出路线 SDF。

桥梁、隧道等同理，在总体图中找到相应的桥梁、隧道位置，复制并粘贴到原坐标。在路线 SDF 文件中找到相应的起点、终点位置并打断，创建对应的图层将其分别导入其中，再通过图层导出为 SDF 文件，进入 InfraWorks 进行配置。

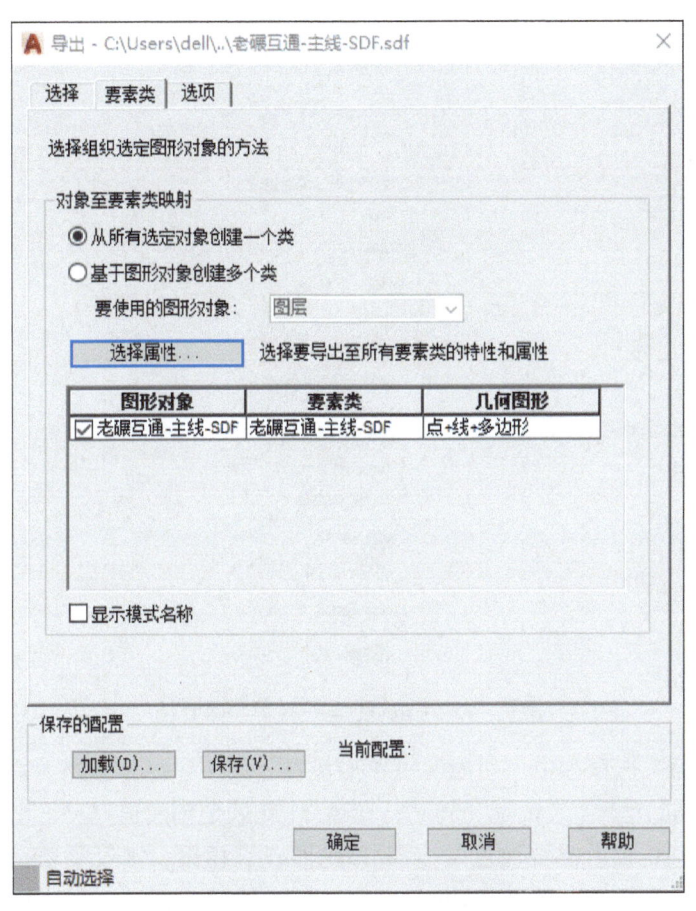

图 5-110　SDF 文件导出编辑界面

5.6.2　路面 FBX

本节所需资料如表 5-18 所示，读者可在本书附赠电子文件中找到相关文件。

表 5-18　本节所需资料

序　号	位　　置	资料名称	使用软件	成果文件地址
1	12-道路 DWG	LJ1-老碾互通-道路（无曲面）-李三.dwg	Civil 3D	17-路面 FBX

1．道路路面曲面创建

在互通范围内，互通路面通常用 FBX 实体文件表示，使用道路路面模型 DWG 可提取出路面 FBX 文件，再导入 InfraWorks。此处简要介绍道路路面模型 DWG 提取为路面 FBX 文件的方法。该方法与创建道路路面曲面类似。

选择已经完成的道路路面模型 DWG，如"LJ1-老碾互通-道路（无曲面）-李三.dwg"。选择一个创建的道路模型，如 A 匝道，单击右键选择"道路曲面"，进入"道路曲面"选项板，如图 5-111 所示。

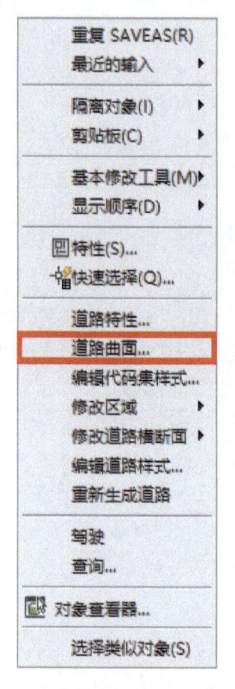

图 5-111 单击右键选择"道路曲面"

在"道路曲面"选项板中"曲面"栏单击最左侧的按钮创建道路曲面，在其最右侧的"指定代码"中，依次添加"桥梁"和"行车道"（此处是创建道路路面曲面与创建道路路基曲面的核心区别，读者需要注意）。若此段道路没有桥梁，则仅需要选择"行车道"即可。将下方的"曲面样式"改为"边界，三角网"，然后勾选"添加为特征线"下方的方框，如图 5-112 所示，单击"确定"完成道路路面曲面的初步创建。

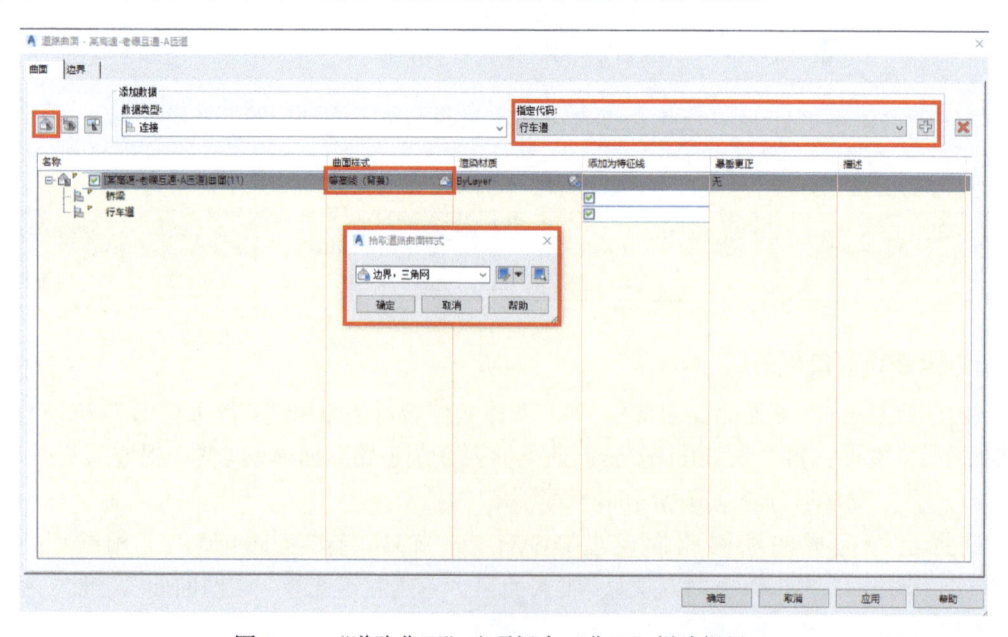

图 5-112 "道路曲面"选项板中"曲面"栏编辑界面

选择刚创建的道路路面曲面，单击右键选择"曲面特性"，进入"曲面特性"编辑界面。在"定义"栏下，"使用最大角度"选择"是"，"相邻三角网线之间的最大角度"选择"89°00′"，"使用三角形最大边长"选择"是"，"三角形最大边长"选择"30 米"，如图 5-113 所示，将初步创建的道路路面曲面修改完毕。此段操作步骤与 5.3.2 节中创建道路路基曲面相同。

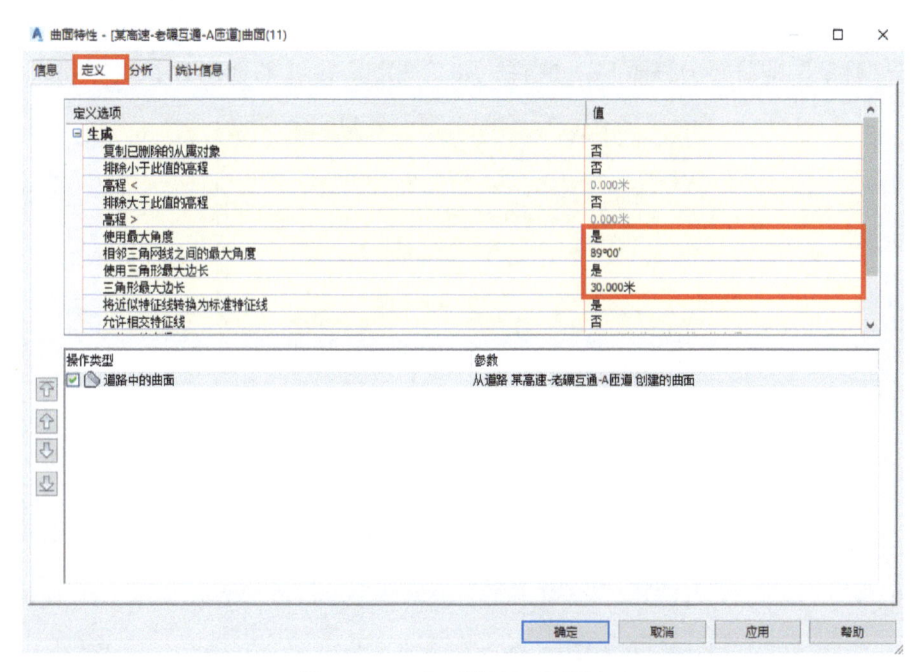

图 5-113 "曲面特性"编辑界面

2．从道路路面曲面提取实体

选择刚完成的道路路面曲面，在"从曲面提取"下拉菜单中选择"从曲面提取实体"，弹出对应的选项框，将"深度"栏的数值修改为"-0.2"，单击"创建实体"，即可在道路路面曲面上看到道路实体，如图 5-114 所示。

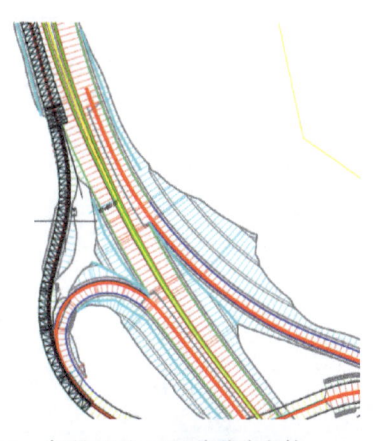

图 5-114 老碾互通 A 匝道道路实体

在图 5-114 中，黑色部分为从道路路面曲面提取的实体。若背景为黑色，则相应的道路路面曲面实体为白色。

3. 将道路路面曲面实体导出为 FBX 文件

单击最左上方的 Civil 3D 标志，在下拉菜单中选择"导出"右侧的"FBX"，如图 5-115 所示，选择输出的位置并确定输出文件名，单击右侧"保存"按钮，弹出"FBX 输出选项"编辑界面，单击"选定的图元"右侧十字形按钮，如图 5-116 所示，选择需要导出的路面实体，单击"确定"即可导出路面 FBX 文件，如"城市家具 -【路面】-LJ1- 老碾互通 - 张三"。

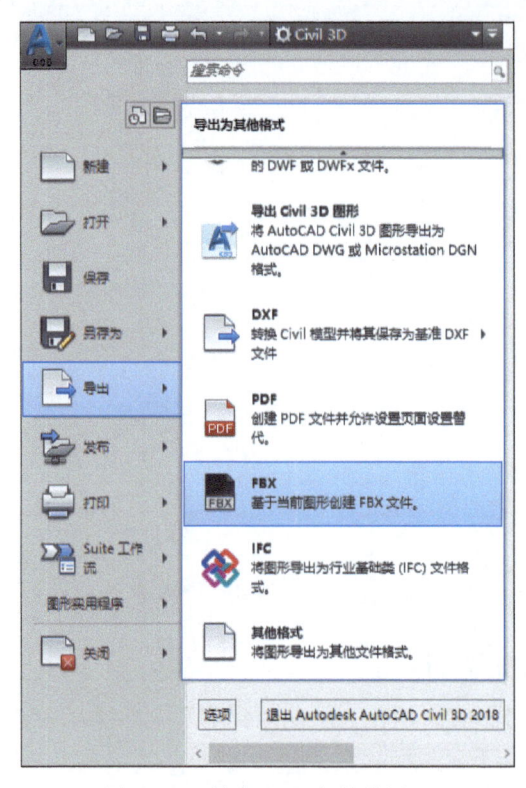

图 5-115 导出 FBX 文件的界面

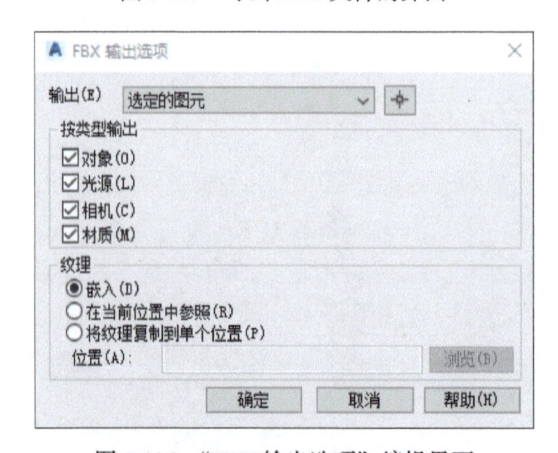

图 5-116 "FBX 输出选项"编辑界面

5.6.3 护栏 SDF

本节所需资料如表 5-19 所示，读者可在本书附赠电子文件中找到相关文件。

表 5-19 本节所需资料

序号	位置	资料名称	使用软件	成果文件地址
1	10- 总体图	老碾互通总体图.dwg	Civil 3D	18- 护栏 SDF
2	12- 道路 DWG	LJ1- 老碾互通 - 道路（无曲面）- 李三 .dwg	Civil 3D	

在模型中，护栏的制作方式是通过 Civil 3D 制作护栏 SDF 文件，导入 InfraWorks 中配置护栏样式完成制作。护栏 SDF 文件的创建思路是：将总体图中的道路边线复制并粘贴到原坐标一张含有道路曲面的 DWG 文件，在其原位置赋予其高程，形成三维多段线，创建一个新图层收录其曲线，导出为护栏 SDF 文件。在赋予道路边线高程时，可以将道路路基曲面的高程赋予其道路边线。

打开总体图，将需要导出的道路边线打断，复制并粘贴到原坐标一张含有道路曲面的 DWG 文件，如"LJ1- 老碾互通 - 道路曲面 - 李三 .dwg"。在选项板中选择"修改"栏，找到"删除高程点"右侧的"从曲面获取高程"按钮，如图 5-117 所示，单击弹出"设定从曲面获取高程"对话框，选择道路路基曲面的名称，单击"确定"，再选择需要提升高程的道路边线，单击空格键或回车键即可。此时，按"Ctrl+1"组合键可以查看道路边线是否已经提升高程，属性面板中显示为三维多段线即已经完成转换。

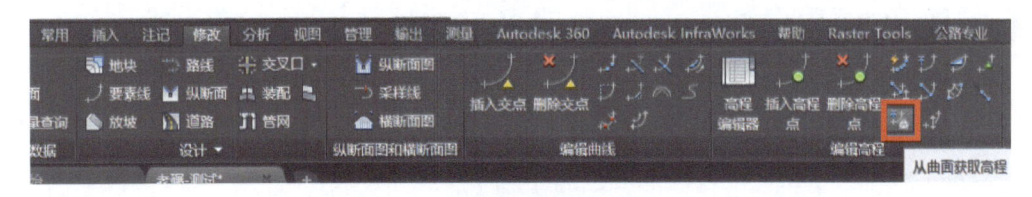

图 5-117 "从曲面获取高程"按钮

将护栏三维多段线导出为护栏 SDF 文件的步骤与 5.6.1 节将三维多段线导出为 SDF 文件的步骤相同，创建两个新图层分别包含左侧和右侧的护栏，然后导出 SDF 文件并命名，如"道路 - 某高速 -A 匝道护栏 - 李三 -SDF"。此处不再赘述。

5.6.4 桥墩 SDF

本节所需资料如表 5-20 所示，读者可在本书附赠电子文件中找到相关文件。

表 5-20 本节所需资料

序号	位置	资料名称	使用软件	成果文件地址
1	10- 总体图	老碾互通总体图.dwg	Civil 3D	19- 桥墩 SDF
2	12- 道路 DWG	LJ1- 老碾互通 - 道路（无曲面）- 李三 .dwg	Civil 3D	

在模型中，桥墩的制作方式为，通过 Civil 3D 制作桥墩 SDF 文件，将 SDF 文件导入

InfraWorks 中配置桥墩样式完成制作。

桥墩 SDF 文件的创建流程与路线 SDF 文件、护栏 SDF 文件从三维多段线导出为 SDF 文件有所区别，桥墩 SDF 文件以块为实体导出具有角度信息的 SDF 文件。

1. 创建矩形块

首先创建一个矩形实体，使用创建矩形命令"REC（RECTANG）"创建一个矩形，矩形的长度略小于一个桥墩的宽度。打开捕捉，使用多段线命令"PL（PLINE）"画出"X"形的图像以找到矩形的质心，框选整个矩形，使用块命令"B（BLOCK）"弹出"块定义"对话框，输入块名称，如"桥墩"，然后选择"拾取点（K）"，推荐拾取质心，最后单击"确定"完成块的创建，如图 5-118、图 5-119 所示。

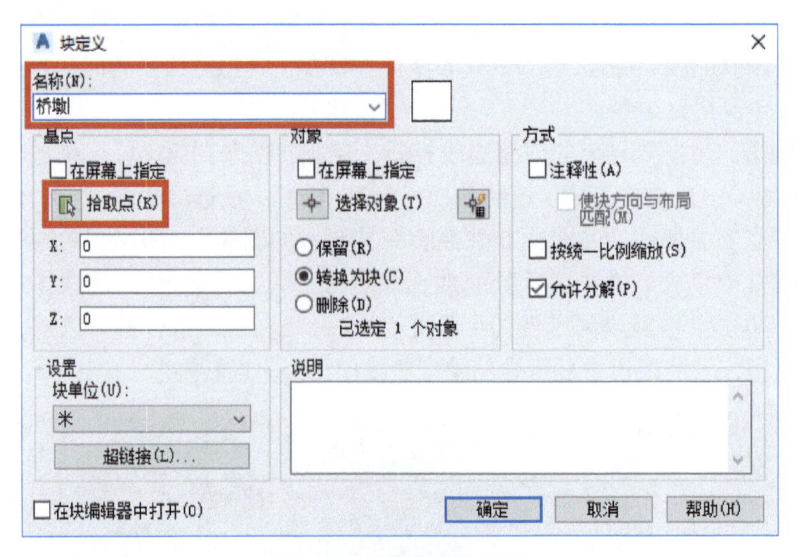

图 5-118 "块定义"界面

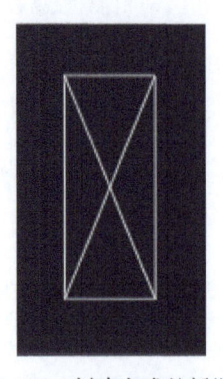

图 5-119 创建完成的桥墩块

2. 完成桥墩位置

将总体图中的桥墩复制并粘贴原坐标到建模 DWG 文件中，选择已经创建好的桥墩块，使用复制命令"CO（COPY）"将其质心移动到桥墩的质心，然后使用旋转命令"RO

（ROTATE）"将矩形长边旋转到与桥梁桥墩线平行的位置，如图 5-120 所示。

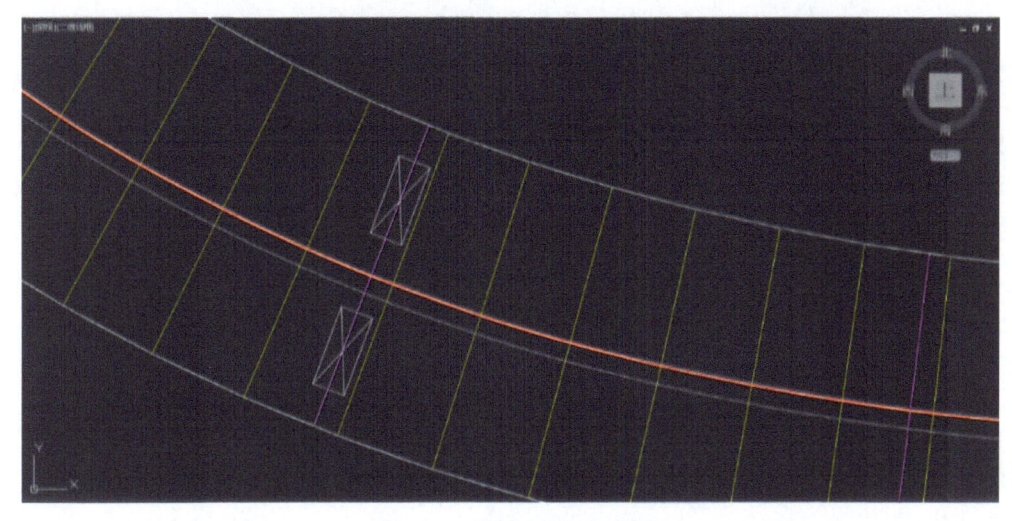

图 5-120　旋转完成的桥墩块

在有桥墩的匝道创建一个道路路面曲面，具体步骤参照 5.6.1 节。选择刚创建的道路路面曲面，在顶端选择"移动到曲面"下拉菜单中的"将块移动到曲面"，如图 5-121 所示，从而赋予块高程。

图 5-121　旋转完成的桥墩块

3. 创建图层并导出 SDF 文件

新建一个图层，命名为"城市家具 - 老碾互通 - 桥墩 - 李三 -SDF"，将所有桥墩块导入这个图层，然后导出为桥墩 SDF 文件。导出桥墩 SDF 文件的流程与导出路线 SDF 文件的流程大致相同但有所区别，使用"MAP"命令弹出"导出位置"对话框，输入文件名单击"确定"弹出 SDF 文件导出编辑界面。在"选择"栏下单击"选择过滤器 - 图层"右侧的按钮，如图 5-122 所示。在所有图层中找到刚命名的"桥墩 SDF"图层，单击"选择"；在"要素类"栏的"选择属性"中勾选"图层"和"旋转"两个选项（此处需要注意），单击"确定"即可导出桥墩 SDF 文件，如图 5-123 所示。

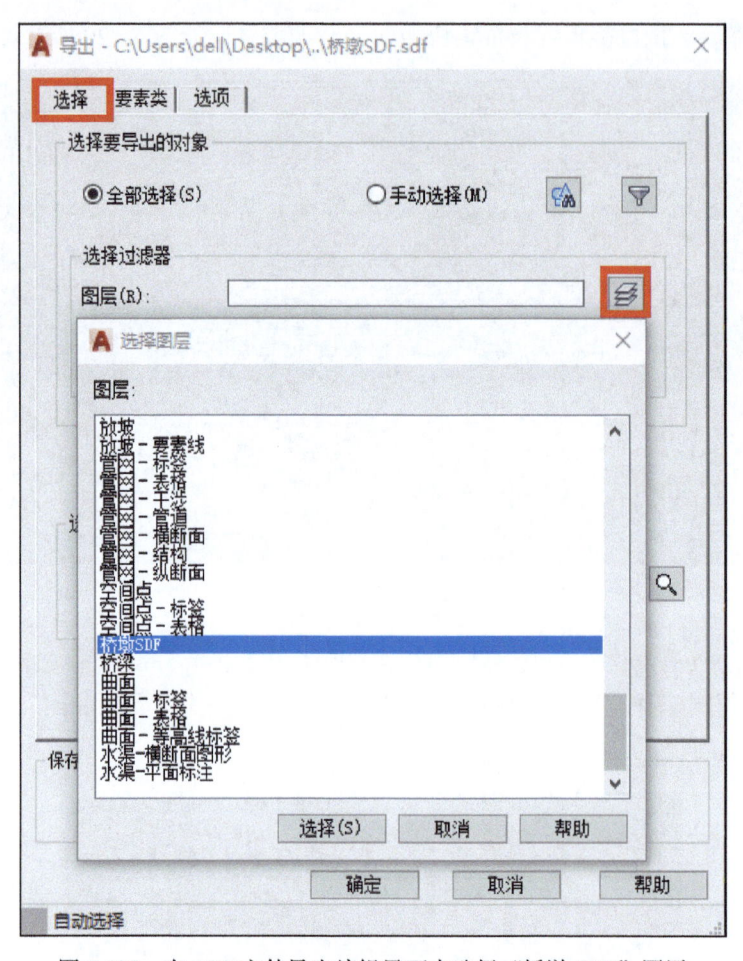

图 5-122 在 SDF 文件导出编辑界面中选择"桥墩 SDF"图层

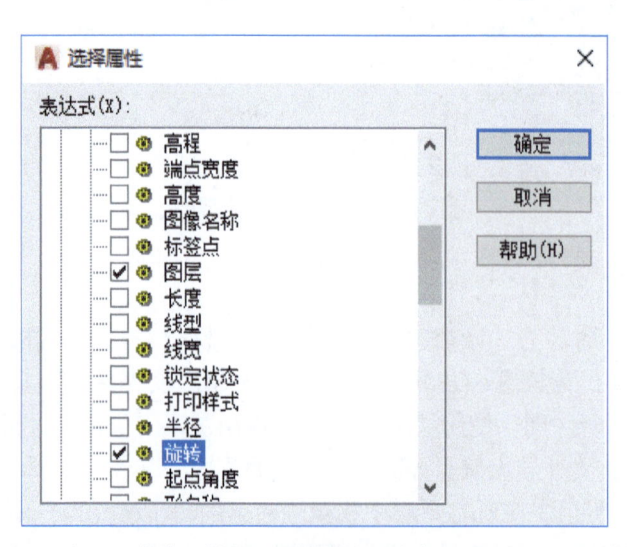

图 5-123 在"要素类"栏的"选择属性"中勾选"图层"和"旋转"

第 6 章
构造物模型

6.1 桥梁 FBX 模型

本节所需资料如表 6-1 所示，读者可在本书附赠电子文件中找到相关文件。

表 6-1 本节所需资料

序 号	位 置	资料名称	使用软件	成果文件地址
1	4-自定义坐标系	DHGS-CHD-DY-SS-1808.dwg	InfraWorks	29-InfraWorks 模型
2	21-桥梁 FBX	老碾互通_ZK7+510-00_左线马鞍山大桥.fbx	InfraWorks	29-InfraWorks 模型
3	21-桥梁 FBX	老碾互通_K7+510-00_右线马鞍山大桥.fbx	InfraWorks	29-InfraWorks 模型

桥梁 FBX 模型一般应用于施工图设计阶段或初步设计阶段的特殊工点建模，桥梁 FBX 模型由 Revit 软件导出创建。

在 Revit 软件中创建好桥梁模型后，选择"导出"中"FBX"，并生成 FBX 文件，该 FBX 文件可导入 InfraWorks。

单击 InfraWorks 数据源中的 3D 模型，选择对应的 FBX 模型，将类型配置为"城市家具"（也可配置为"建筑"）。在"坐标系"位置栏处选定坐标系，该坐标系是第 4 章中所配置的自定义坐标系（见 4.5 节），选定后填入对应的 X、Y、Z 坐标（此坐标由桥梁建模人员提供），如图 6-1 所示。关闭刷新，桥梁模型效果如图 6-2 所示。此时就可以在 InfraWorks 中查看模型，建议该模型保持 Revit 模型的原始属性，不做任何改动。

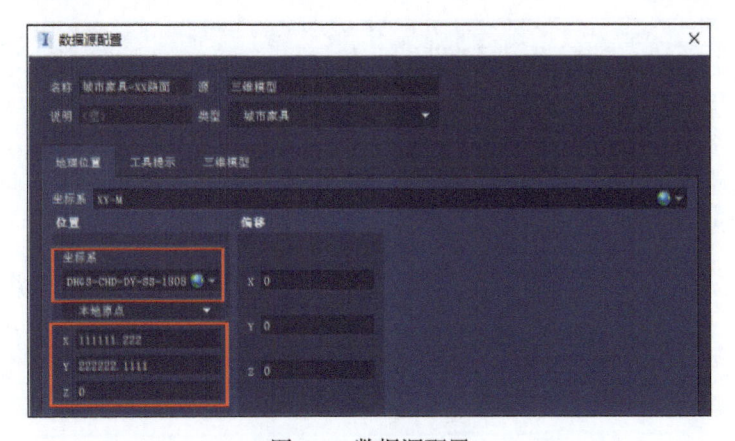

图 6-1 数据源配置

图 6-2 桥梁模型效果

桥梁 FBX 模型一般应用于施工图设计阶段或初步设计阶段的特殊工点，在本书附赠的电子文件中提供了两个已经做好的桥梁 FBX 模型，读者也可以通过图新地球（LSV）软件道路工程的模型库功能下载更加丰富多样的桥梁、桥墩样式模型，并通过手动方式导入 InfraWorks。

6.2 隧道 FBX 模型

隧道 FBX 模型一般应用于施工图设计阶段或初步设计阶段的特殊工点，FBX 模型由 Revit 软件导出创建。

在 Revit 软件中创建好隧道模型后，选择导出 FBX，生成 FBX 文件，并将其导入 InfraWorks。

单击 InfraWorks 数据源中的 3D 模型，选择对应的 FBX 模型，将类型配置为"城市家具"（也可以配置为"建筑"）；在"坐标系"位置栏处选定坐标系，该坐标系是第 4 章中配置的自定义坐标系（详见 4.5 节），填入对应的 X、Y、Z 坐标（此坐标由隧道建模人员提供）。关闭刷新，此时就可在 InfraWorks 中查看模型，如图 6-3、图 6-4 所示。

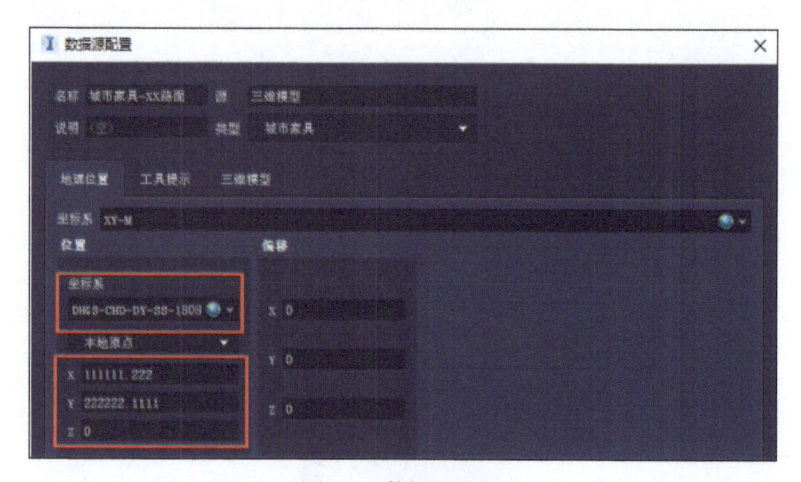

图 6-3 数据源配置

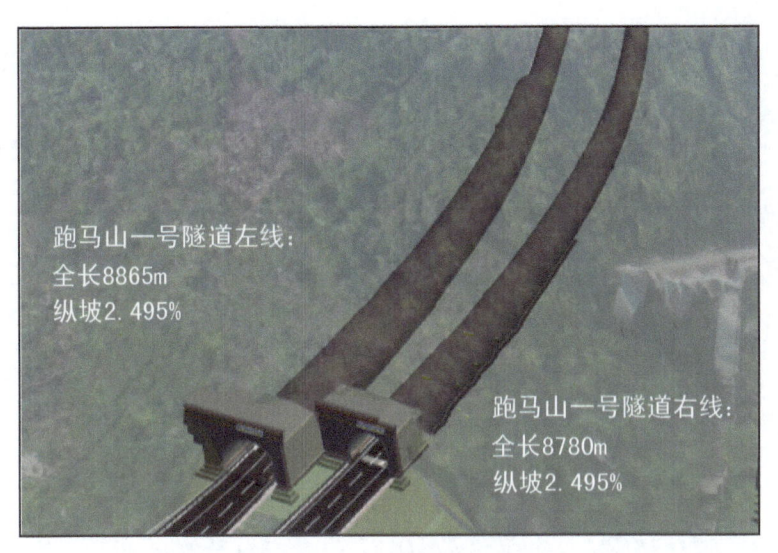

图 6-4　隧道模型效果

6.3 涵洞模型

涵洞模型一般应用于施工图设计阶段，读者也可以使用 Civil 3D 提供的 API 开发相应功能的涵洞插件来创建模型。

本书只介绍在无插件情况下如何进行涵洞模型的制作。

在 InfaWorks 中创建涵洞样式，涵洞样式的创建在 7.1.3 节中有详细介绍。

下面介绍在 Civil 3D 中如何生成涵洞三维线。

首先，需要找到涵洞布置图了解涵洞的基本构成，如图 6-5 所示。

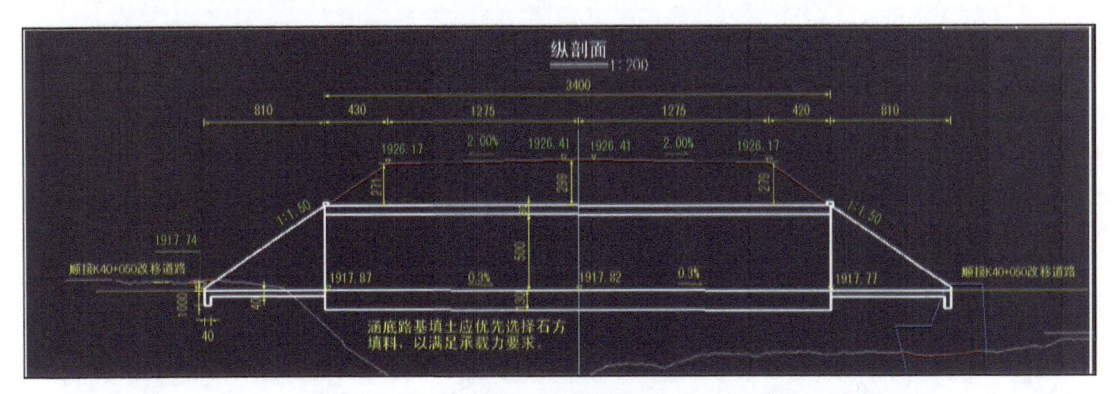

图 6-5　涵洞布置图

其次，了解涵洞的涵长及涵底标高后，在涵洞总体图中找到涵洞的位置，如图 6-6 所示。

再次，利用选择"类似对象"功能选择所有涵洞，然后复制，以"原坐标粘贴"的方式复制到 Civil 3D 道路模型中，如图 6-7 所示（此时道路模型已完成）。

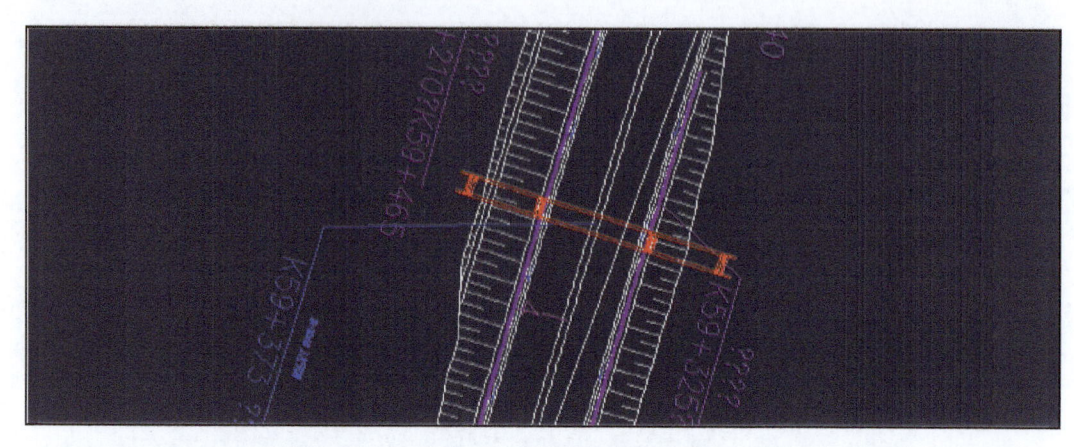

图 6-6　涵洞平面图

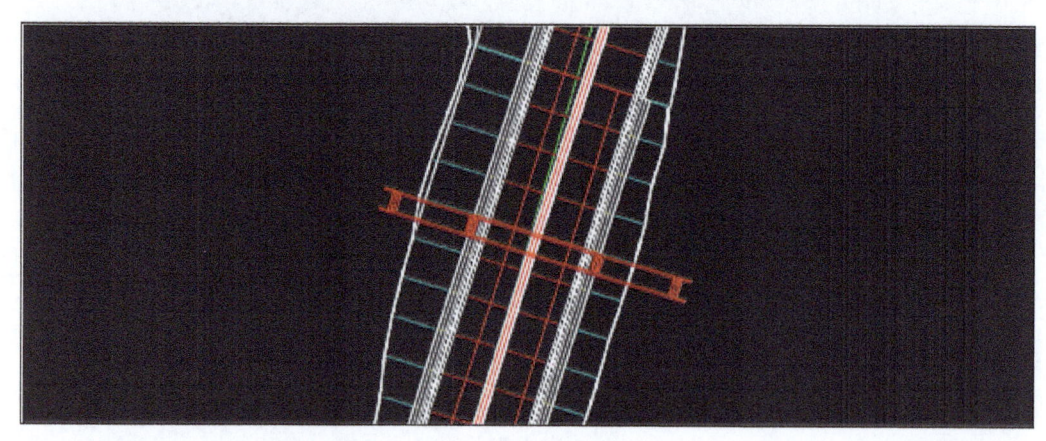

图 6-7　涵洞位置

复制完成后，用"3Dpoly"命令画出三维线，并修改两个点的标高，分别对应涵洞布置图中的左右涵底标高，如图 6-8、图 6-9 所示，此时就完成了涵洞三维线的制作。

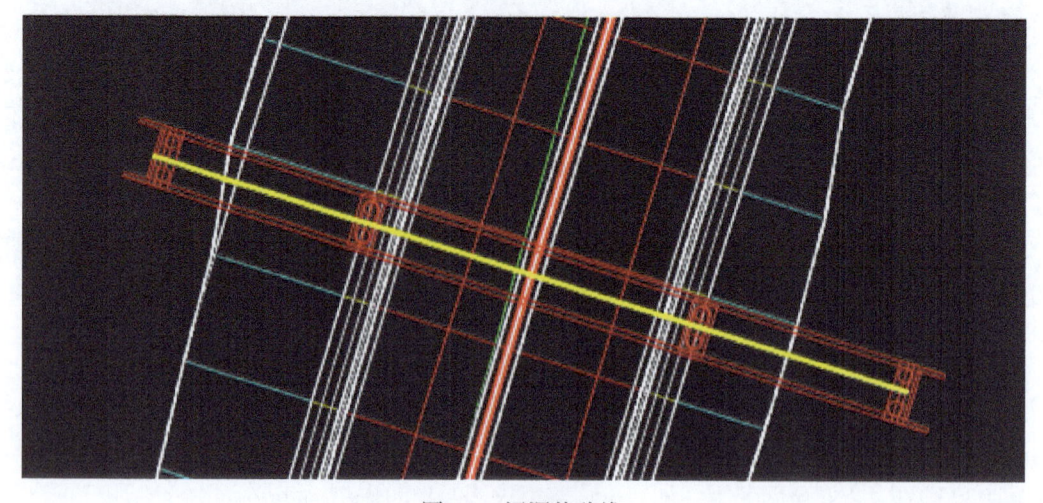

图 6-8　涵洞偏移线

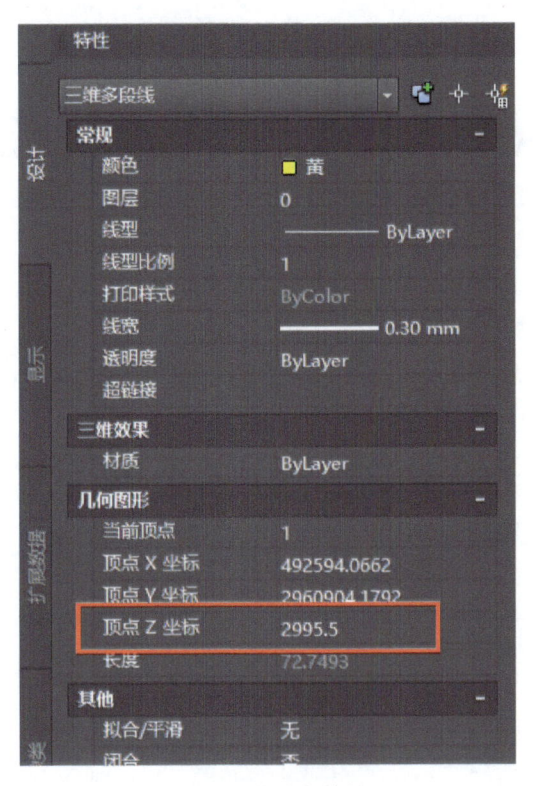

图 6-9 偏移线特性

最后，在生成三维线后，在 Civil 3D 中将涵洞三维线生成 SDF 文件，导入 InfraWorks 进行配置。将数据类型配置为"管线"，选择对应涵洞样式，"关闭并刷新"后即可查看，如图 6-10 所示。

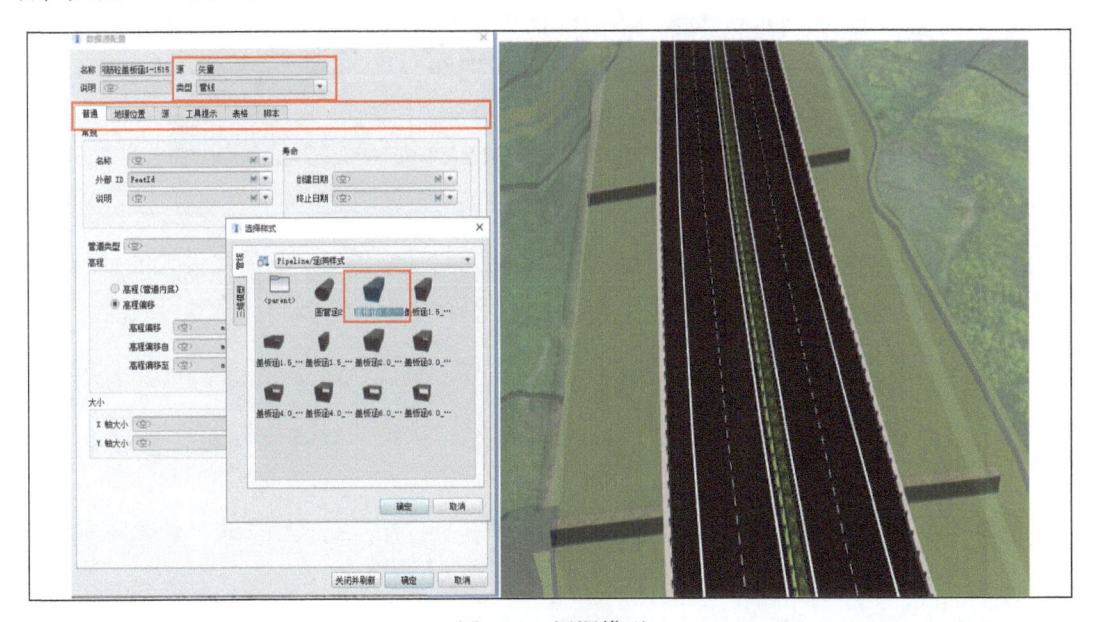

图 6-10 涵洞模型

第7章
Autodesk InfraWorks道路工程模型

在完成前述章节的工作后,下一步就需要将数据导入 InfraWorks 中进行模型整合,本章将详细讲述模型整合的过程。

7.1 制作模型样式

本节所需资料如表 7-1 所示,读者可在本书附赠电子文件中找到相关文件。

表 7-1 本节所需资料

序 号	位 置	资料名称	使用软件	成果文件地址
1	22-InfraWorks 道路样式	道路样式.styles.json	InfraWorks	22-InfraWorks 道路样式
2	23-InfraWorks 样式规则	道路样式规则.rules.json	InfraWorks	23-InfraWorks 样式规则

在进行模型整合前,需要在 InfraWorks 中提前设置好相应的样式以满足项目要求。样式设置主要分为道路样式、水渠样式及其他辅助信息样式,道路样式如图 7-1 所示。

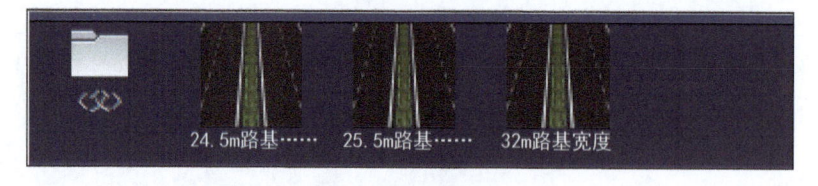

图 7-1 道路样式

除样式设置以外,还可以对样式进行规则制定及材质组设置。材质组设置的目的是对样式进行材质管理和配置,详见 7.1.2 节。

7.1.1 样式设置

样式设置主要通过"样式选项板"进行操作,单击"样式选项板"按钮会出现如图 7-2、图 7-3 所示的界面。

"样式选项板"中包含众多可更改的样式,本章主要介绍道路模型样式、管线样式等。

1. 道路模型样式

道路模型样式主要根据当前项目情况,依照规范路基宽度制定道路样式以配合 Civil

3D 的道路数据。道路模型样式设置主要针对标准路基宽度的路面组成（如 25.5m 整体式路基）、互通匝道等渐变段的道路，不适用于本章的道路样式设置。

图 7-2 数据源

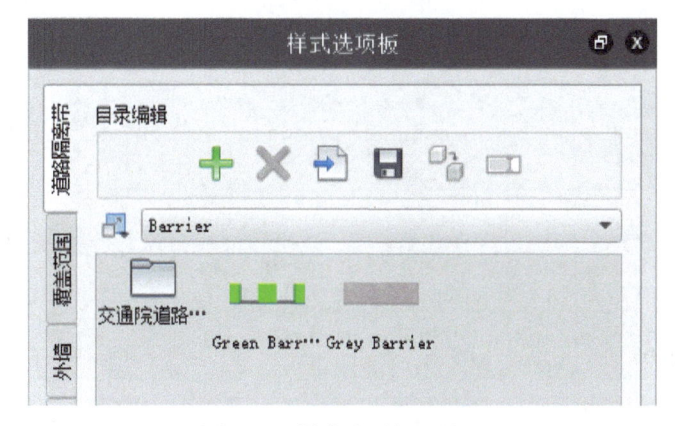

图 7-3 "样式选项板"界面

1）整体式路基

（1）设置路面样式。

以设计速度 80km/h、路基宽度 25.5m 为例，道路样式如图 7-4 ~ 图 7-6 所示。

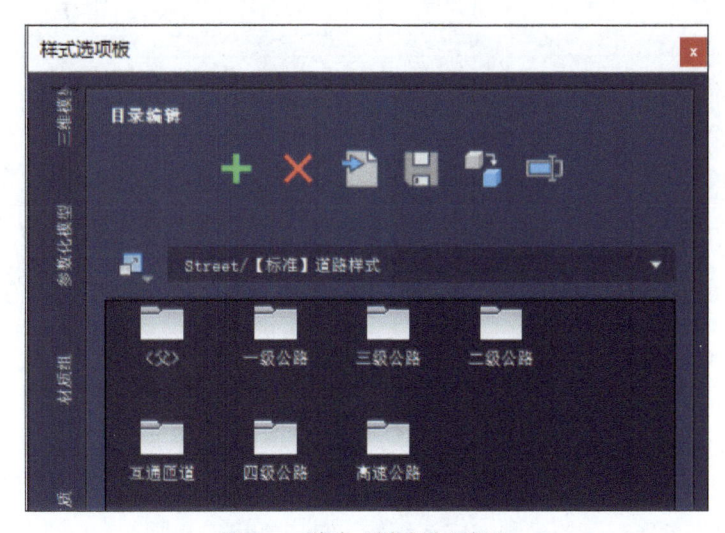

图 7-4 道路"样式选项板"

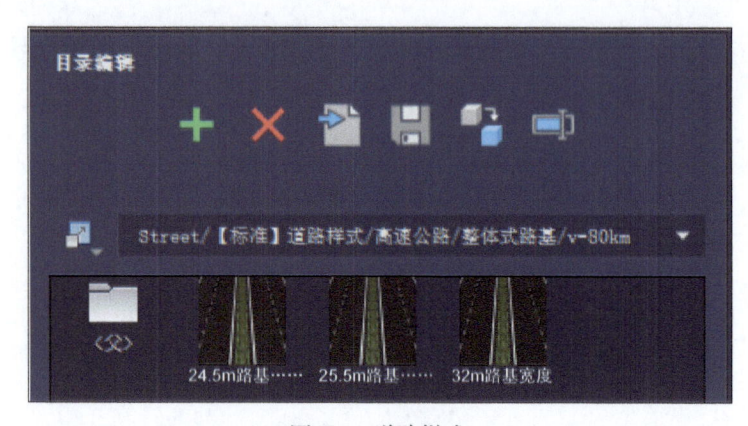

图 7-5 道路样式

图 7-6 样式窗口

道路模型在 InfraWorks 中的展示如图 7-7 所示。

图 7-7 道路模型

路基一般分为整体式和分离式,下面首先以 25.5m 整体式路基为例,介绍道路模型样式中路基、桥梁的设置方式。道路"样式选项板"如图 7-8 所示。

路基样式:从 InfraWorks 道路样式中任意选择一个原有样式,单击"复制",复制按钮位于道路"样式选项板"的底部"样式编辑"处,如图 7-9 所示。

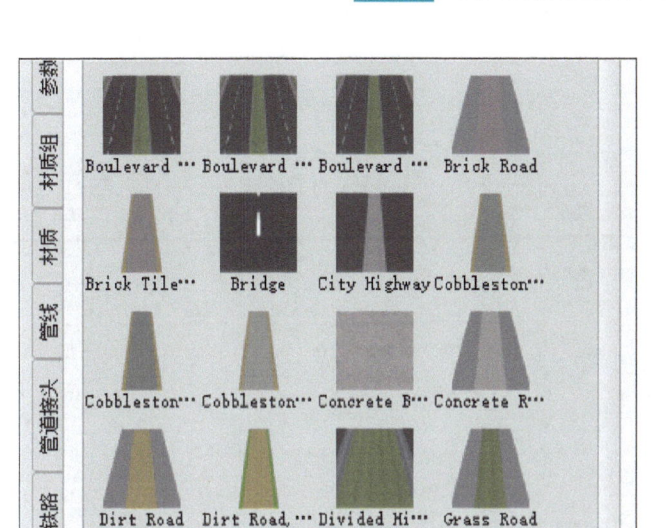

第 7 章　Autodesk InfraWorks 道路工程模型

图 7-8　道路"样式选项板"

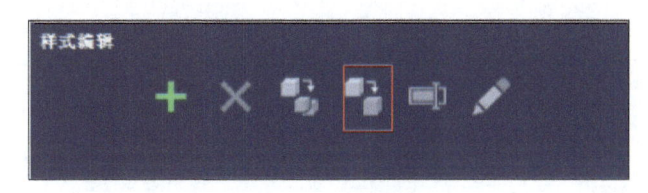

图 7-9　样式编辑

在完成上述操作步骤后，会看到一个和选中的样式完全相同的道路样式，如图 7-10 所示。

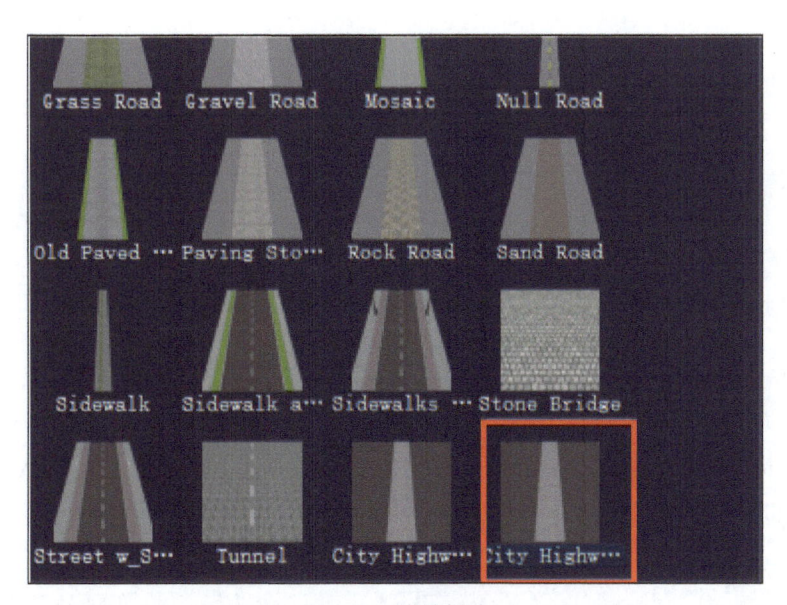

图 7-10　道路样式

双击这个复制出来的样式，进入"样式编辑"界面，如图 7-11 所示。

图 7-11 "样式编辑"界面

在"样式编辑"界面中,有两个设置选项、一个展示界面,设置选项分别为常规设置和轨道设置,如图 7-12、图 7-13 所示。

图 7-12 常规设置

图 7-13 轨道设置

在常规设置中，可以对道路类型、材质进行设置，还可以对是否需要标线及桥梁路基的过渡段长度进行设置。

这里，将"道路类型"设置为道路，"材质组"选择公路标准材质组（详见 7.1.2 节），将"外部材质"设置为车道路面，"车道标记材质"设置为分割线，取消最佳拟合的勾选，将"过渡段长度"设置为 0m，设置完成后如图 7-14 所示。

图 7-14 常规设置

显示栏中原始道路样式如图 7-15 所示。

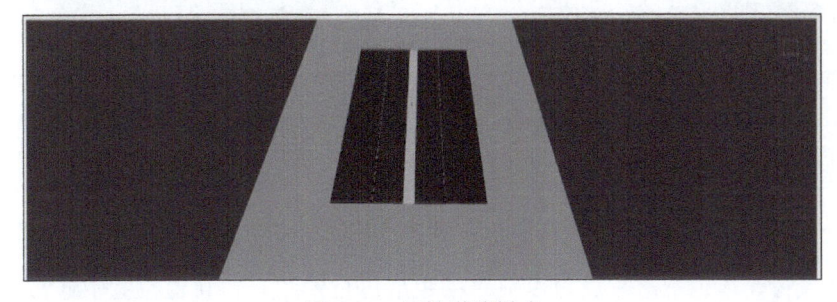

图 7-15 原始道路样式

常规设置完成后，就可以进行轨道设置，InfraWorks 中的道路样式设置主要在轨道设置中进行，这里介绍整体式路基的设置方式，以 25.5m 路基宽度的标准横断面图作为参照。

通过路基标准横断面图就可以对轨道进行设置，从图 7-16 可以看到，25.5m 路基宽度是双向 4 车道，单个车道宽度为 3.75m，中央分隔带宽度为 2m，硬路肩宽度为 3m，土路肩宽度为 0.75m，在图 7-16 中还可以看到道路两侧各有 0.5m 宽的路缘带包含在硬路肩中。

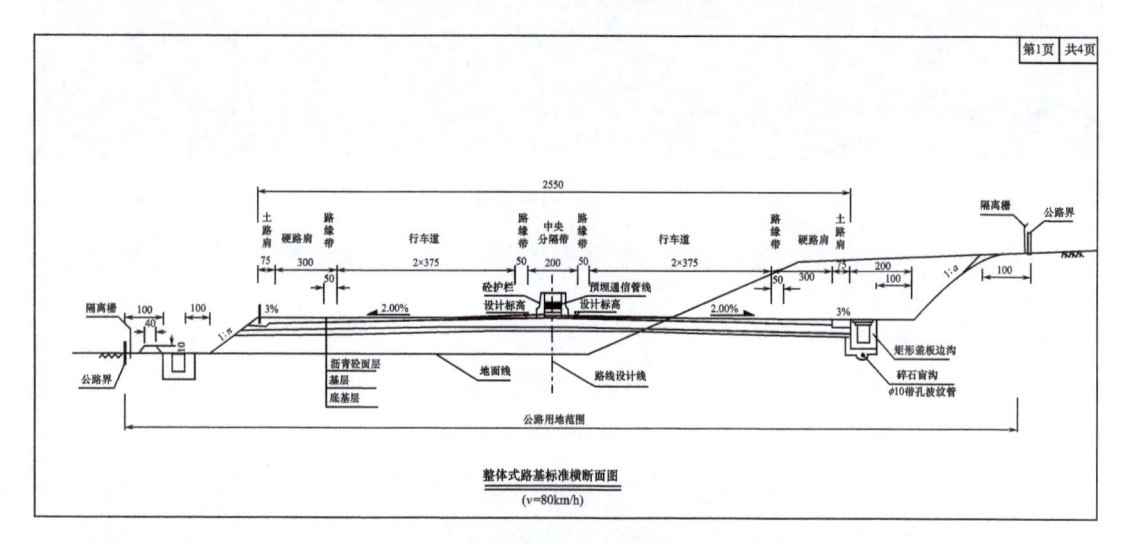

图 7-16 路基标准横断面图

了解了路基标准横断面图中的路面组成后，就可以在轨道设置进行相关的操作。首先，分别将"向前行车车道"和"向后行车车道"设置为 2，如图 7-17 所示。

图 7-17 车道设置

显示栏车道设置成果如图 7-18 所示。

图 7-18 车道设置成果

设置完成行车车道数量，就可以对路面组成进行修改。在轨道设置中通常分为中间组与右侧组，如图 7-19 所示。中间组可以用来进行中央分隔带的设置，右侧组则可以对行车路面进行设置。一般来说，整体式路基只需要设置右侧组，左侧组会相应自动生成同样的设置（左侧组会出现在分离式路基中）。

首先，从中间组设置开始，从路基标准横断面图中可以知道，中间组共 3m 宽，那么其设置就应为 2m 宽的中央分隔带、左右各 0.5m 宽的路缘带。

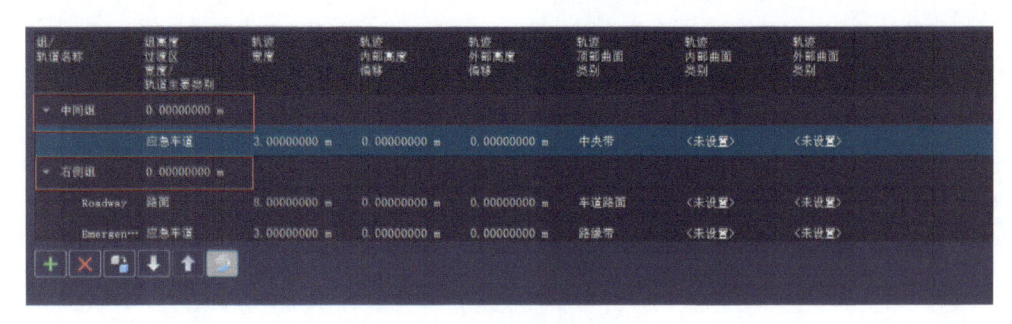

图 7-19 轨道设置

在中间组中添加"中央分隔带"栏,"轨道主要类别"设置为绿地,轨迹宽度为2m,"轨迹顶部曲线类别"选为中央带,如图 7-20 所示。中间组设置成果如图 7-21 所示。

图 7-20 中间组设置

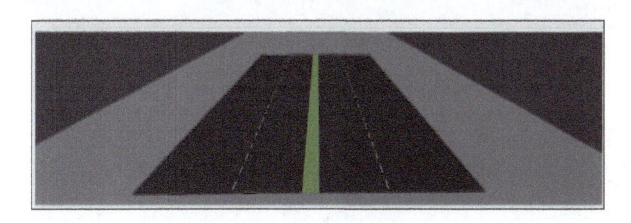

图 7-21 中间组设置成果

单击"轨道设置"界面左下角加号键,在中间组中添加一栏,设置为"路缘带",路缘带轨迹宽度为0.5m,"轨迹顶部曲线类别"选为分隔线,这里要两侧都进行设置,设置完成后如图 7-22 所示。

图 7-22 中央分隔带设置

至此就完成了中央分隔带的设置,下面在右侧组中进行行车道的设置。

在路基标准横断面图中,行车道的宽度为3.75m,在右侧组中添加行车道,"轨道主要类别"设置为路面,"轨迹顶部曲线类别"选车道路面,轨迹宽度设置为3.75m,设置后如图 7-23 所示,设置成果如图 7-24 所示。

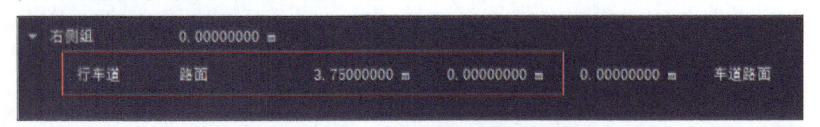

图 7-23 右侧组行车道设置

图 7-24 右侧组行车道设置成果

行车道设置完成,单击"轨道设置"界面加号键,添加硬路肩、土路肩和路缘带,轨迹宽度按照路基标准横断面图中的对应宽度进行设置,"轨迹顶部曲面类别"分别填入对应材质,如图 7-25 所示,设置成果如图 7-26 所示。

图 7-25 右侧组其他设置

图 7-26 右侧组设置成果

此时,就已经完成道路样式路面组成的设置,还需要对路面添加装饰,如护栏等。
(2)设置"装饰"样式。
在常规设置中,找到"装饰"按钮,单击进入"装饰编辑器",如图 7-27、图 7-28 所示。

图 7-27 装饰界面

在"装饰编辑器"中,可以对设置好的轨道进行装饰设置,如添加护栏、中央分隔带植物等。
首先进行中央分隔带的设置,在"装饰目标"中找到"中央分隔带",单击加号键,进入"选择三维模型样式"界面,如图 7-29、图 7-30 所示。

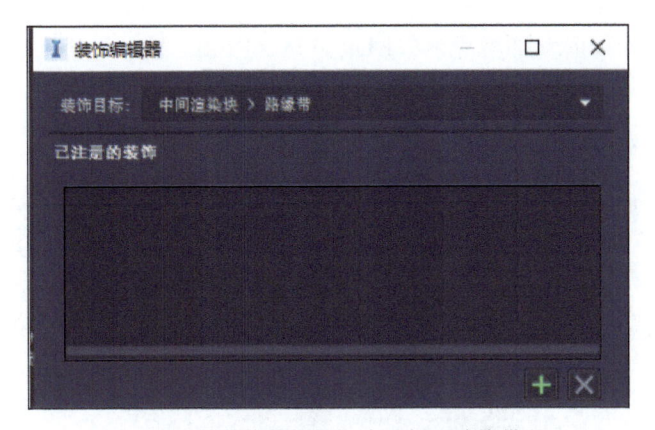

图 7-28 "装饰编辑器"中选择"路缘带"

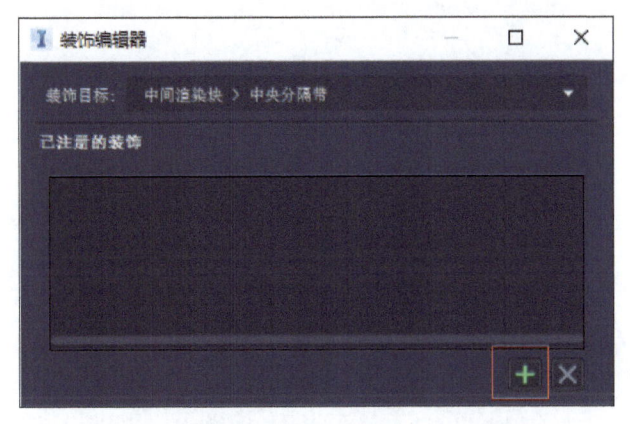

图 7-29 "装饰编辑器"中选择"中央分隔带"

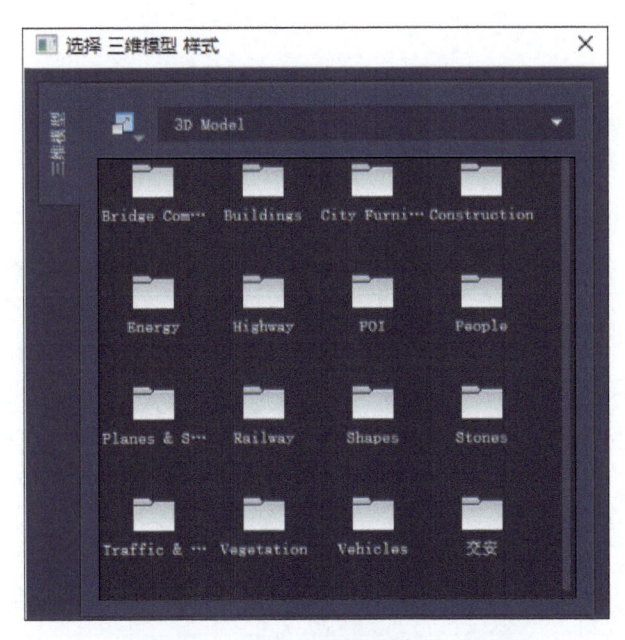

图 7-30 "选择三维模型样式"界面

中央分隔带的装饰需要插入中央分隔带植物及内侧护栏，找到 Vegetation 文件夹，单击进入，选择对应植物，选择后如图 7-31、图 7-32 所示。

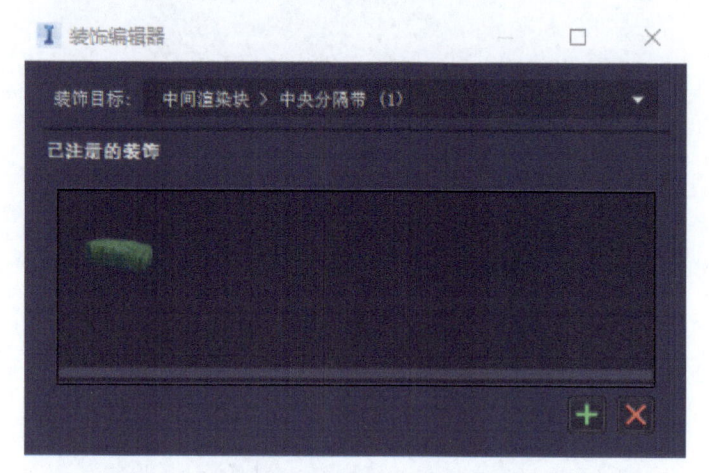

图 7-31 "装饰编辑器"中"中央分隔带"装饰

图 7-32 插入"中央分隔带植物"成果

可以看到，"中央分隔带植物"已经添加进入路面组成中，但是位置、间距不合理。此时，在"装饰设置"中进行操作调整。

将"间距"设置为 2m，使"中央分隔带植物"连续；将"轨道偏移"设置为 1m，使"中央分隔带植物"设置于"中央分隔带"的正中央，设置完成后如图 7-33、图 7-34 所示。

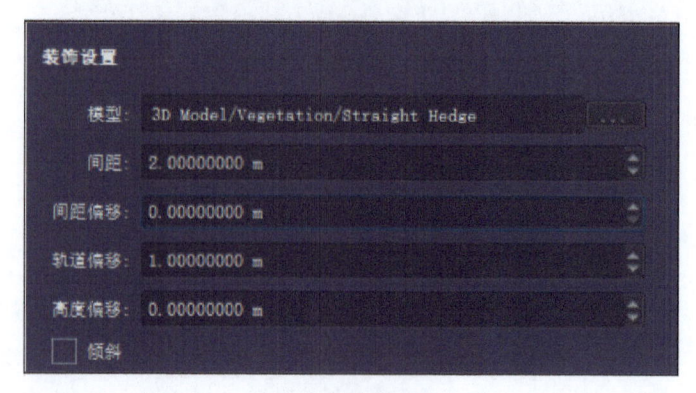

图 7-33 装饰设置

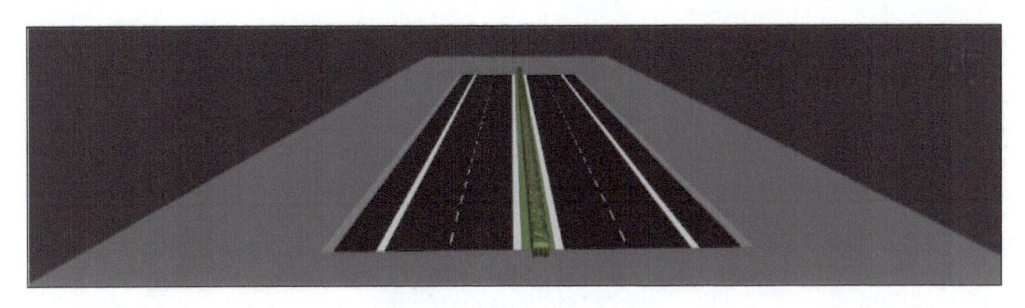

图 7-34 装饰设置成果

然后进行护栏的设置。在"装饰目标"中找到"路缘带",单击加号键,在 Highway 文件中找到"Guard Rail Straight"并添加,采取与前述类似的操作模式进行护栏设置,设置完成后如图 7-35、图 7-36 所示。

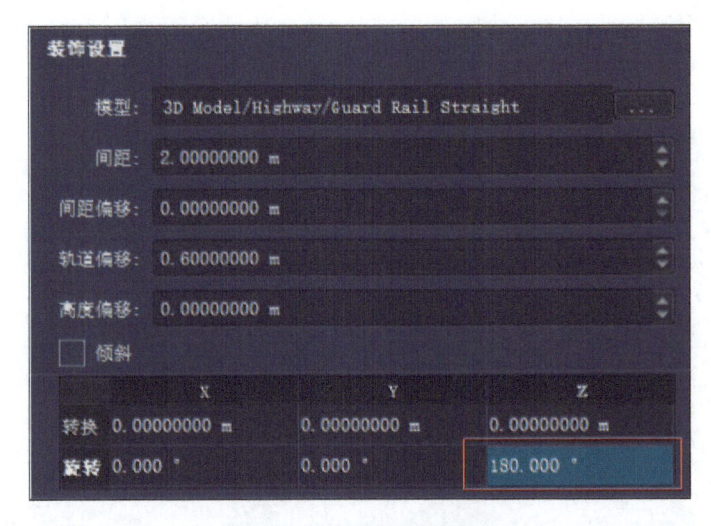

图 7-35 护栏装饰角度调整

注:一侧的护栏需要调整 Z 轴的值为 180°,使护栏的方向正确。

图 7-36 中央分隔带装饰设置成果

中央分隔带设置完成后,继续在"土路肩"上进行操作,完成外侧护栏的设置,设置方式与前述类似,设置完成后如图 7-37 所示。

至此就完成了整体式路基道路样式的设置,单击"确定",修改样式名字即可。

图 7-37 "土路肩"外侧护栏设置成果

2）整体式桥梁样式

整体式桥梁样式的设置方式与整体式路基样式的设置方式类似，不同之处在于"道路类型"选择为桥梁，在"装饰"中护栏为砼护栏，"中央分隔带"设置为透明，还需要添加桥墩三维模型，设置结果如图 7-38 所示。

图 7-38 桥梁常规设置

插入桥墩的方法为，在"样式选项板"的三维模型库中单击"样式编辑"中的加号键，如图 7-39 所示。

图 7-39 样式编辑

出现"定义新项三维模型"面板，单击红框处，如图 7-40 所示，加载桥梁 FBX 文件：

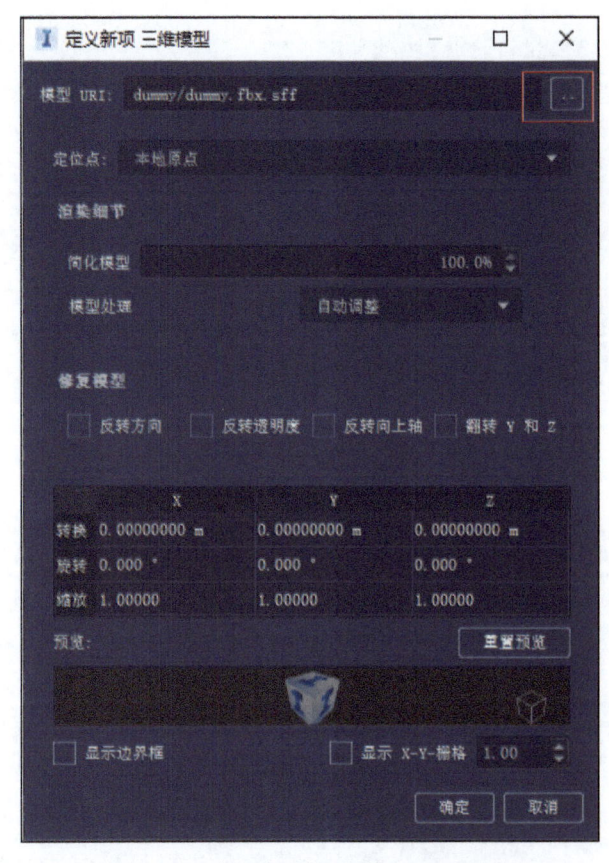

第 7 章 Autodesk InfraWorks 道路工程模型

图 7-40 "定义新项三维模型"面板设置

加载桥梁 FBX 文件成功后，就可以在桥梁样式中插入桥墩 FBX 文件。与加载护栏类似，同样在"装饰编辑器"中找到"中间分隔带"，单击加号键，插入桥墩 FBX 模型，然后在"装饰设置"中调整桥墩 FBX 模型位置即可，如图 7-41 所示。桥梁样式如图 7-42、图 7-43 所示。

图 7-41 桥墩角度调整

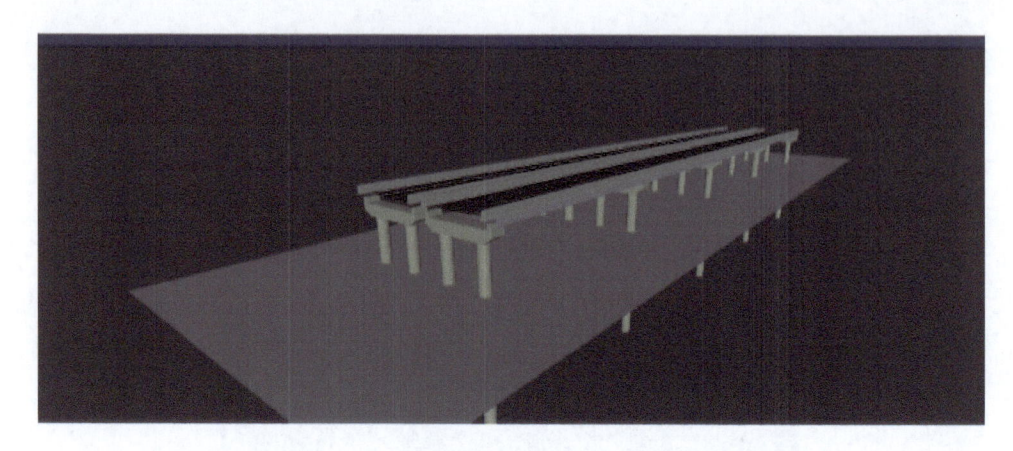

图 7-42　桥梁样式

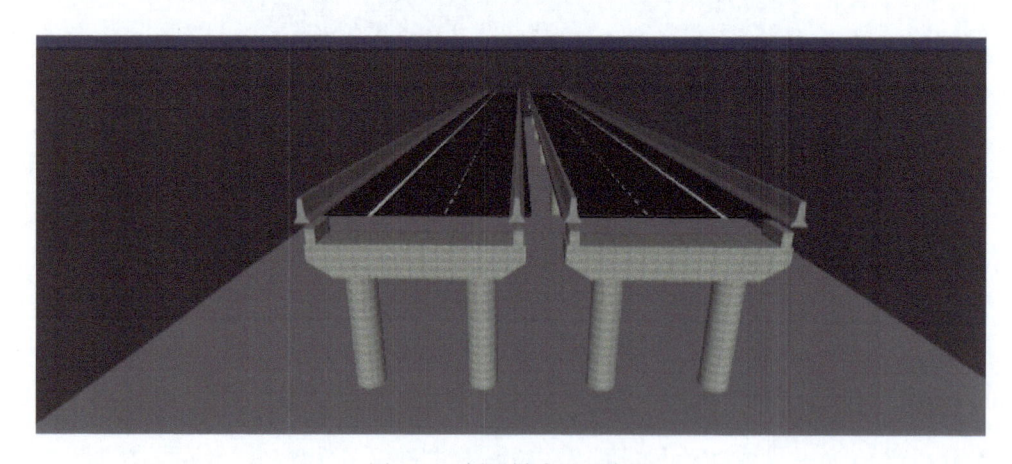

图 7-43　桥梁样式设置成果

3）隧道及分离式路面样式

前文介绍了整体式路基样式、整体式桥梁样式的设置方式，下面介绍隧道及分离式路面样式的设置方式。

分离式路面样式的设置与前述描述一致，选择一个默认的道路样式复制出来。选择 12.75m 宽的分离式路基标准横断面图进行参照，如图 7-44 所示。

从图 7-44 中可以看到，分离式路基分为左线、右线，并互为对称设置。以右线为例，行车道宽度仍为 3.75m，不同之处在于左右侧硬路肩构成不同，右侧硬路肩宽度为 3m，包含 0.5m 的路缘带，左侧硬路肩宽度为 0.75m。左右两侧硬路肩均包含 0.75m 宽的土路肩。

通过查看分离式路基标准横断面图，在样式设置中对路面组成进行设置，因为是右侧路基，所以向前行车车道数量为 2，向后行车车道数量为 0，设置完成后如图 7-45 所示。

路面组成中没有中间分隔带，因此将"中间组"路面的宽度设置为 0，在右侧组中，设置行车道、硬路肩、土路肩、路缘带宽度。另外，添加左侧组，在添加左侧组后，右侧组单独成为一个组成，不再有对称功能，设置完成后如图 7-46、图 7-47 所示。

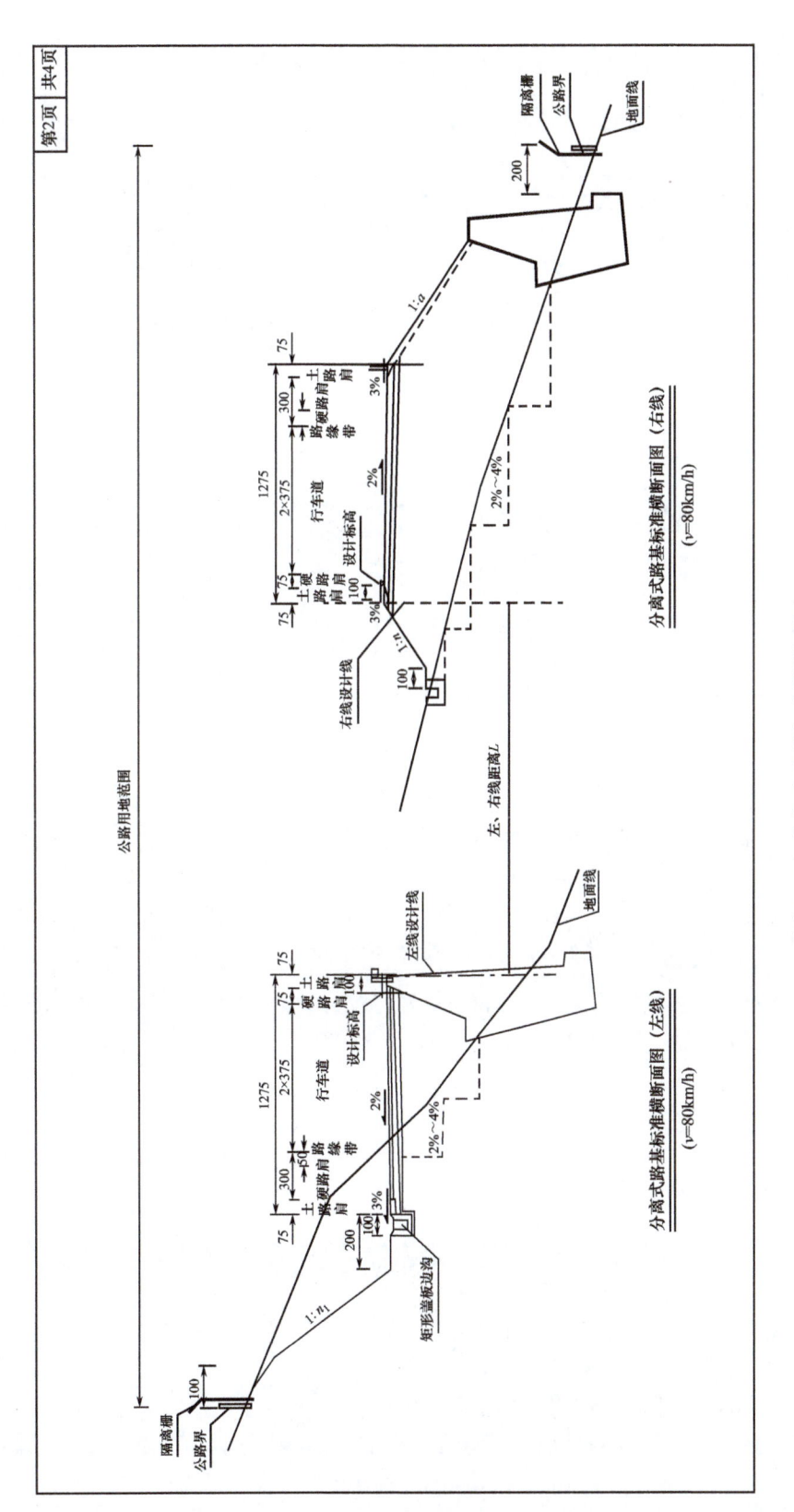

图 7-44 分离式路基标准横断面图

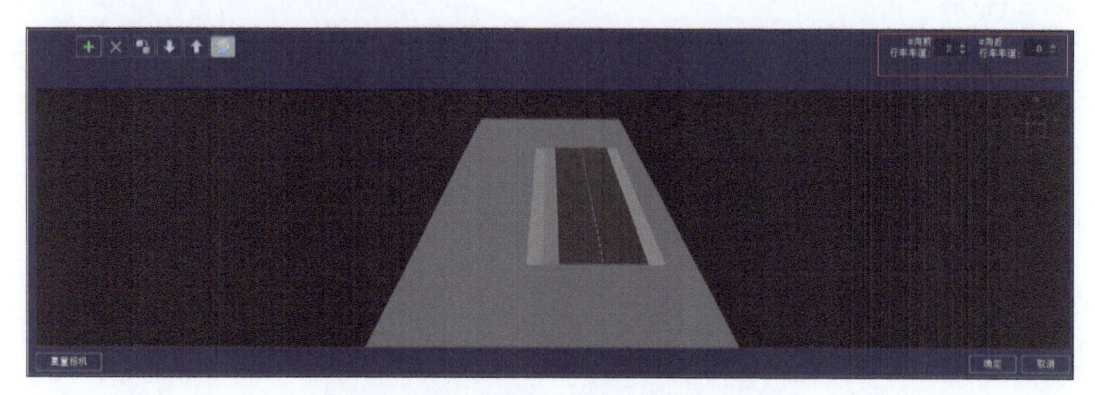

图 7-45 分离式路面样式的右侧路基原始样式

图 7-46 分离式右侧组、中间组设置

图 7-47 分离式轨道设置成果

完成上述操作后，进行左侧组的设置。在左侧组中添加硬路肩、土路肩，并设置宽度，设置完成后如图 7-48、图 7-49 所示。

图 7-48 分离式左侧组设置

图 7-49　分离式轨道设置成果

至此就完成了右线分离式路面样式设置，左线分离式路面样式设置与右线类似，这里不再赘述。路面组成设置完成后，就可以根据类别设置路基、桥梁、隧道样式，路基、桥梁样式设置与整体式路基、整体式桥梁样式的设置方法一致。

下面介绍隧道的样式设置方式。

在常规设置中，将"道路类型"改为隧道，在"隧道设置"中勾选圆形，调整半径、内部材质、外部材质，完成后如图 7-50、图 7-51 所示。

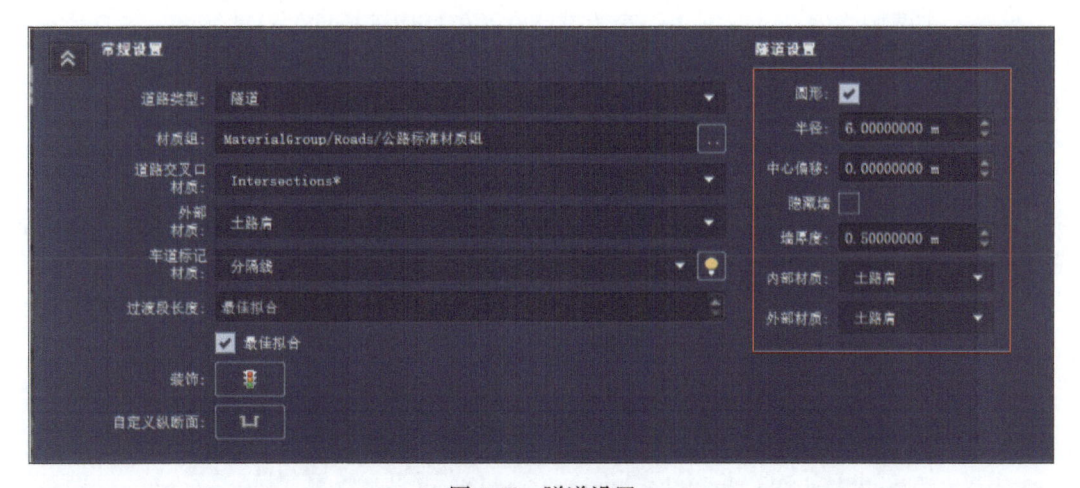

图 7-50　隧道设置

图 7-51　隧道设置成果

隧道样式也可以通过添加装饰使其更加真实。添加方式为：将内部材质、外部材质设置为透明，然后将隧道 FBX 模型添加进装饰中，装饰方式与路基、桥梁类似，但需要先在 Revit 等结构建模软件中建立隧道模型。

以上就是 InfraWorks 中道路样式的设置方式，读者可以根据项目情况建立适用于所做项目的道路样式，如互通匝道、等级道路等，也可以根据规范统一建立道路样式，在项目需要使用时直接调用，如图 7-52 所示。

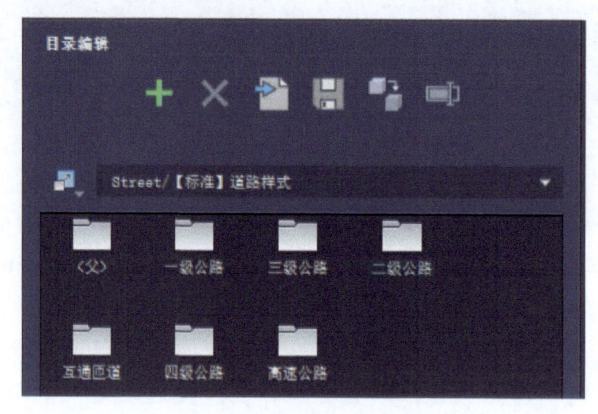

图 7-52　道路样式成果

但是，需要注意的是，此方法创建的道路样式仅适用于标准的路基宽度，如高速公路主线无加宽路段等，如果涉及渐变的路基宽度，则需要在 Civil 3D 中进行路面建模完成。

2. 管线样式

管线主要用于模型中次要带状物的显示，如工程可行性研究阶段的比较线、涵洞显示等。管线样式是 InfraWorks 中自带的样式，下面以 25.5m 整体式路基为例介绍如何修改管线样式。

在"样式选项板"中找到"管线"栏，可以看到很多默认的管线样式，选择一个复制，如图 7-53 所示，双击进入管线样式设置面板。

图 7-53　管线样式

在管线样式设置面板中,将"类型"改为矩形,调整高度和宽度,将"高度"调整为 0.5m,将"宽度"调整为 25.5m,将"地表效果"调整为相应的颜色,设置完成后如图 7-54 所示。

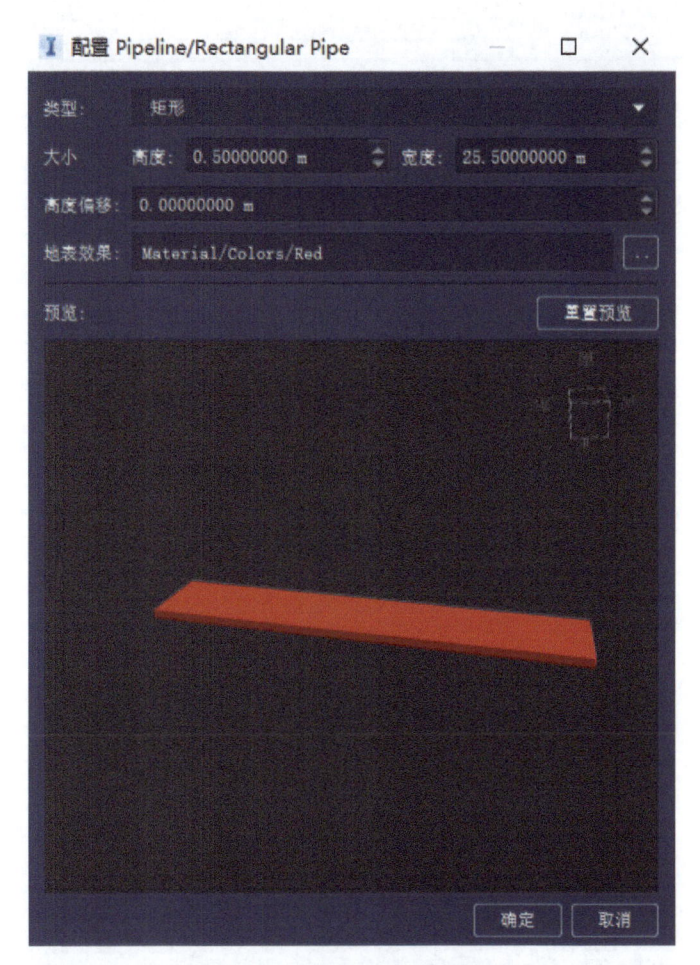

图 7-54　管线样式设置面板

完成上述操作后就完成了对管线样式的设置;其余可以根据项目情况自行设置。

管线样式还可以设置为简易涵洞的样式来表达涵洞的具体位置,操作步骤与前述类似。参照涵洞布置形式,设置简易圆管涵、简易盖板涵样式。

3. 覆盖范围样式

覆盖范围用于模型中块状物的显示,如表示区域内不良地质、弃土场位置等。覆盖范围是 InfraWorks 中自带的样式,下面介绍如何修改覆盖范围。

在"样式选项板"中找到"覆盖范围"栏,可以看到很多默认的覆盖范围样式,选择一个复制,如图 7-55 所示,双击进入覆盖范围样式设置面板。

在覆盖范围样式设置面板中,修改"填充样式""轮廓线样式""轮廓线宽度"就可以完成对覆盖范围的设置,设置完成后如图 7-56 所示。

图 7-55 覆盖范围样式

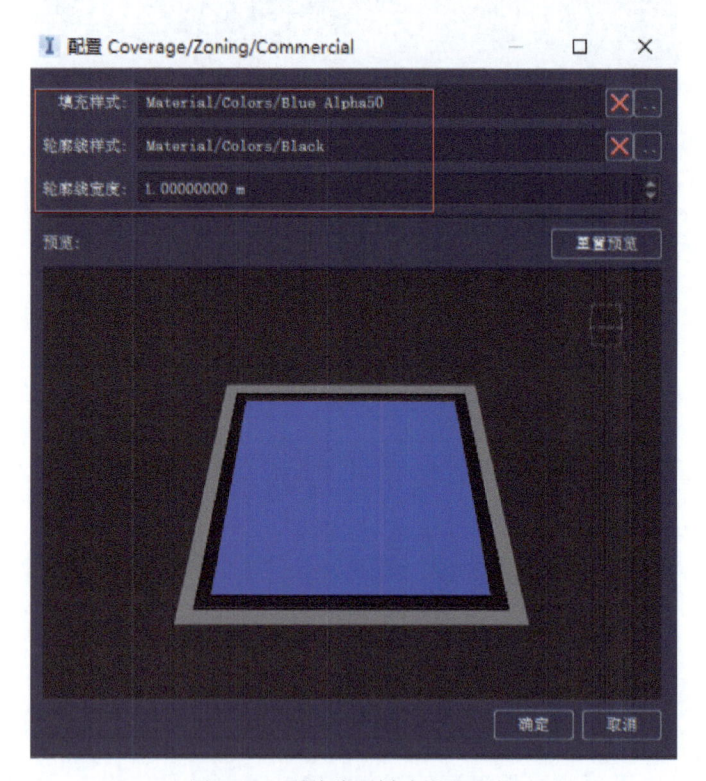

图 7-56 覆盖范围样式设置面板

完成上述操作后就完成了对覆盖范围的设置；其余可根据项目情况自行设置。

4. 道路隔离带样式

道路隔离带主要用于模型中工程带状物的显示，如表示大范围区域内路线走向、地质断裂带位置等。道路隔离带是 InfraWorks 中自带的样式，下面介绍如何修改道路隔离带。

在"样式选项板"中找到"道路隔离带"栏，可以看到默认的道路隔离带样式，选择一个复制，如图 7-57 所示，双击进入道路隔离带样式面板。

图 7-57　道路隔离带样式

进入道路隔离带样式面板，就可以对道路隔离带的长宽高、间距及每面的材质进行修改，也可以根据项目情况来定制自己的道路隔离带样式，如图 7-58 所示。

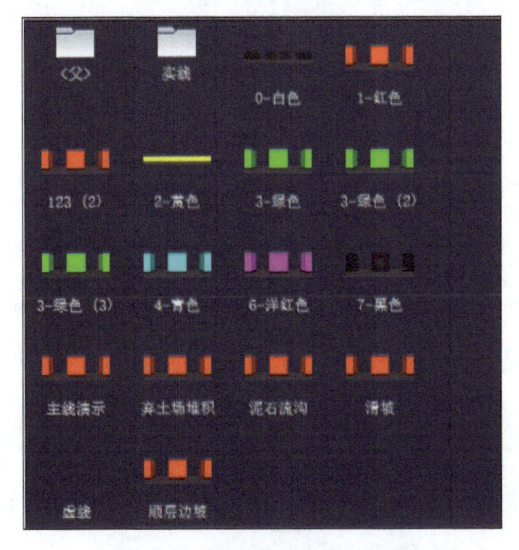

图 7-58　道路隔离带样式面板

7.1.2　材质组

在 7.1.1 节中，在常规设置中可以选择材质组，材质组的作用是把样式中所有使用的材质统一到同一个材质库中，在制作模型时可以直接调用，下面介绍如何设置材质组。

在"样式选项板"中找到"材质组"栏，其中有许多默认的材质，任选其中一个复制，双击进入材质组样式编辑界面，如图 7-59、图 7-60 所示。

从图 7-60 中可以看到，在"材质贴图"中包含了许多材质，在这里可以修改材质名称并选择对应的材质。以之前的路基样式为例，路基需要用到的材质选项有车道路面、硬路肩、土路肩、中间分隔带，多余的材质可以删除。在材质名称确定后，就可以对材质进行编辑修改了。

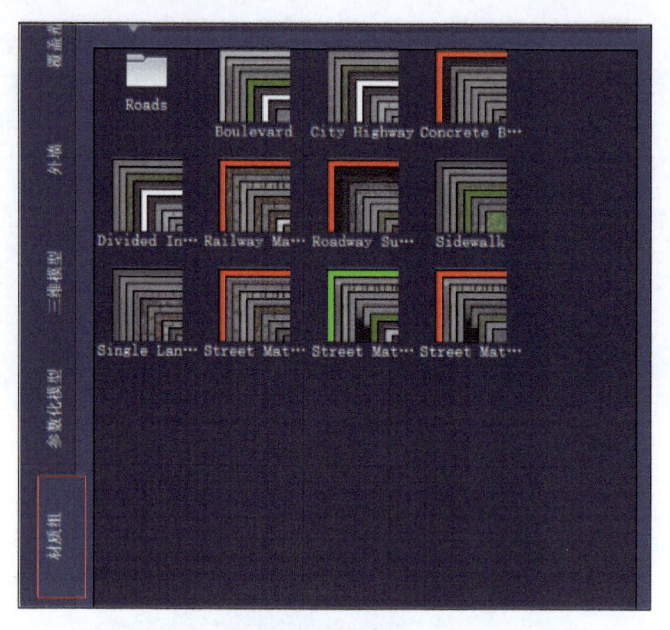

图 7-59 材质组样式

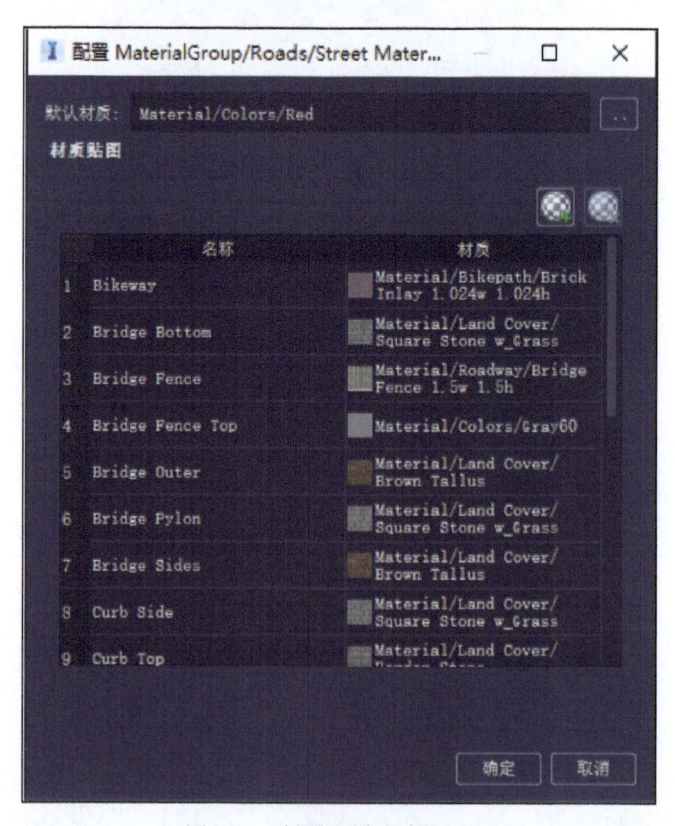

图 7-60 材质组样式编辑界面

修改后的公路标准材质组如图 7-61 所示。

图 7-61　公路标准材质组

材质组设置完成后，单击"确定"保存，就可以在道路样式中选择使用了。

7.1.3　样式规则

样式规则是 InfraWorks 中批量更新样式的方式，主要应用在 Civil 3D 道路模型进入 InfraWorks 后的材质配置，利用 Civil 3D 部件的代码可以配置相应的材质。

样式规则与 Civil 3D 中的部件代码是可以互相关联的，在部件中设置好的代码可以通过样式规则中的表达式进行设定，设定完成后可以进行材质的设置，然后批量刷新。

首先，部件中的"代码集样式"栏如图 7-62 所示。

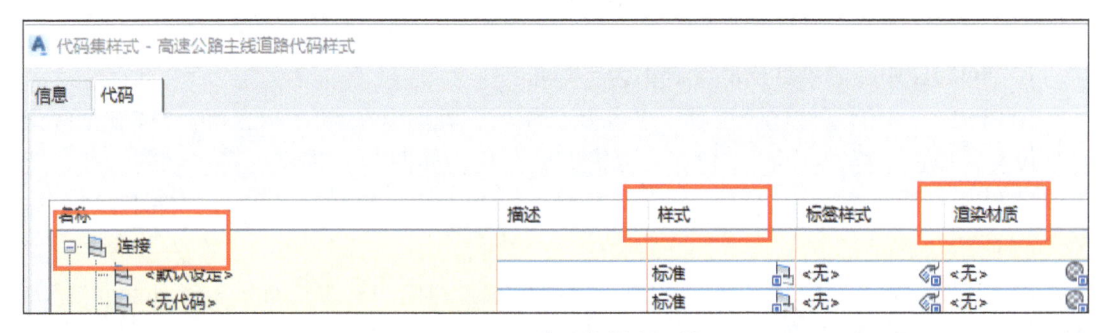

图 7-62　"代码集样式"栏

在代码设置中,连接、样式、渲染材质最为重要。连接是部件编辑器中每个连接的线代码名称,样式是指在 Civil 3D 中的连接名称,可以将线代码名称和样式名称设置一致。此处设置的连接的线代码名称与 InfraWorks 中样式规则(见图 7-63)"名称"相互匹配。

图 7-63 代码编辑界面

渲染材质的作用是,在道路模型进入 InfraWorks 后可以进行标签样式、渲染材质设置,如果不设置,则在进入 InfraWorks 后将不能设置材质。同样地,如果在编写部件时不进行线代码的设置,也不能在 InfraWorks 中设置材质,如图 7-64 所示。

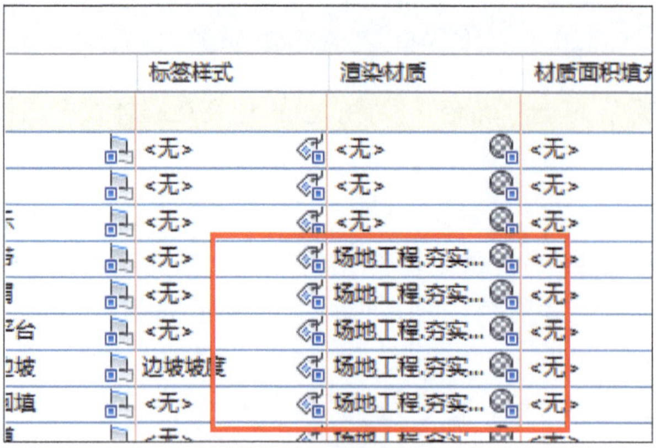

图 7-64 渲染材质设置

在 Civil 3D 中,渲染材质的设置不为空即可。

在 Civil 3D 中的部件代码设置了名称及材质后,就可以在 InfraWorks 的样式规则中识别并设置,单击"样式规则",找到"覆盖区域"栏,如图 7-65 所示。可以看到已经设置了道路代码,每个道路代码可以对应一个材质,双击样式可以进入"规则编辑器",如图 7-66 所示。

在"规则编辑器"中,单击"添加",就可以选择对应的材质,如图 7-66 所示,"挖方边坡"选择"Grass2"这种材质。

图 7-65　样式规则面板

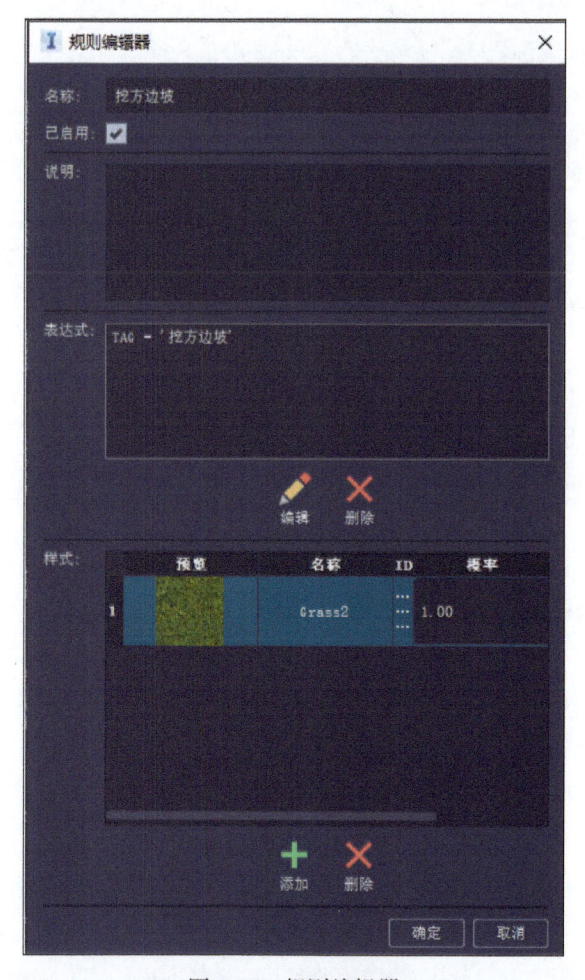

图 7-66　规则编辑器

选择材质完成后，单击"确定"保存，最后单击右下角的"运行规则"按钮，如图7-67所示。

图 7-67　运行规则

这样，就可以运行材质规则，在此运行规则下，每次导入 Civil 3D 道路模型都会自动安装此运行规则赋予材质，如图 7-68 所示的道路模型包含了挖方边坡、挖方平台、路肩墙等材质。

图 7-68　道路模型

设定的样式可以导出保存，只要部件的连接名称没有改变，就可以反复导入 InfraWorks 中进行使用。

以上就是对样式规则的编辑方式，还可以根据项目情况自行编辑需要的样式规则。

7.2　在 InfraWorks 中配置道路模型

本节所需资料如表 7-2 所示，读者可以在本书附赠电子文件中找到相关文件。

表 7-2　本节所需资料

序号	位置	资料名称	使用软件	成果文件地址
1	4-自定义坐标系	DHGS-CHD-DY-SS-1808.dwg	InfraWorks	29-InfraWorks 模型
2	6-InfraWorks 基础模型	某高速 - 老碾互通基础模型 .sqlite	InfraWorks	6-InfraWorks 基础模型
3	16-路线 SDF	某高速 - 老碾互通 - 路线 -SDF.dwg	InfraWorks	29-InfraWorks 模型
4	12- 道路 DWG	LJ1- 老碾互通 - 道路曲面 - 李三 .dwg	InfraWorks	29-InfraWorks 模型

（续表）

序号	位置	资料名称	使用软件	成果文件地址
5	17-路面 FBX	城市家具-【路面】-LJ1-老碾互通-张三 .fbx	InfraWorks	29-InfraWorks 模型
6	18-护栏 SDF	道路-某高速-A 匝道护栏-李三-SDF.sdf	InfraWorks	29-InfraWorks 模型
7	19-桥墩 SDF	城市家具-LJ1-老碾互通-【桥墩】-张三 .sdf	InfraWorks	29-InfraWorks 模型

7.2.1 路线 SDF 配置

第 4 章已经介绍了路线 SDF 的创建，本节将介绍如何将路线 SDF 文件在 InfraWorks 中配置成所需要的道路、桥梁、隧道等样式。

首先，打开 4.7 节创建好的基础模型；然后，导入 SDF 文件数据，有两种方法：第一种方法是单击数据源按钮，选择 SDF，导入 SDF 文件数据；第二种方法是直接拖动 SDF 文件至 InfraWorks 中。

完成导入操作后，在数据源界面选择导入的 SDF 文件数据，右键单击"配置"，弹出"数据源配置"对话框，如图 7-69、图 7-70 所示。

图 7-69 路线 SDF 配置

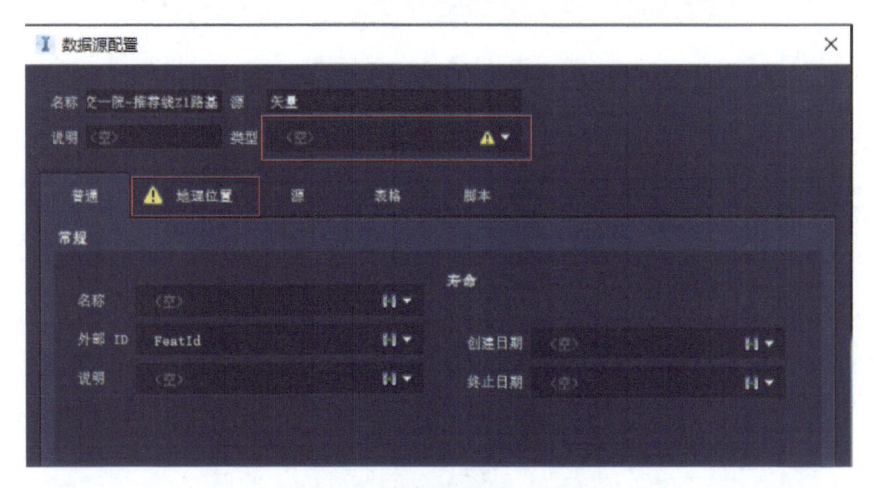

图 7-70 "数据源配置"对话框

将 SDF 的"类型"选择为"道路"，"地理位置"选择本项目的自定义坐标系（见第 4 章中配置的自定义坐标系），在"源"选项卡中，"覆盖选项"选择"不要覆盖"，不要覆盖指的是保留原路线 SDF 文件本身的高程信息，若没有选择该项（若选择了"覆盖"或者"三维显示"），则导入的路线 SDF 文件失去高程设计信息，随着地形起伏。

在上述选项配置完成后，要对导入路线的样式进行配置。在"数据源配置"对话框的"普通"选项卡选择"规则样式",如图 7-71 所示。单击铅笔形状的"样式选择器",在"选择样式"面板内选择符合要求的样式,如图 7-72 所示(若该路段是路基或桥梁),则确定后"关闭并刷新"。

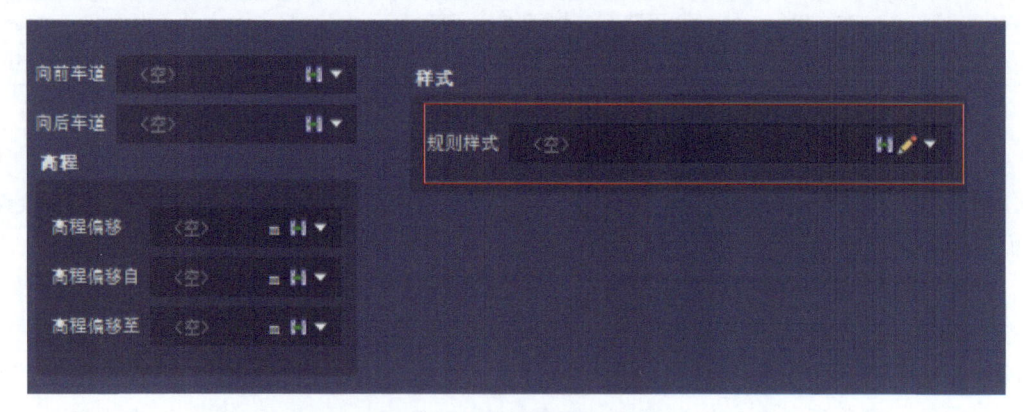

图 7-71 "规则样式"选择

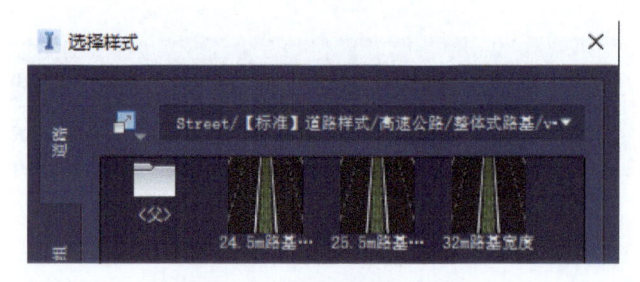

图 7-72 "选择样式"面板

等待道路模型刷新完毕后,路线 SDF 文件的导入即完成,效果如图 7-73 所示。

图 7-73 道路模型

另外,在预可行性研究、工程可行性研究、初步设计阶段,通常会有多条比较线,此时可以利用"数据源配置"对话框中"类型"菜单内的"管线"或"道路隔离带"样式来表示比较线（具体操作方式见 7.1.1 节），此种方式方便、快捷，也使推荐线与比较线易于区分。不过管线、道路隔离带样式无法准确区分路基、桥梁和涵洞，仅能表现路线走向，可以根据需求选择配置。

在工程中通常需要设置涵洞，涵洞也可以作为 SDF 模型导入 InfraWorks，只要导入的三维多段线包含位置和高程信息即可。导入流程与导入路线 SDF 文件类似，区别在于配置时"类型"选择"涵洞"，样式选择之前设置好的涵洞样式（涵洞样式的设置见 7.1 节）。

7.2.2 道路 DWG 配置

当模型需要展示施工图设计阶段的成果时，路线 SDF 文件导入的道路模型由于只有路面没有边坡，无法满足需要。此时，需要导入创建好的道路模型 DWG 文件（见 5.3 节），该文件包含道路放坡，更改了道路所在地形曲面，可以对道路进行更为精细的展示。

单击"数据源"按钮，选择 Autodesk Civil 3D DWG 数据源格。根据提示选择之前准备好的道路 DWG 文件（InfraWorks 连接数据源时间较长，请用户耐心等待）。

需要注意的是，InfraWorks 可以有 3 种方式进行道路模型的导入，分别是 IMX 方式、道路模式、道路 + 道路曲面模式，下面介绍这 3 种方式的区别及优缺点。

1．IMX 方式

IMX 是一种数据格式，可以从 Civil 3D 已创建好的 DWG 文件中导出，如图 7-74 所示。

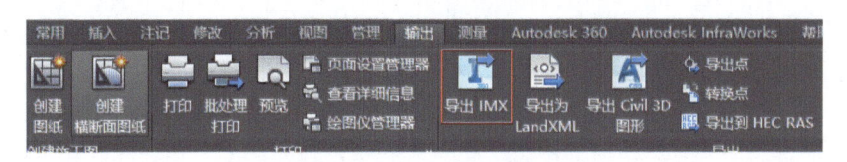

图 7-74 IMX 导出界面

IMX 方式的优点在于导出速度快，方便快捷；但是缺点在于导出的数据在进入 InfraWorks 之后无法对道路模型进行自动材质贴图，即无法进行样式规则的操作（样式规则的方法可以参照 7.1.3 节），需要手动对所有材质进行贴图，导致贴图效率大幅下降，因此不推荐使用此种方式。

2．道路模式

道路模式是指将道路模型 DWG 直接导入 InfraWorks，并在配置时将道路材质（CORRIDOR COVERAGES）设置为"不要覆盖"，刷新即可。道路模式的优点在于道路模型会很完整且可以直接修改原始地形，也可以自动配置材质；但是缺点在于容易导致 InfraWorks 崩溃，并且模型不可修复，因此不建议采用此种方式。

3．道路 + 道路曲面模式

本书推荐道路 + 道路曲面模式，它是最稳定的道路配置方式。

道路 + 道路曲面模式将道路模型 DWG 直接导入 InfraWorks，在配置时将道路材质

（CORRIDOR COVERAGES）设置为"三维显示"，再选择道路曲面修改地形。具体流程如下。

（1）导入道路 DWG 后，取消勾选 ROADS 及地形曲面，仅保留道路的曲面和覆盖范围（CORRIDOR COVERAGES），单击"确定"后，道路的曲面和覆盖范围会分别显示在"地形""覆盖范围"文件菜单栏内，如图 7-75 所示。

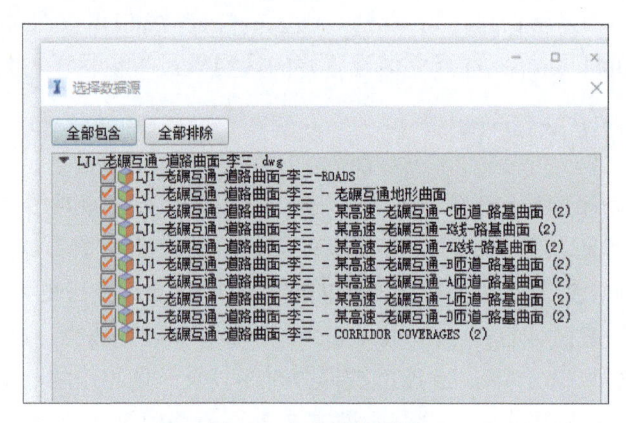

图 7-75　选择数据源

（2）选择要配置的道路曲面，选择相应的坐标系后等待模型刷新。配置道路曲面的目的在于改变现有基础模型的原始地形，将放坡后的道路模型在原始地形上呈现出来。

（3）选择刚才导入的覆盖范围，配置好相应的坐标系，在"源"选项卡中，选择"覆盖选项"为"覆盖"，如图 7-76 所示。覆盖范围的目的是对道路曲面进行材质覆盖，使其按照需求清晰地展示在模型中。

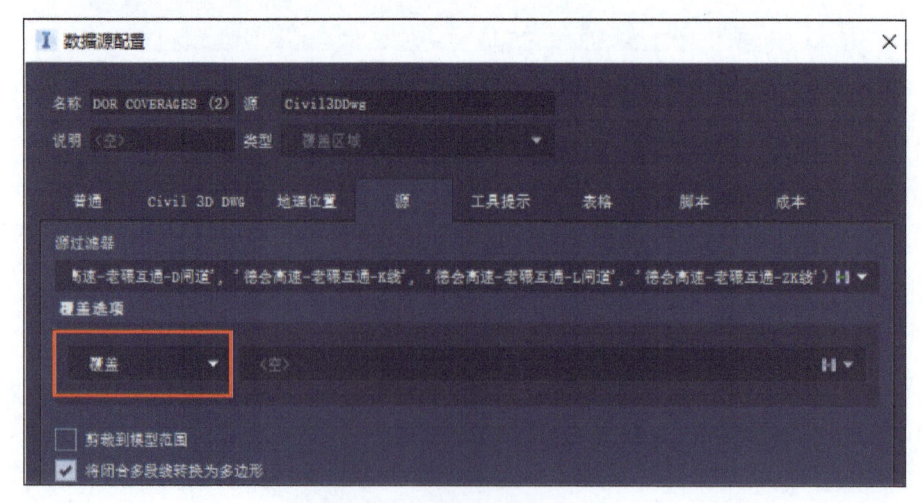

图 7-76　"数据源配置"对话框

配置完成后可以从模型中清晰地看到道路放坡状况，左侧路面覆盖了 SDF 道路样式，右侧路面则配置了覆盖范围样式的道路曲面。

道路＋道路曲面模式的优点在于，不仅可以保留道路的完整性，还可以保证模型的稳定性，同时可以对材质进行自动配置。但是，此方式的一个缺点是道路地形的修改取决于道路曲面的精确度，如果道路曲面出现问题，则会直接影响道路模型的质量。

7.2.3 路面 FBX 配置

路面 FBX 主要应用于施工图设计阶段的互通模型中，使用路面 FBX 样式可以对各匝道分岔处的鼻端建模，而使用 SDF 道路样式无法做到。

将路面 FBX 文件拖入 InfraWorks 中，在"数据源配置"对话框中，"类型"选择为"城市家具"，"地理位置"选项卡选择项目对应的坐标系，"三维模型"选项卡中勾选"替代所有材料"，如图 7-77 所示，可以根据项目需求选择路面的颜色。配置好后"关闭并刷新"。

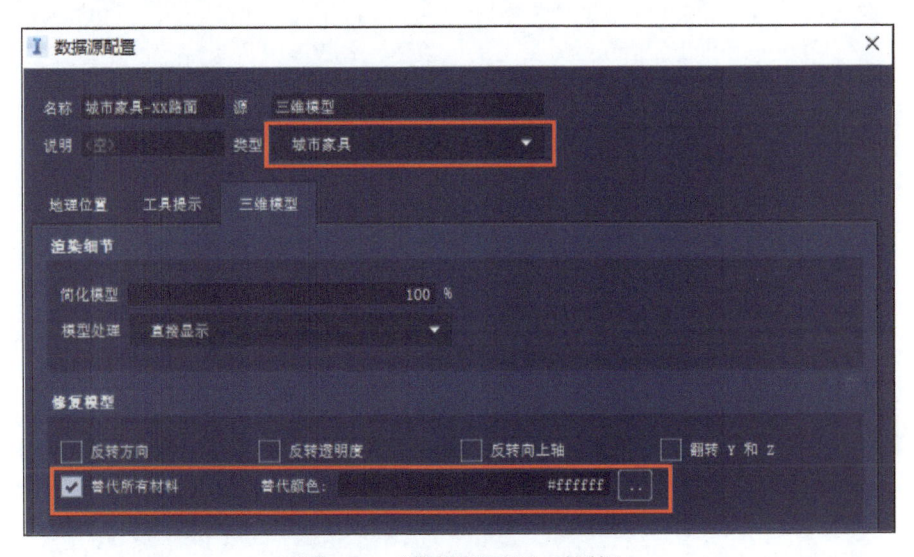

图 7-77 "数据源配置"对话框

路面 FBX 展示及道路模型成果如图 7-78、图 7-79 所示。

图 7-78 路面 FBX 展示

图 7-79　道路模型成果

7.2.4　护栏 SDF 配置

在施工图设计阶段，互通模型可以加载护栏模型，以丰富施工图设计阶段的互通模型。

将护栏 SDF 文件导入 InfrarWorks 中，导入方式与前述章节类似。护栏 SDF 文件导入后，在"数据源配置"对话框中，"类型"选择"道路"，"地理位置"选项卡选择项目对应的坐标系。和道路 SDF 配置类似，在"样式"选择栏中选择护栏，单击"关闭并刷新"即可，如图 7-80 所示。

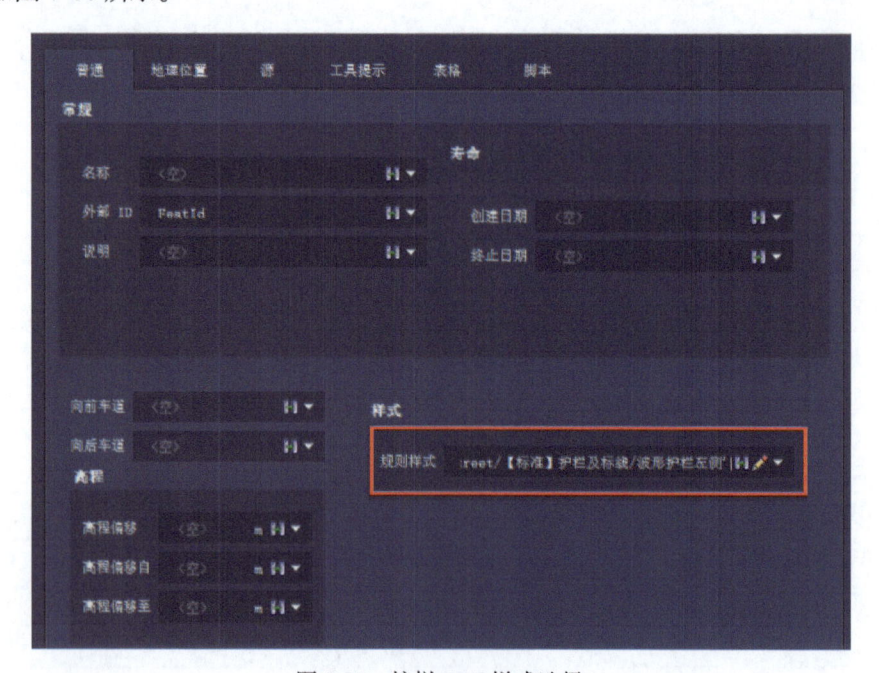

图 7-80　护栏 SDF 样式选择

注意，道路护栏要区分左侧、右侧，桥梁护栏无左侧、右侧之分。

7.2.5 桥墩 SDF 配置

在施工图设计阶段，互通模型的桥梁可以按照前文桥梁 SDF 文件的导入步骤导入 InfraWorks 中，以准确表达互通模型中桥墩的实际位置，导入方式如下。

首先，将护栏 SDF 文件导入 InfrarWorks 中，导入方式与前述章节类似。护栏 SDF 文件导入后，在"数据源配置"对话框中，"类型"选择"城市家具"，"地理位置"选项卡选择项目对应的坐标系。和道路 SDF 配置类似，在三维模型"样式"选择栏中选择桥墩的 FBX 模型。

然后，在"表格"选项卡中找到"三维模型"中"旋转 Z 轴"栏，填入公式"旋转*180/3.1415926"，此公式的目的是将 AutoCAD 中的弧度值转换为角度值，如图 7-81 所示。

图 7-81 桥墩 SDF 配置

最后，在公式输入完毕后，单击"关闭并刷新"即可。

7.3 InfraWorks 项目信息模型

在 InfraWorks 模型中，单独的道路基础模型并不能完整地反映项目情况，如无法确定某段道路的大致位置等。因此，模型还需要配上文字、图片等辅助信息加以说明，使其更加形象具体、更具表现力。下面介绍几种常见项目信息的配置。

7.3.1 文字标签

文字标签一般包括桩号名称、桥梁隧道名称、地名等信息，这里以几种常用的文字标签为例进行说明。

1. 公里桩 SDF 的创建和配置

1）公里桩 SDF 的创建

通过设计软件在 AutoCAD 中绘制带有公里桩信息的路线，注意将公里桩的信息绘制在道路中线上（公里桩信息的"字高"设置为 -0.5 即可），绘制完成后只保留公里桩号，如 K9，将其余内容删除。

在 Civil 3D 中新建一个 DWG，将刚绘制的公里桩信息复制并粘贴到原坐标，新建一个图层并命名，如"某高速 - 主线 - 公里桩 - 李三 -SDF"。其余步骤与 5.6.1 节相似，在命令栏输入 MAPEXPORT，然后选择导出文件保存位置，并进行命名，如"某高速 - 主线 - 公里桩 - 李三 -SDF"，单击"确定"进入"导出"界面，如图 7-82 所示。

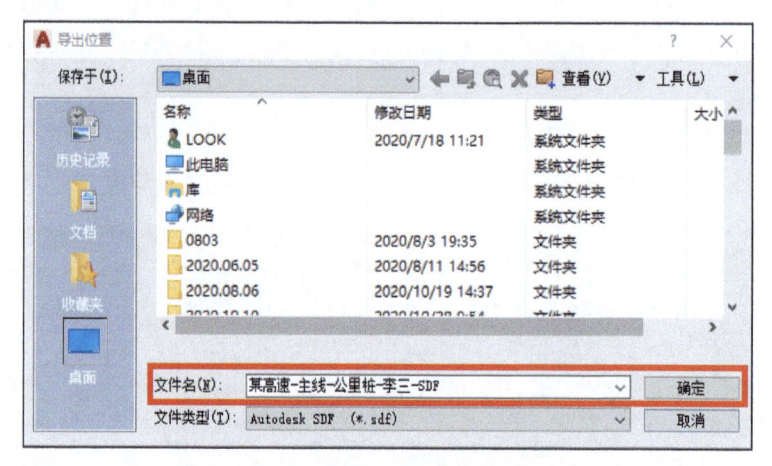

图 7-82 选择导出文件保存位置并命名

在"导出"界面的"选择"选项卡下，在"选择过滤器"下方的"图层"右侧选择刚新建的公里桩号所在图层，如"某高速 - 主线 - 公里桩 - 李三 -SDF"，如图 7-83 所示。

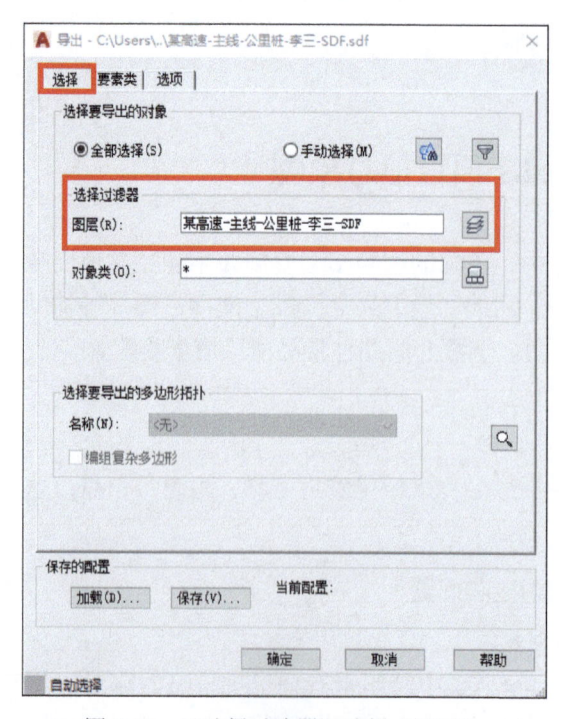

图 7-83 "选择过滤器"选择"图层"

在"导出"界面顶端切换到"要素类"选项卡，如图 7-84 所示，选择"基于图形对象创建多个类"，再单击"选择属性"弹出"选择属性"对话框。在"选择属性"对话框的"特性"中勾选"图层""旋转"和"字符串"3 个图层，如图 7-85、图 7-86 所示，最后逐次单击"确定"，完成公里桩 SDF 的创建。

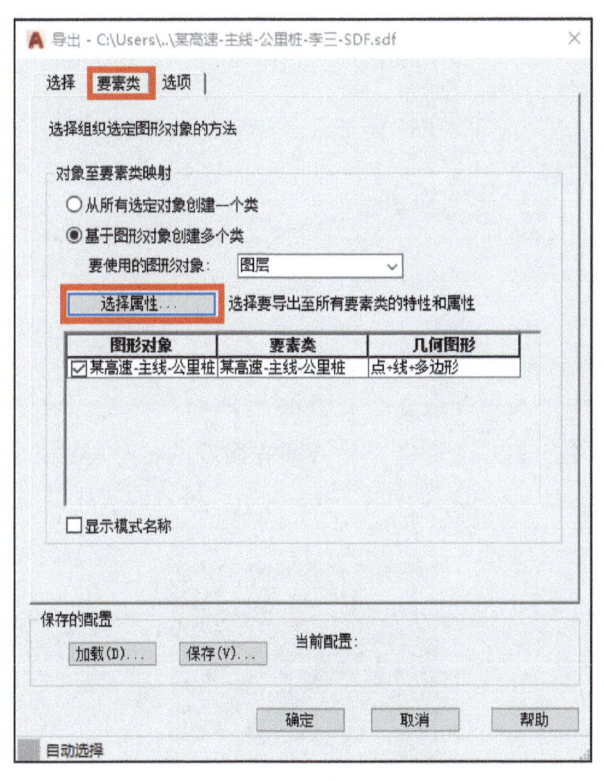

图 7-84 "要素类"中"选择属性"

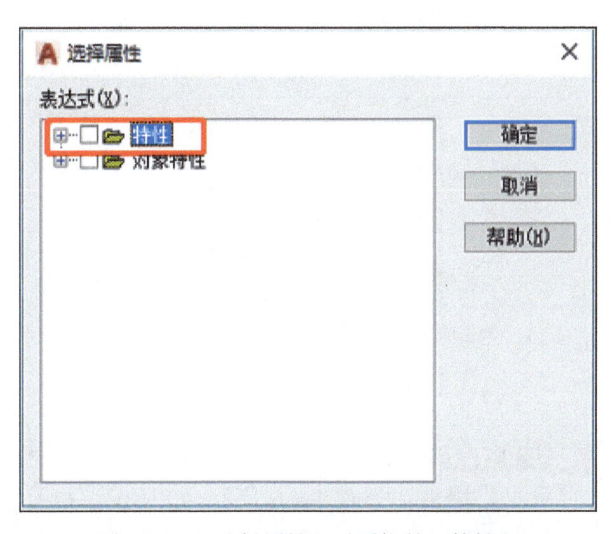

图 7-85 "选择属性"对话框的"特性"

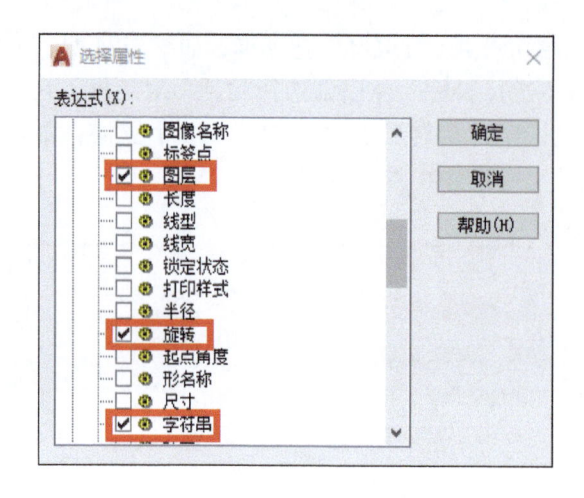

图 7-86 勾选 3 个图层

2）公里桩 SDF 的配置

打开 InfraWorks 项目模型，单击创建和管理模型，进入"样式选项板"，如图 7-87 所示。选择三维模型中的 POI 文件夹，导入预先做好的桩号样式【桩号模型 1-500】"3D Model_POI_ 桩号.styles.json.styles"，如图 7-88 所示。桩号样式详见本书附赠电子文件。

图 7-87 样式选项板

打开 InfraWorks 项目模型，单击创建和管理模型，选择"样式规则"，选择"关注点"，导入预先做好的桩号样式规则，如图 7-89、图 7-90 所示。桩号样式规则详见本书附赠电子文件。

第 7 章 Autodesk InfraWorks 道路工程模型

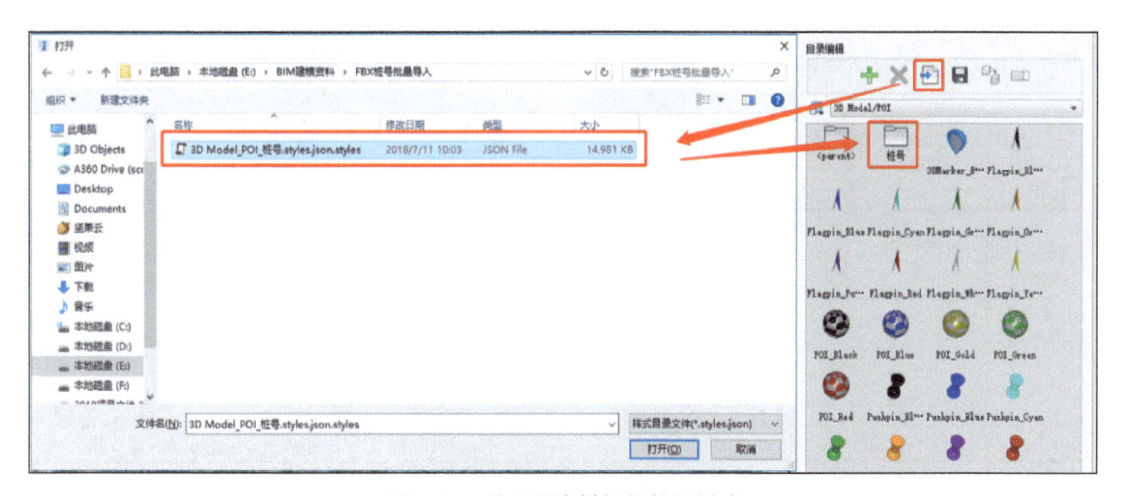

图 7-88 导入预先做好的桩号样式

图 7-89 样式规则（注意与"样式选项板"的区别）

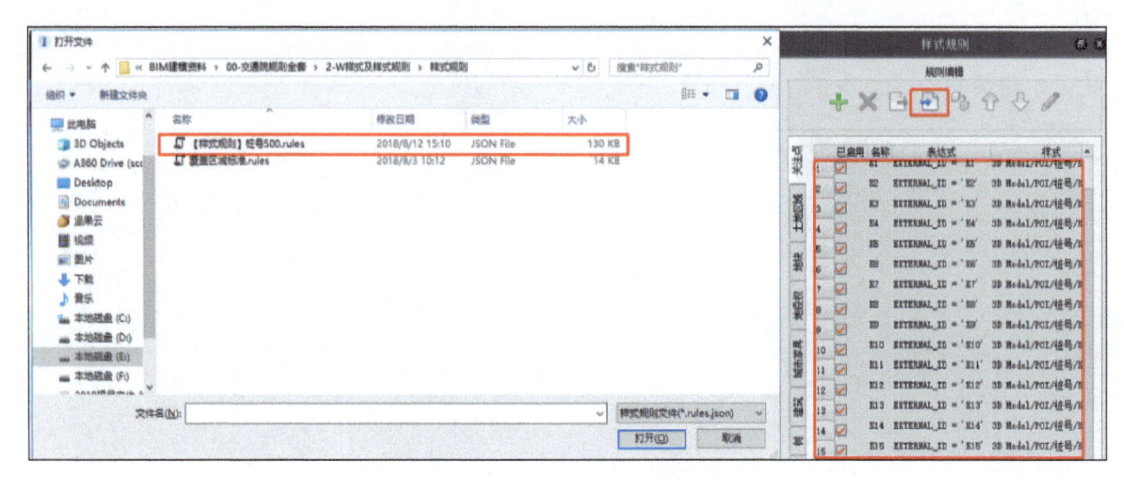

图 7-90 导入预先做好的桩号样式规则

预置完成后，将前面生成的公里桩 SDF 拖入 InfraWorks 中，在"普通"选项卡中，"类型"选择"关注点"，"外部 ID"选择"字符串"；在"地理位置"选项卡中，配置相应的坐标系；在"源"选项卡中，"覆盖选项"选择"三维显示"；在"表格"选项卡中，修改"旋转 Z 轴"的值，将其修改为"旋转 *180/3.1415926-90"，这样就垂直于道路前进方向了；随后"关闭并刷新"，如图 7-91～图 7-96 所示。运行样式规则，即可批量生成公里桩号，效果如图 7-97 所示。

图 7-91 单击创建和管理模型中选择"数据源"

图 7-92 "数据源"中导入公里桩 SDF

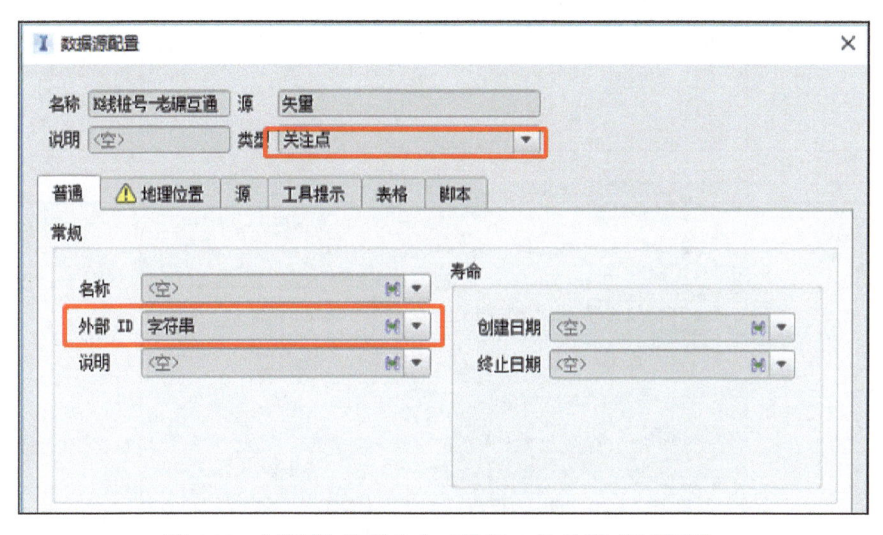

图 7-93 "普通"选项卡中"外部 ID"选择"字符串"

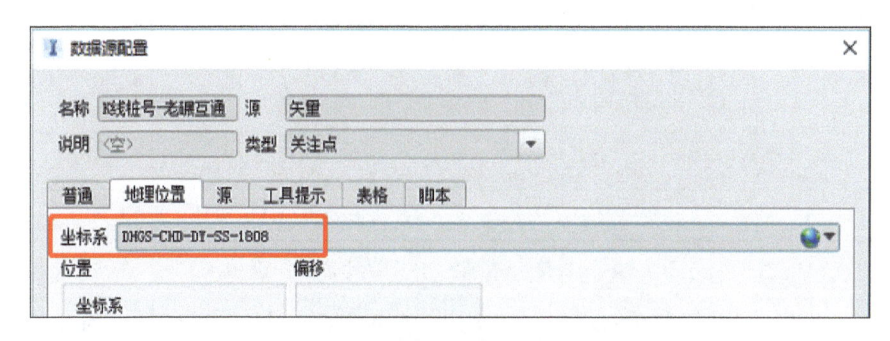

图 7-94 "地理位置"选项卡中选择自定义的坐标系

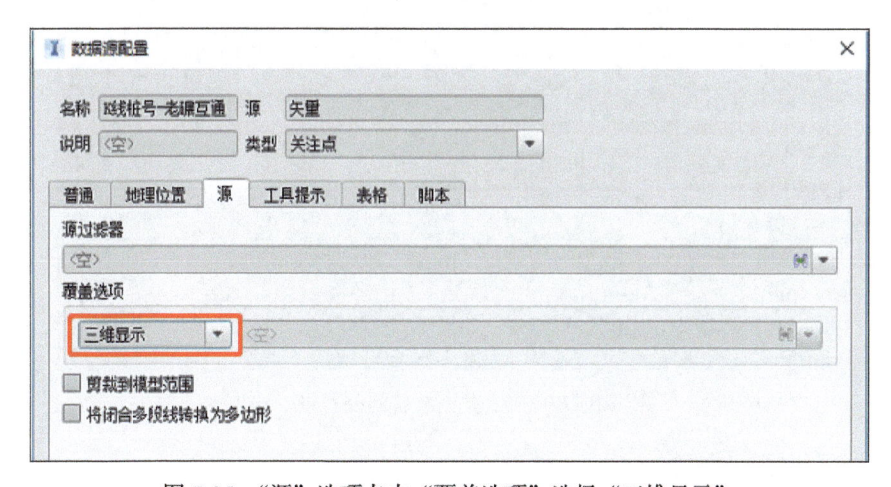

图 7-95 "源"选项卡中"覆盖选项"选择"三维显示"

值得一提的是，批量生成公里桩号的方式方法并不唯一，.shp 格式等方法同样值得尝试，这里不展开阐述。

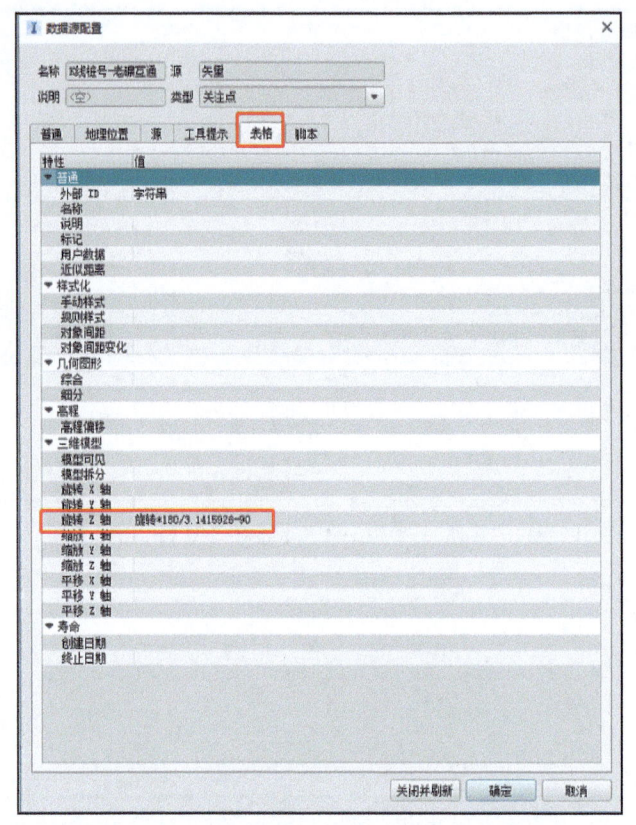

图 7-96 "表格"选项卡中"旋转 Z 轴"设置

图 7-97 配置完成后的公里桩

2. 桥梁隧道名称、地名的创建

桥梁隧道名称、地名的创建要用到 Autodesk 公司旗下的 Revit 软件,其操作流程如下。

(1)打开 Revit 软件,单击顶部"模型文字",编辑所需要的名称,"导出"并保存成 FBX 文件,并进行命名,如"马鞍山大桥",如图 7-98 所示。

第 7 章 Autodesk InfraWorks 道路工程模型

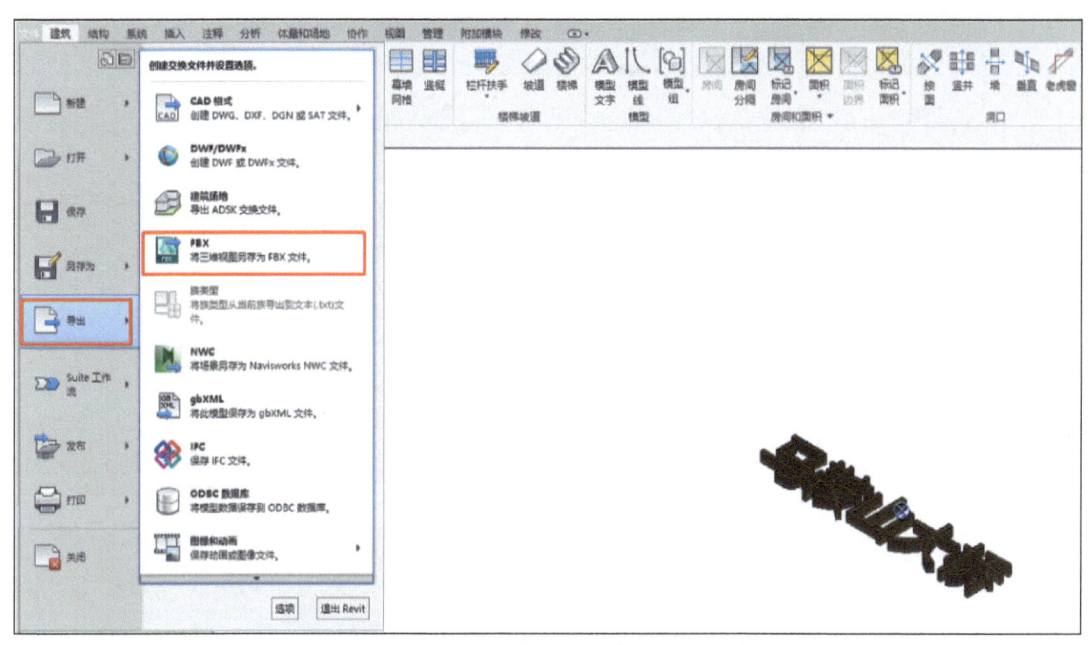

图 7-98 "导出"桥梁并保存成 FBX 文件

（2）打开 InfraWorks 项目模型，然后拖入并配置 FBX 文件，在"数据源配置"对话框中，"类型"选择"城市家具"，单击"交互式放置"，如图 7-99 所示。此时可以拖动鼠标选择任意位置，然后双击确认位置。

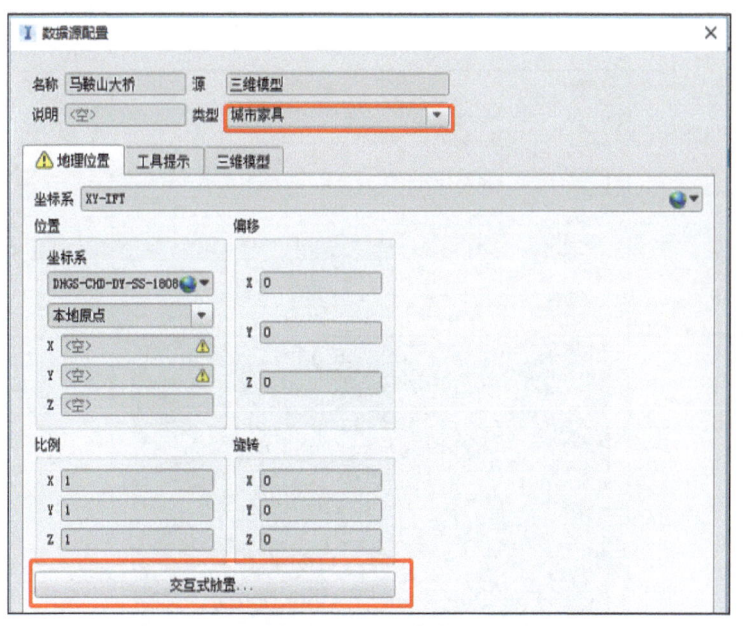

图 7-99 交互式放置

（3）根据实际需要，"位置""比例""旋转"可以输入参数进行调节或手动调节，如图 7-100 所示。

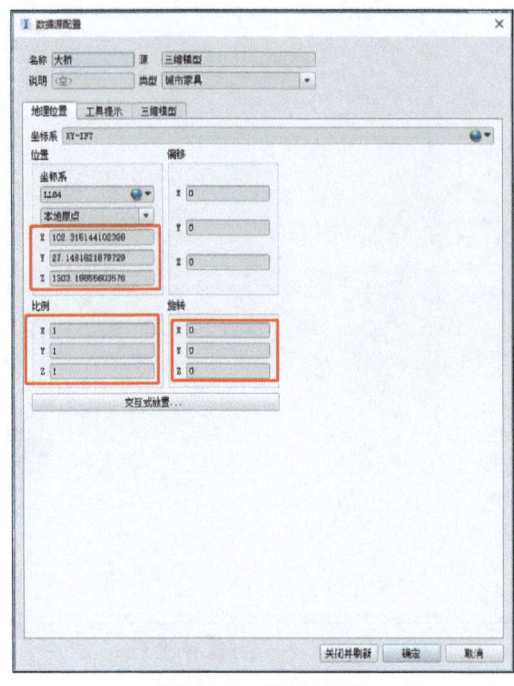

图 7-100 调节参数

（4）单击"三维模型"选项卡，"模型处理"选择"直接显示"，"修复模型"勾选"替代所有材料"，选择需要的颜色（任选），最后单击"确定"以修改文字颜色，如图 7-101 所示。效果如图 7-102 所示。

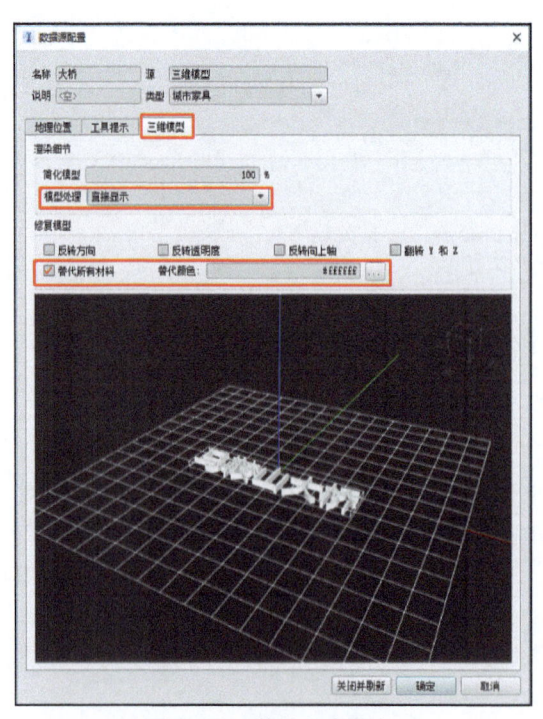

图 7-101 修改文字颜色

图 7-102　桥梁文字 FBX 效果

7.3.2　区域标签

区域标签是指带有绝对位置的区域信息，如取弃土场、不良地质区域、压覆矿等位置信息。

（1）用 Civil 3D 打开区域信息图，用多段线画出标签区域，注意区域边界需要闭合，如图 7-103 所示。输入命令"MAPEXPORT"，手动选择多段线框，单击"要素类"选项卡，选择"从所有选定对象创建一个类"，如图 7-104 所示，单击"确定"，完成区域标签 SDF 的创建。

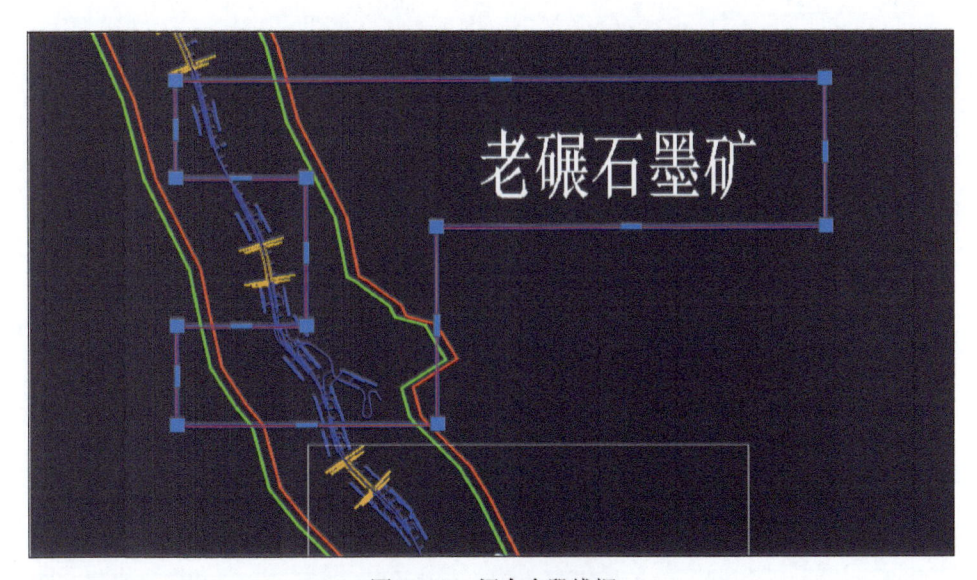

图 7-103　闭合多段线框

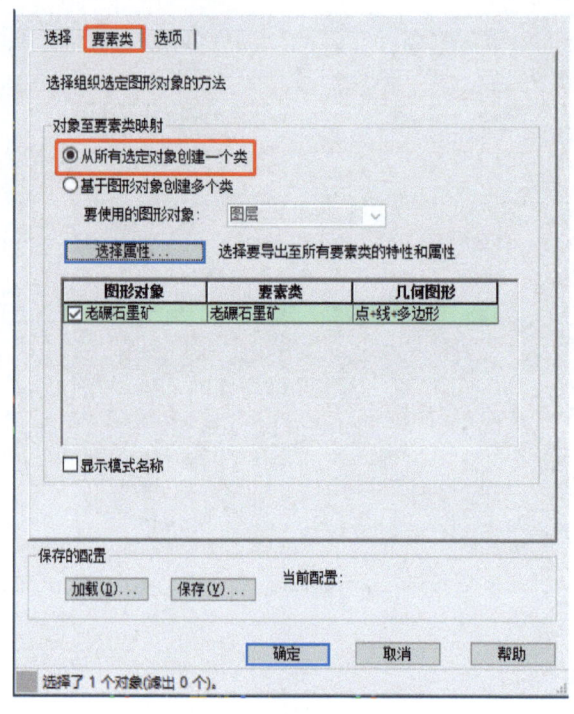

图 7-104 创建区域标签 SDF

（2）打开 InfraWorks 模型，拖入老碾石墨矿 SDF 文件，在"数据源配置"对话框，将"类型"配置为"覆盖区域"，并进行"规则样式"选择，在"地理位置"选项卡中选择坐标系，如图 7-105～图 7-107 所示，单击"关闭并刷新"。

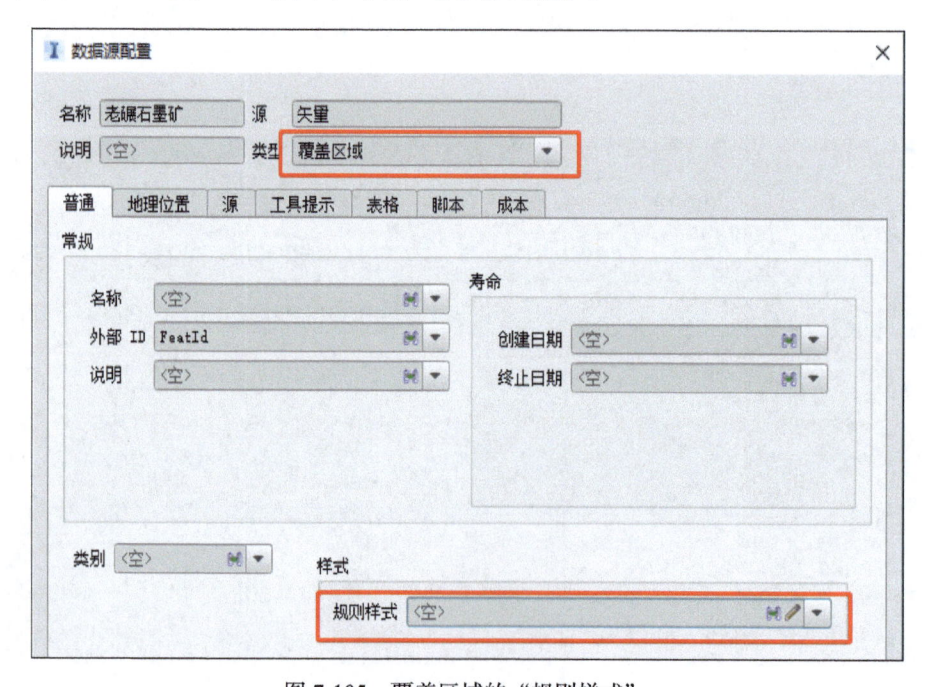

图 7-105 覆盖区域的"规则样式"

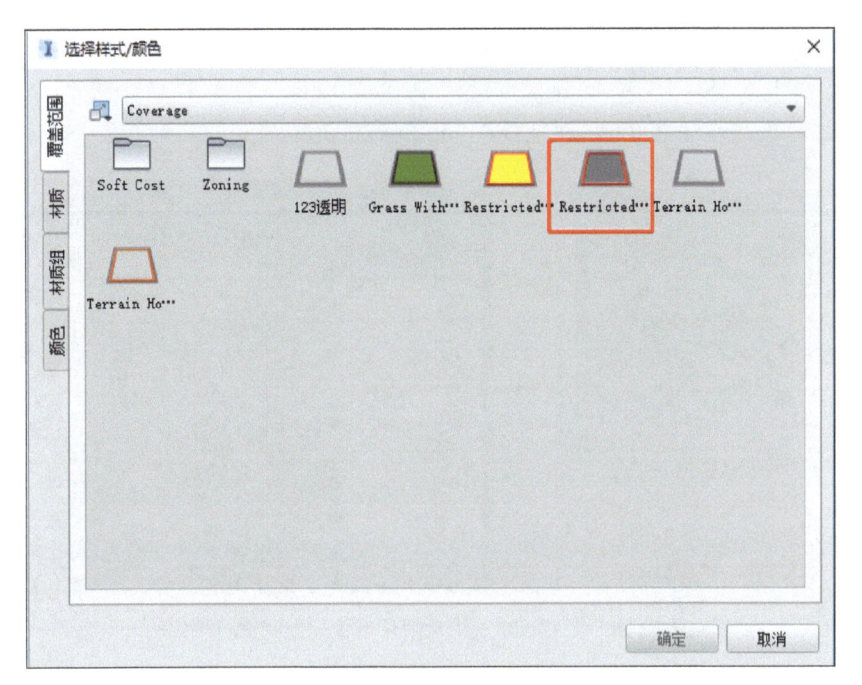

图 7-106 选择样式/颜色

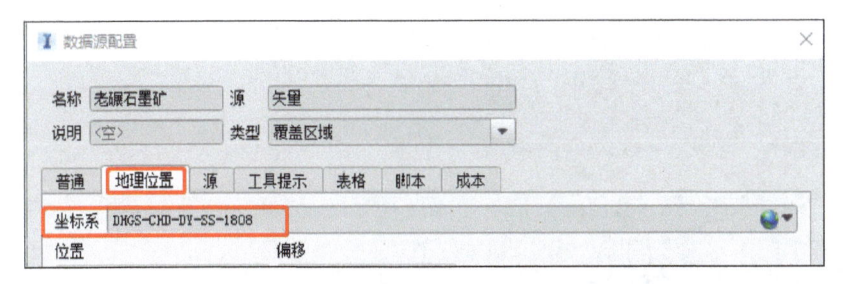

图 7-107 "数据源配置"对话框中"地理位置"选项卡

7.3.3 图片标签

在收集项目资料时，经常会遇到××规划图、××总规控规等图片格式的资料。与矢量格式的规划图相比，这类图片格式的资料不易编辑，进入模型配准困难。解决此类图片格式规划图进入模型的具体操作方式如下。

（1）在 AutoCAD 中将此类图片格式规划图插入对照地形图，并调整到合适大小及位置，绘制多段线进行裁剪，保留多段线边框，如图 7-108 所示。

（2）将修改好的规划图原坐标粘贴到新文件，保存一个该规划图的多段线裁剪闭合外框备用（低版本 .dwg 文件），如图 7-109 所示。

（3）在之前制作的规划图 .dwg 文件中，单击 AutoCAD 中的 Raster Tools，使用 Image Export 选中需要导出的规划图，如图 7-110 所示。选择保存格式为 .tif 格式，随后弹出保存提示窗口，默认下一步，在 Export Options 中勾选 GeoTIFF、World File 选项，随后单击

"下一步"完成，就导出了带坐标的规划图，如图 7-111 所示。

注意：在本步骤中，若 AutoCAD 没有 Raster Tools，需要单独安装 AutoCAD Raster Design，该工具只能在安装了 AutoCAD/Civil 3D 的情况下安装，类似于一个插件。

图 7-108　在 Civil 3D 中对图片格式规划图进行编辑

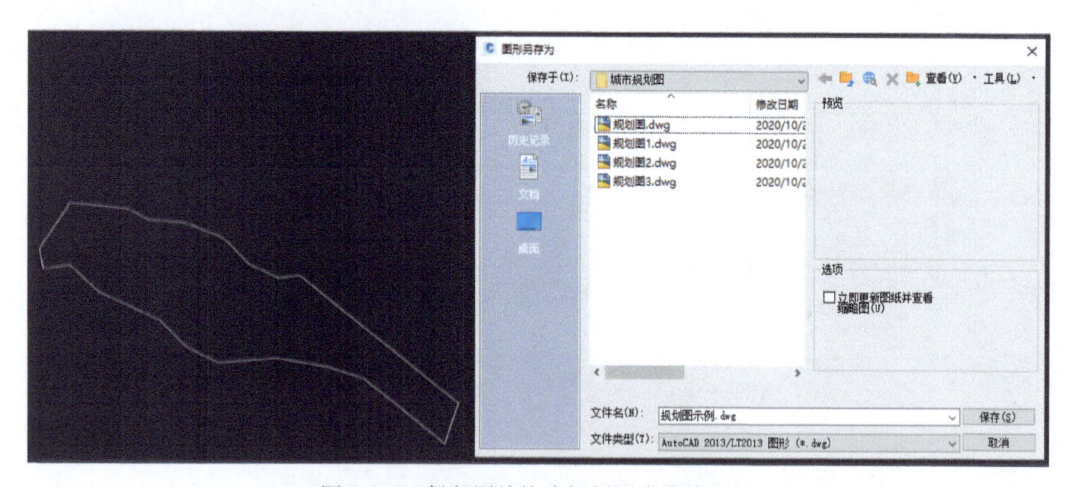

图 7-109　保留图片格式规划图多段线边框

图 7-110　导出带坐标的规划图

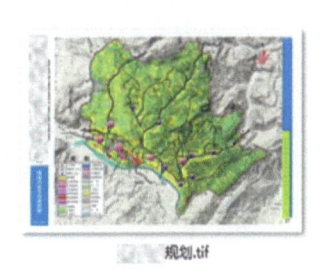

图 7-111　成果文件

（4）打开 Global Mapper 将上一步保存的 .tif 格式图片拖入，可以看到 AutoCAD 并未进行裁剪工作，随后导入步骤（2）保存的多段线边框，单击 Global Mapper 中的图元信息工具，在多段线区域中单击左键选中区域，在结构树中将多段线边框图层关闭，随后选择"文件"，导出光栅/图像格式，在对话框中选择 GeoTIFF，默认导出，在"GeoTIFF 导出选项"界面中勾选"以选定的区图元裁剪"，如图 7-112、图 7-113 所示；单击"确定"即可导出带坐标系的规划图，原理类似于制作卫星影像。

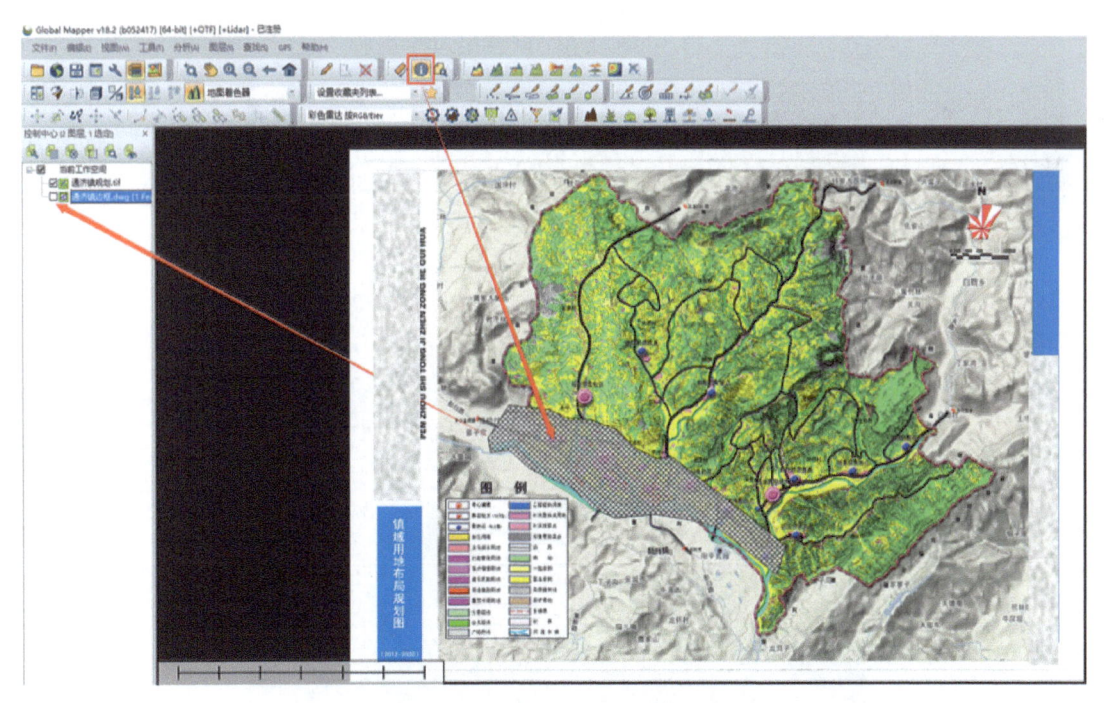

图 7-112　Global Mapper 操作界面

（5）图片加载到 InfraWorks 中，将上一步保存的规划图拖入 InfraWorks，其被自动识别为地面影像，自动配置坐标系，可在"光栅"选项卡中对规划图外的部分进行颜色遮罩，类似于加载卫星影像的操作，也可以调整"Alpha"值来控制规划图的透明度，如图 7-114 所示。

图 7-113　GeoTIFF 导出选项

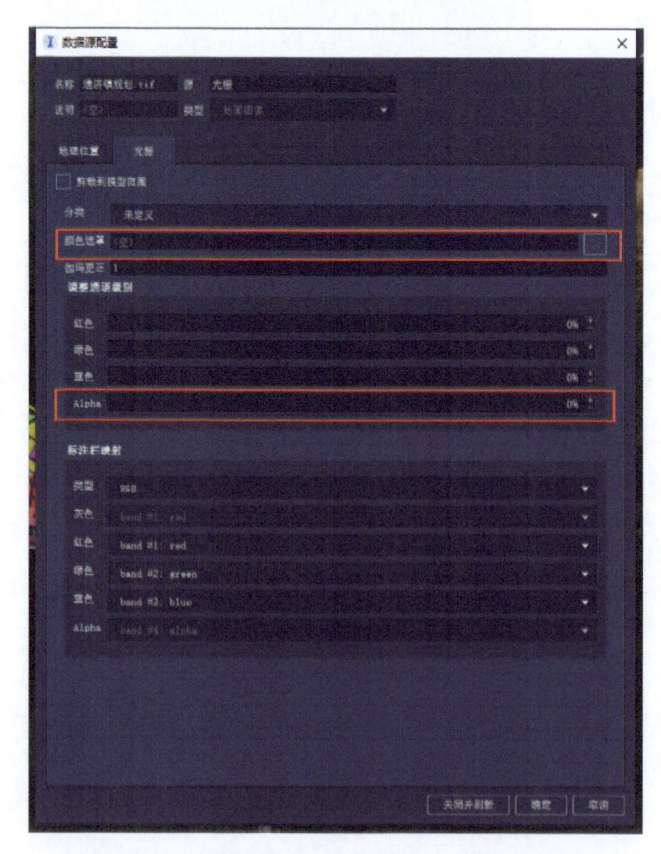

图 7-114　"数据源配置"对话框中"光栅"选项卡

规划图在 InfraWorks 中叠加的应用场景较多，使用较为广泛，上述解决步骤的主要原理是对图片进行配准并附上对应的坐标系。读者也可以在图新地球（LSV）软件中通过"工具"的地图校准功能对规划图进行坐标配准、对相关参数进行调整，直接导出 .tif 格式的文件并加载至 InfraWorks 中。相关成果如图 7-115 所示。

图 7-115　InfraWorks 相关成果

7.3.4　其他三维模型

InfraWorks 中自带各种类型的三维模型，可以根据项目需求自行手动添加，手动添加方式与"文字标签"配置方式相同。

7.4　InfraWorks 相关基础功能操作

7.4.1　数据源

数据源是 InfraWorks 中最重要、最常用的功能，其主要作用是将道路、桥梁、隧道或覆盖范围、标签等模型导入 InfraWorks 中。下面详细介绍数据源功能的使用方法。

1. 数据源格式

在 InfraWorks 中单击"数据源"按钮，如图 7-116 所示，会弹出"数据源"面板。

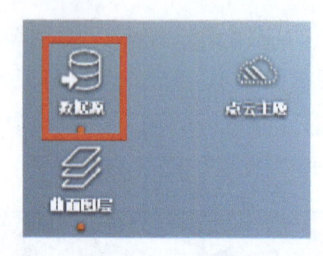

图 7-116 数据源

在"数据源"面板中单击左边第一个按钮就可以添加数据源,其中添加的数据源可以有多种格式,具体如图 7-117 所示。

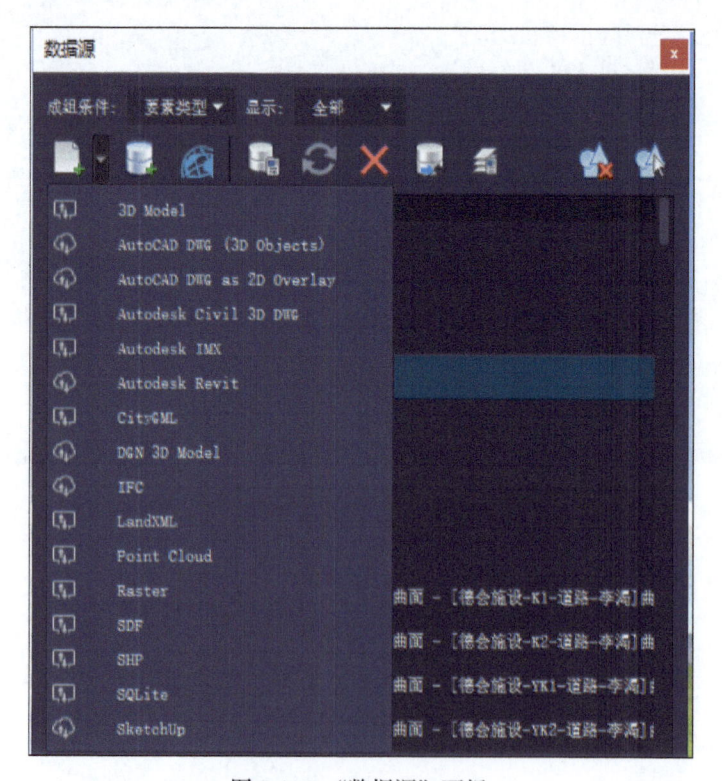

图 7-117 "数据源"面板

其中,最常用的数据源为 Autodesk Civil 3D DWG、3D Model、SDF。

Autodesk Civil 3D DWG 数据源主要用于导入在 Civil 3D 中创建好的道路模型,格式为 .dwg。

3D Model 数据源用于导入实体模型,如桥梁模型、隧道模型等,可以接受的数据格式如图 7-118 所示。

图 7-118 3D Model 数据源格式选择

SDF 数据源用于导入路线、覆盖范围、管线等信息，数据格式为专用数据 SDF。

其余数据源格式在建模流程中并不常用，这里不再赘述。

在数据源操作中需要注意的是，当数据源标记包含如图 7-119 所示的图标时，表示该数据源需要从本机上传至 Autodesk 公司的云端服务器，再下载至本地，并且会消耗云积分（云积分需要向 Autodesk 公司购买），因此建议用户不使用该数据源格式。

图 7-119　云端上传

2．数据源操作

当导入数据源成果之后，就会看到如图 7-120 所示的界面。

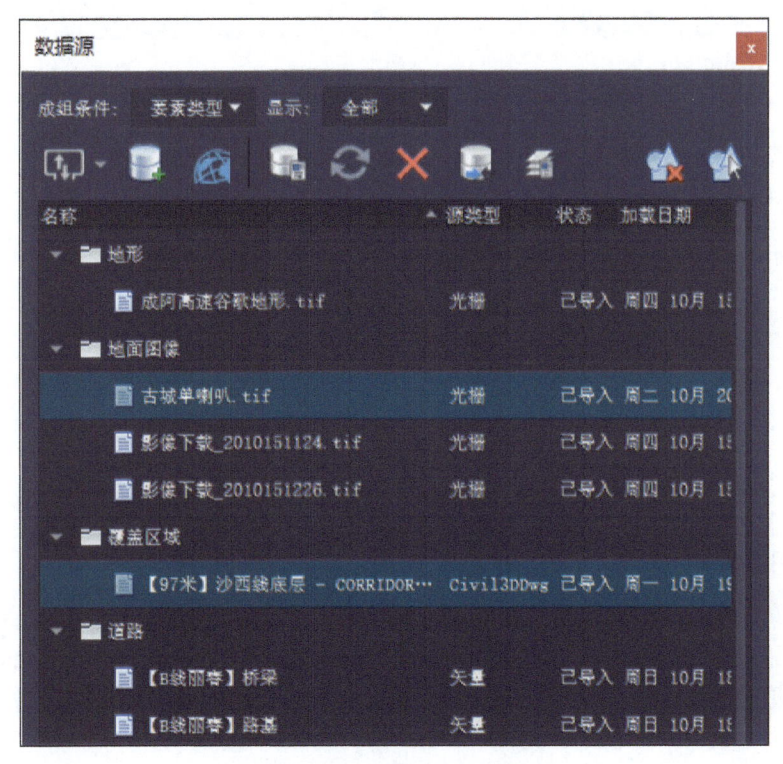

图 7-120　"数据源"配置

InfraWorks 会根据导入的数据源类型自动进行分类，第一次导入的数据源需要进行配置，配置的方式及方法详见 7.2 节。

导入并配置数据源以后，可以对数据源进行操作，选中数据源，单击右键会看到如图 7-121 所示的界面。

此时，可以对数据源进行重新配置，或者删除、刷新等，下面详细介绍各功能。

（1）配置方式与前述章节的配置方式一致。

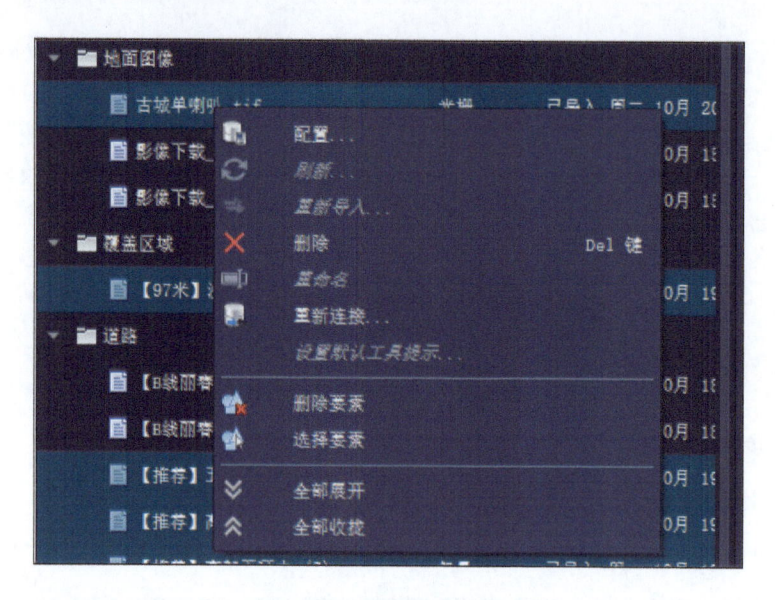

图 7-121 "数据源"操作

（2）刷新是指当数据源在 InfraWorks 中有变化时，进行刷新操作。

（3）重新导入主要是针对 Autodesk Civil 3D DWG 数据源的操作，当道路模型在 Civil 3D 中有变化时，单击"保存"后，在导入路径不变的情况下，可以进行重新导入，及时刷新 InfraWorks 模型。

（4）重命名是指对数据源的名字进行更新。

（5）重新连接是指，当数据源在本地的绝对路径改变以后，数据源就不可以再进行配置、刷新等操作，此时就可以利用重新连接功能重新配置数据源的路径。"文件数据源重新连接"界面如图 7-122 所示。

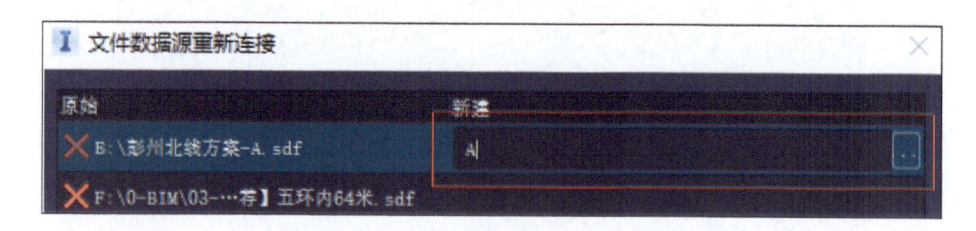

图 7-122 "文件数据源重新连接"界面

在"新建"标记处重新连接数据源路径即可。

（6）删除要素是指在 InfraWorks 中删除该要素，如果需要可以再次进行配置。

注意：在"数据源"配置面板中，"删除"是指直接删除数据源，在进行删除后，数据源会被彻底删除，不可再进行操作；"删除要素"则在删除后可以再次对数据源进行操作。

在"数据源"操作栏中，还可以对部分数据源的顺序进行调整，单击"曲面图层"按钮，会出现如图 7-123 所示的界面。

图 7-123 "曲面图层调整"图标

在如图 7-124 所示的界面中可以通过拖动或关闭图层的方式对数据源顺序进行调整。

图 7-124 "曲面图层"界面

7.4.2 模型管理器

模型管理器的主要作用是对 InfraWorks 中的各个模型或要素进行管理。类似图层的概念，模型管理器可以对模型进行开关及精细度控制，也可以创建子图层进行更准确的管理。单击"模型管理器"按钮，会出现如图 7-125 所示的界面。

在"模型管理器"界面中，InfraWorks 已自动分好了一部分的类别：单击灯泡按钮，可以对类别进行关闭和打开操作；单击方形按钮，可以对类别的精细度进行调整，当方形按钮为此状态（　　　　）时，表示该类别模型处于高精度状态。

当在类别中需要创建子类别时，可进行如下操作：

（1）右键单击类别中的要素，选择"创建子集"，弹出"创建新子集"编辑器。

（2）在"创建新子集"编辑器中，可以根据不同的特性创建，如图 7-126、图 7-127 所示。创建子集的方法可参照帮助文档。

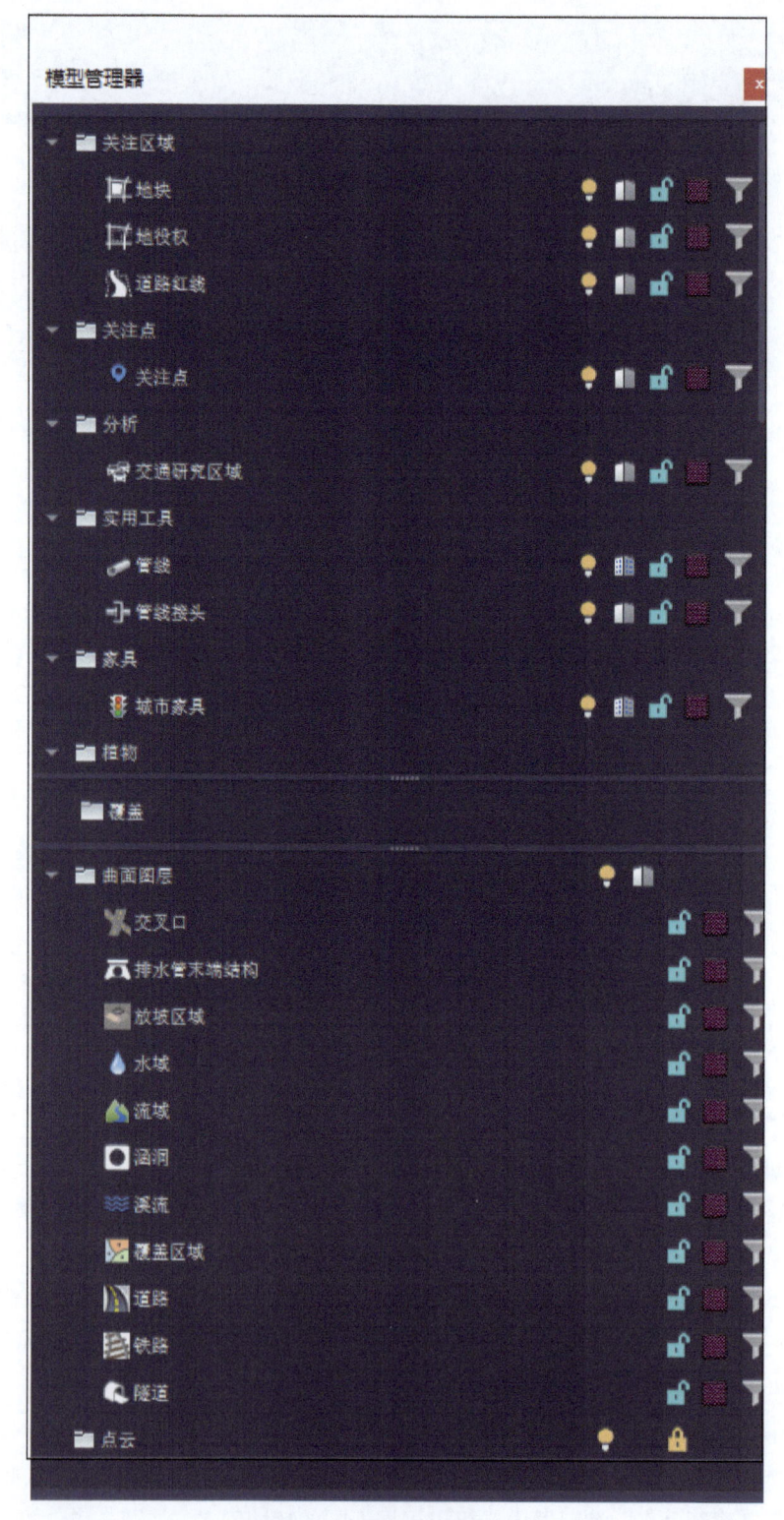

图 7-125 "模型管理器"界面

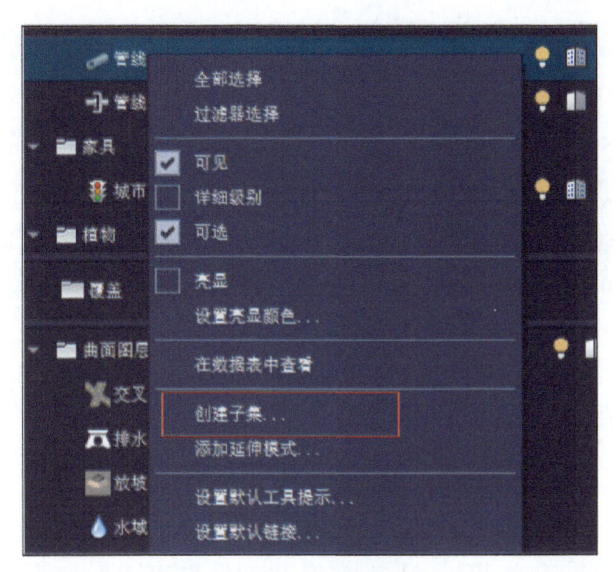

图 7-126　创建子集

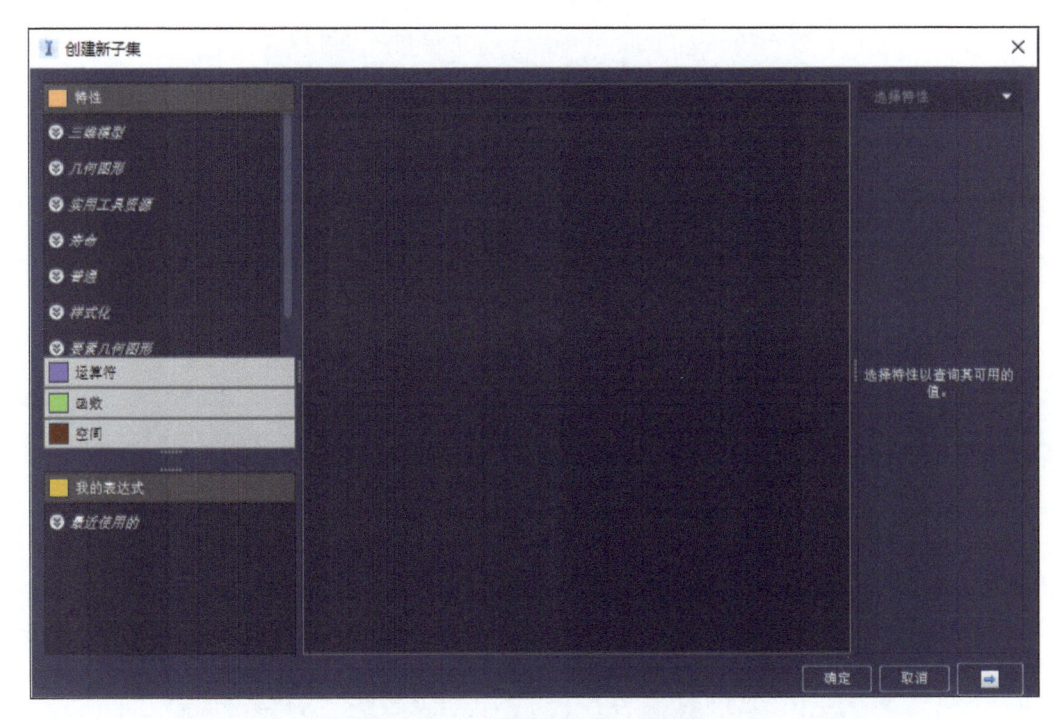

图 7-127　"创建新子集"编辑器

7.4.3　方案管理

在 InfraWorks 中，可以针对不同的方案进行模型区分，创建方式非常快捷，单击"方案"栏的下拉菜单，可以看到创建的多个方案，单击对应名称就可以进行方案转换。若需要添加方案，则单击"添加"按钮，命名后即可创建新的方案，如图 7-128 所示。

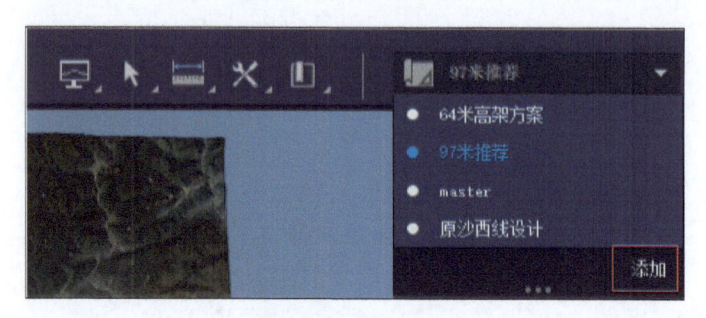

图 7-128　添加方案

7.4.4　模型坐标及经纬度转换

在 InfraWorks 中，模型是带有坐标信息的，可以用经纬度方式展示，也可以用坐标值方式表示，下面介绍这两种模式的切换方式。

一般情况下，打开 InfraWorks 后，默认以经纬度方式展示当前的地理位置信息，如图 7-129 所示。

图 7-129　经纬度方式展示

如果需要将经纬度展示改变成坐标值表示方式，则需要以下步骤。

首先，单击"模型特性"按钮，打开"模型特性"面板，如图 7-130 所示。

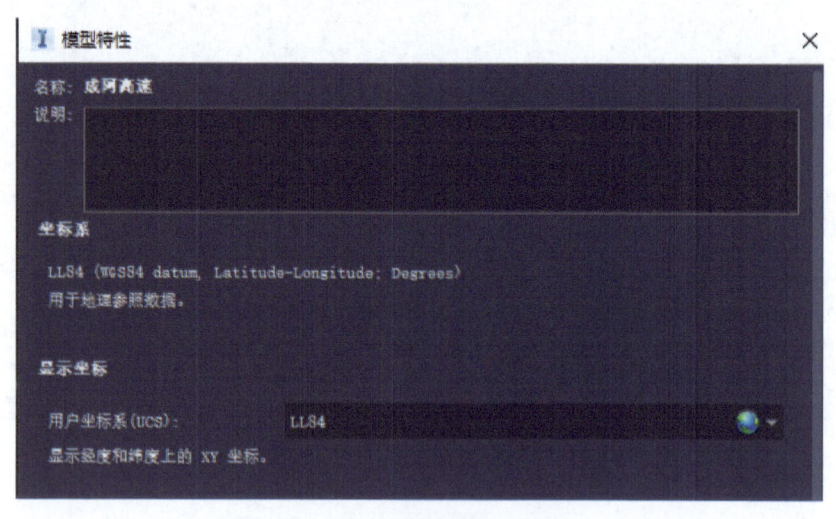

图 7-130　"模型特性"面板

在"模型特性"面板中可以看到，当前"用户坐标系"栏中采用 LL84 坐标系。此时，将 LL84 坐标系转换成第 4 章中自定义的坐标系即可。这样，在模型中看到以坐标值方式表示的模型项目的地理位置信息，如图 7-131、图 7-132 所示。

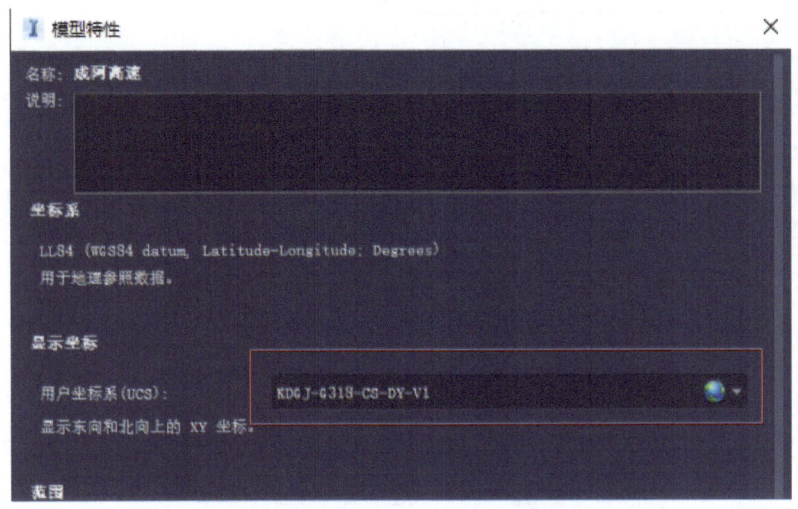

图 7-131 "模型特性"中"用户坐标系"选择

图 7-132 坐标值表示

7.4.5 故事板制作及生成

故事板属于 InfraWorks 的功能范畴。它是针对模型关键部分创建的一种动态演示，可引导查看者浏览预先准备好的特定要素。优秀的故事板能够让查看者以观看动画的方式浏览整个项目重点，生动地向查看者展示设计要点和设计意图。故事板可以是一系列快照视图，也可以是贯穿模型各个部分的动态视频。故事板可以显示标题和字幕，并组合多种不同的相机角度，以创建复杂的视觉效果。

本节将介绍故事板的基本概念及如何使用故事板。

1. 故事板界面介绍

首先，在 InfraWorks 中打开任意模型，依次单击如图 7-133 所示选项，即可调出"故事板"界面。"故事板"界面如图 7-134 所示。

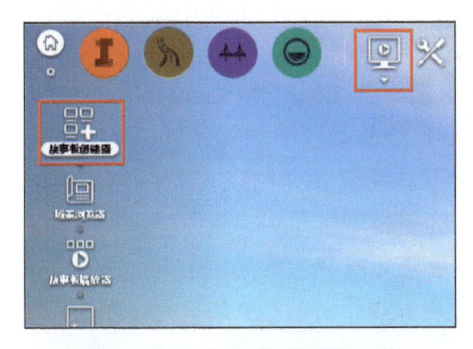

图 7-133 打开"故事板"界面

图 7-134 "故事板"界面

用户可以用鼠标拖动故事板标题栏,让故事板悬浮在画面之上。对于配置了多个屏幕的用户,可以将悬浮的故事板放置于另一个屏幕以便操作。故事板的组成要素如图 7-135 所示。

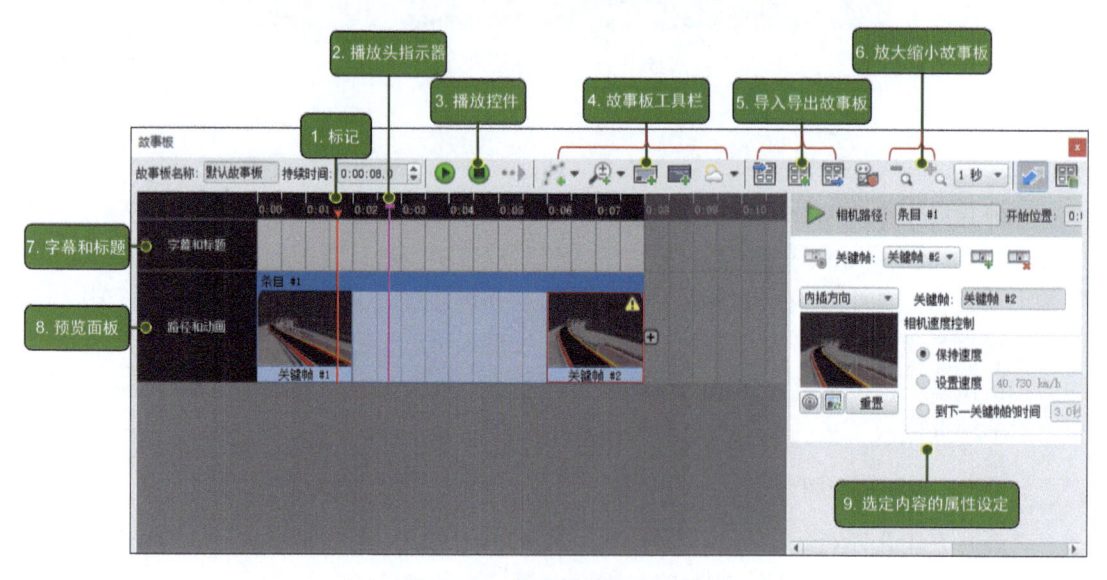

图 7-135 故事板的组成要素

图 7-135 中各个标记的详细解释如下。

(1)标记:(红色箭头)指示新元素的插入点。
(2)播放头指示器:(蓝色线)设置播放起始点,可用空格键进行快捷使用。
(3)播放控件:从播放头指示器(蓝色线)位置处开始播放整个故事板;各个元素都有自己的播放控件(快捷键为空格键)。
(4)故事板工具栏:故事板工具栏包含用于创建元素和管理故事板的控件。
(5)导入导出故事板:导入或导出已经制作好的故事板。
(6)放大缩小故事板:放大或缩小故事板,并指定缩放分辨率;还可以缩小故事板范围，故事板中的关键帧过多会导致时间轴很长，不利于时间轴拖动编辑，可用该功能缩小最小时间轴显示范围。

（7）字幕和标题：字幕和标题显示在顶部轨道中。

（8）预览面板：预览面板显示已经设定好的关键帧动画缩略图，可在其中点选关键帧进行属性编辑。

（9）选定内容的属性设定：当选定某些内容时，此栏会显示该内容的详细属性设定。

2．创建故事板

当新模型导入 InfraWorks 时，软件会自动创建名称为"故事板"的默认故事板，用户可以根据需要创建新的故事板。

创建故事板的一般步骤如下：

（1）打开模型；

（2）单击"新建故事板"，界面如图 7-136 所示，最右边为"选定内容属性设定栏"，此处显示共有两个故事板，"持续时间"表示播放该故事板需要的总时间。单击选定某故事板后，左侧将显示该故事板的内容界面（字幕和标题、路径和动画）。

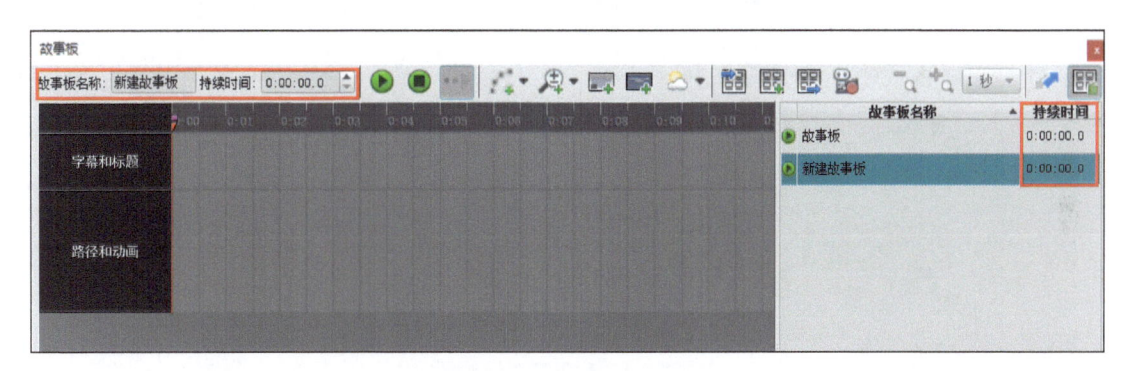

图 7-136 "故事板"面板

另外，选中故事板，单击"Delete"即可将其删除。

3．添加相机路径

创建好故事板后，就可以正式进行故事板内容的制作，包括：向故事板中添加字幕和标题，添加相机路径，调整相机路径属性，等等。

添加相机路径是创建故事板的核心步骤，相机路径的创建将构成故事板的主体部分，因此其成为用户在故事板制作过程中耗时最多的环节。掌握相机路径的添加规则和一些制作诀窍，有助于帮助用户快速、高效地制作出符合规范的故事板。

1）相机路径的概念

相机路径是一个包含多个关键帧的盒子，从一个关键帧移动到另一个关键帧的动画，系统根据用户设定的相邻关键帧自动生成中间衔接动画，从而模拟漫游。

2）创建相机路径的方式

创建相机路径有 3 种方式，如表 7-3 所示。

表 7-3 创建相机路径的方式

创建方式		释　义
	添加相机路径动画	用户手动创建关键帧，系统自动生成中间衔接动画
	导入相机路径	导入相机路径的坐标点数据，每个点都将成为相机路径的关键帧，向用户显示沿着特定要素的路径
	从设计道路创建	使用"道路设计"绘制工具绘制设计道路，将其用作相机路径，并模拟沿该道路驾驶

常用的相机路径创建方式为表 7-3 中的第一种方式，第二种方式、第三种方式依靠在 InfraWorks 中创建的道路来创建动画路径，更偏向于在基于 InfraWorks 的正向设计阶段使用，本章暂不阐述。下面将对以上创建相机路径的方式进行讲解。

3）添加相机路径动画（手动创建）

在"故事板"中单击 创建一段新的路径，系统自动将该段路径命名为"条目 #1"，并依据当前视口创建一个关键帧（见图 7-137）。

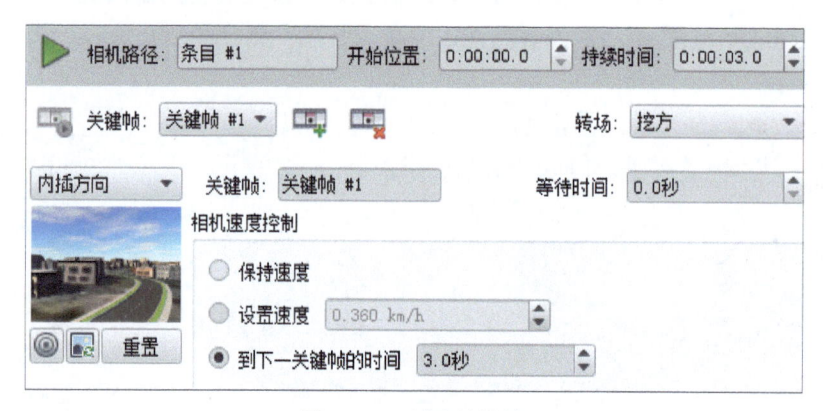

图 7-137　创建关键帧

单击该段路径，对路径进行基本设置，该设置窗口的各项内容释义如表 7-4 所示。

表 7-4　窗口内容释义

条　目	子条目	解　释
关键帧：关键帧 #1		在当前选中的关键帧后面添加一个新关键帧
		删除当前选定的关键帧
等待时间：0.0 秒	无	指定"等待时间"（以秒为单位），一般设定为 0.1 秒来实现"视角暂停"效果
重置		在模型中导航到选定关键帧的所需视图，然后单击故事板生成器中的"重置"。这将设置选定关键帧的当前模型视图
	重置	

第7章 Autodesk InfraWorks 道路工程模型

（续表）

条　目	子条目	解　释
相机速度控制 ○ 保持速度 ● 设置速度 0.013 km/h ○ 到下一关键帧的时间 3.0秒	○ 保持速度	序列中除初始拍摄之外的所有拍摄都可设置为"保持速度"
	● 设置速度	设置速度——无论距离多么远均保持相同的速度。更改此设置会影响整个序列的持续时间
	○ 到下一关键帧的时间	设置到下一个关键帧的时间——指定从当前拍摄到下次拍摄要花费的时间。这样就可以更改每次拍摄之间的速度，从而精确吻合所需的总时间。更改此设置会影响整个序列的持续时间

一般来说，当使用手动方式创建相机动画时，用户需要创建多个动画路径，前面已经对相机路径创建面板进行了解释，下面将介绍一些具体的创建方法和需要注意的问题。

4）添加关键帧

用户在添加相机路径时，系统创建了包含一个关键帧的相机路径。若要添加关键帧，用户可以先移动模型视窗，确定下一个关键帧的视角，然后在故事板动画中单击某一个关键帧，此时在该关键帧图标后会出现⊕图标，单击⊕图标即可在该选中关键帧后添加新的关键帧，且新添加的关键帧内容和用户刚才确定的视窗内容一致。操作步骤如图 7-138 所示。

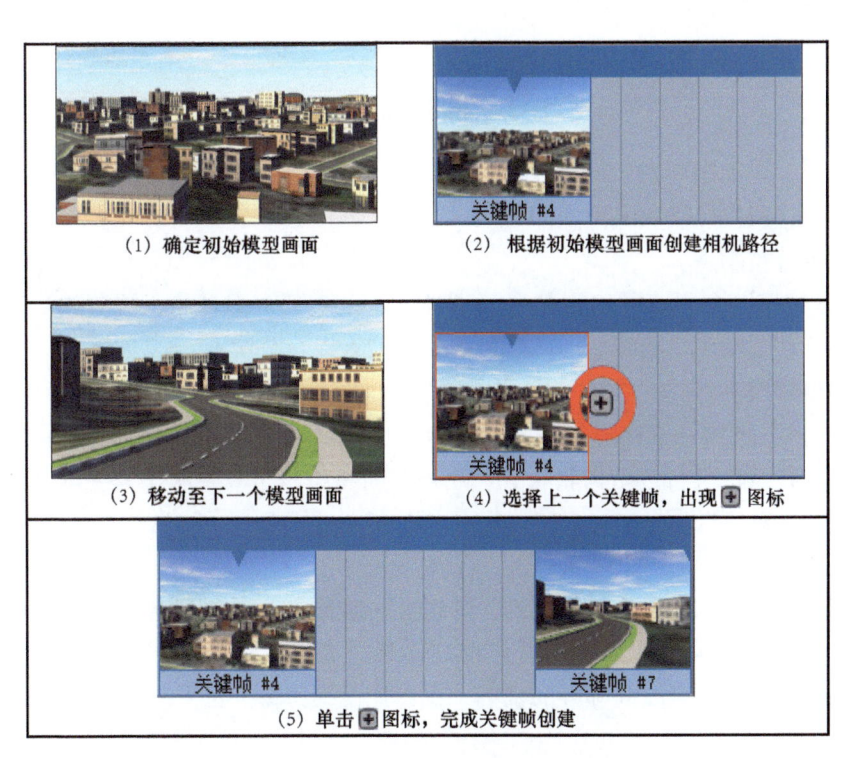

（1）确定初始模型画面　　（2）根据初始模型画面创建相机路径

（3）移动至下一个模型画面　　（4）选择上一个关键帧，出现⊕图标

（5）单击⊕图标，完成关键帧创建

图 7-138　同一路径下关键帧创建

4．故事板制作后处理

1）导出故事板

虽然导出故事板属于制作靠后阶段的工作，但是用户应当有意识地在制作过程中周期性地导出故事板作为备份。

要导出故事板，只需要单击 中第三个图标即可进行保存。同时，用户可以单击 中第一个图标将故事板导入。

2）导出故事板视频

当模型和故事板制作完成、核查无误后，就可以单击 中最后一个图标对当前故事板进行导出，弹出如图 7-139 所示"导出故事板"对话框。

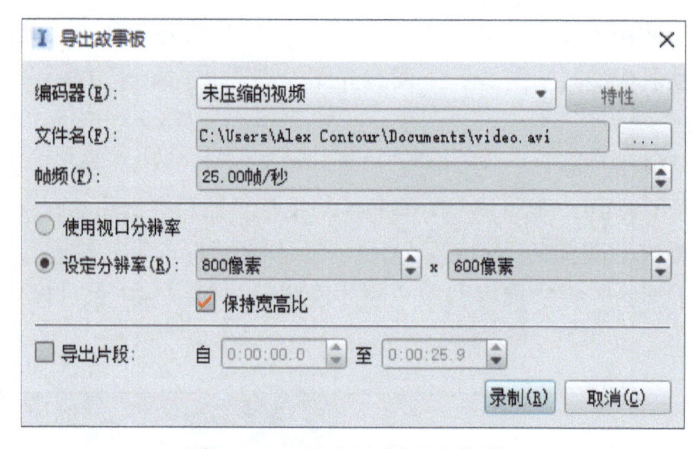

图 7-139 "导出故事板"对话框

一般而言，在如图 7-139 所示对话框中，"设定分辨率"和"导出片段"两项需要用户自定义，其他选项按照默认值设定即可。

（1）设定分辨率。

"设定分辨率"会影响导出视频的清晰程度。设定分辨率越高，视频越清晰，视频导出的时间越长。建议用户选择 1920 像素 ×1080 像素以上分辨率。

（2）导出片段。

"导出片段"选项一般在进行后期跨平台视频编辑时才会勾选，将某些特定的片段导出之后，再前往其他平台进行剪辑合成。用户只需要将整个故事板中关注内容的起始时间和终止时间填入对应选项框即可。

（3）帧频。

"帧频"代表导出的视频表每秒包含的帧数。帧频越高，视频越连贯。一般而言，用户选择 24～30 帧比较符合人眼观看习惯，帧频过高（超过 60 帧）会出现炫目的情况。但是，可以通过导出具有较高帧频的视频，在其他视频剪辑平台下制作慢镜头特效。

第 8 章 道路工程建模扩展

8.1 全景视图的制作流程

8.1.1 全景概念

全景（Panorama），又被称为 3D 实景，是一种多媒体技术，与传统声音、图片、视频等媒体的最大区别在于"可操作，可交互"，使人有身临其境的感觉。

在现代道路设计中，通常运用 BIM 技术在 InfraWorks 软件中建立三维模型，并利用 VR 全景技术进行模型展示。传统 VR 全景技术只对实际场景有效，而无法在三维模型上进行作业。通过对 VR 全景的技术研究，找到匹配特征点对的关键，并结合 InfraWorks 软件自身的特点，总结在三维模型上建立全景图像的一般方法，使三维模型可以用 VR 全景快速、便捷地表现，拓展了 VR 全景的领域。

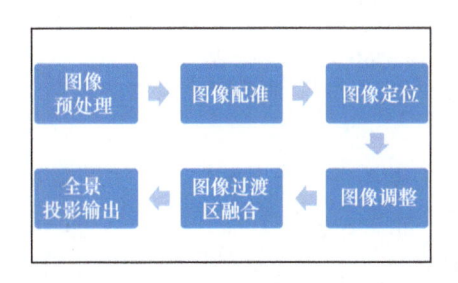

8.1.2 传统 VR 全景技术

传统 VR 全景技术只能用于实际场景，而无法在三维模型上进行作业。传统 VR 全景技术的算法为，通过识别匹配特征点对，去除错误的匹配特征点对，保留正确的匹配特征点对，从而进行提纯和拼接，在实际应用中相邻图像有约 30% 的重叠度即可。通过普通相机对专业 VR 全景相机的模拟得到启示，可在 InfraWorks 软件中设置形如地球仪经纬度的路径获取图片素材，从而模拟出专业 VR 全景相机的效果，并取得了一定的成果。

全景是指将相机沿定点周身环绕拍摄的多组照片拼接成一个全方位的全景图像。VR 全景则是基于全景图像表现还原真实场景的虚拟现实技术，它通过计算机图像处理技术实现真实场景全方位的还原展示。传统 VR 全景技术流程大致分为 6 个阶段，如图 8-1 所示。

图 8-1 传统 VR 全景技术流程

下面对图 8-1 中每个过程包含的步骤及所需要解决的问题进行简要的说明。

1. 图像预处理

图像预处理主要包含两项任务：
（1）对所使用的相机进行校准，获取其内参数。
（2）因为相机镜头并不是理想的光学器件，所以需要对由相机引起的图像失真进行校正，并获取校正参数。

2. 图像配准

图像配准主要是配对，即用于从输入图像中找出有重叠区域的待拼接图像，并由对应点求解重叠图像间的变换矩阵。图像配准的任务由以下 4 个部分组成：
（1）提取每幅图像的特征点；
（2）对每个提取出来的特征点，在其他图像上寻找与其对应的特征点，即寻找同一个物体在多幅图像上的成像点，称该成像点为匹配特征点对；
（3）根据一定的算法规则去除错误的匹配特征点对，保留正确的匹配特征点对，即特征点对提纯；
（4）根据提纯后的特征点对来匹配图像，即根据一定的几何变换模型计算每两幅重叠图像间的变换矩阵。

3. 图像定位

图像定位主要承担确定配准后图像在全景图上安放位置的任务。针对只在水平方向拼接的单行图像定位，只需要寻找每幅图像的相邻关系即可；而水平方向和垂直方向同时拼接的多行图像定位，需要首先判定每幅图像的相邻关系，然后根据相邻关系定位。

4. 图像调整

图像调整主要承担优化向全景平面投影的变换矩阵的任务，具体工作由两部分组成：
（1）将单个相机不同时间、不同位置摄取的，以及多个相机在同一时间、不同位置摄取的不同视角的图像，经过逆变换过程重建空间场景来统一视角；
（2）通过非线性最优化算法，最小化相邻图像的匹配特征点对变换到全景参考平面后的距离，减小多次变换（矩阵级联运算）导致的全局累积误差。

5. 图像过渡区融合

图像过渡区融合主要承担处理拼接形成的图像重叠区域（过渡区）边界痕迹的任务，具体工作由两部分组成：
（1）针对测光优化后残留的图像间亮度差异，即"拼接缝"暗影，利用融合技术消除由亮度差异造成的"拼接缝"暗影；
（2）针对图像配准和捆绑调整误差引起的图像重叠区域"重影"，利用多分辨率图像融合技术来消除它，最终得到一个高质量的全景图。

6. 全景投影输出

全景投影输出承担把球形空间大视角范围的全景图投影为平面可视图像的任务，以便于在普通设备上观看或在打印机上打印输出。

8.1.3　InfraWorks 软件的相容性

InfraWorks 软件是 Autodesk 公司推出的一款适用于基础设施项目规划和解决方案的软件。对比 Autodesk 公司的其他软件，其优势在于提供了突破性的三维建模和可视化技术，能够更加高效地管理大型基础设施模型及加速设计流程，便于交付各种规模的项目。因此，将 InfraWorks 软件与 VR 全景技术相结合，即可突破计算机设备的限制，快速、便捷地在任意客户端实时查看三维模型，以推动项目进展。

在没有专业 VR 全景相机的情况下，一些全景爱好者利用多个普通相机捆绑进行作业，以达到模拟专业 VR 全景相机的目的，并取得了不错的效果。InfraWorks 具有截屏快照的功能，可模拟普通相机的拍照功能。同时，InfraWorks 还具有路径设置功能，可以按照不同的方位进行旋转或移动。由此得到启发，可按照路径设置模拟专业 VR 全景相机。

在图 8-2 中，专业 VR 全景相机的机身分为周身水平方向的 12 个镜头及上下方向各 1 个镜头，镜头采用鱼眼 360 度超广角定焦镜头，可以适应各类复杂环境。

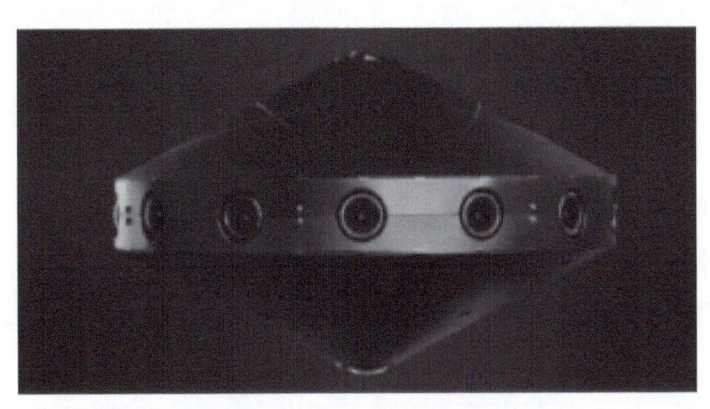

图 8-2　专业 VR 全景相机

与之相对，普通相机模拟的专业 VR 全景相机，除了镜头的不同，在设计上摒弃了周身水平方向的 12 个镜头，限于相机本身大小采用了 8 个相机的拼接，上下方向的镜头各增加了 1 个。

对比专业 VR 全景相机，普通相机的组合在一定程度上模拟了专业 VR 全景相机的视角，并突破了专业 VR 全景相机鱼眼 360 度镜头等限制，同样达到了良好的效果，如图 8-3 所示。专业 VR 全景相机主流的算法是光流拼接算法，即在 OpenCV 库中调用 Stitcher 类函数完成图片拼接。根据反复验证，相邻两幅图像有 30% 以上的重叠度，算法就能比较准确地拼接，达到覆盖整体的效果。由于三维模型中不具有自动变焦的功能，以普通相机代替专业 VR 全景相机的做法为三维模型建立全景图提供了借鉴思路。

图 8-3　普通相机组合而成的"全景相机"

如图 8-4 所示，对于虚拟的三维模型，需要以软件自带的屏幕截图代替普通相机在实际场景中的作用。将所需要制作的 VR 全景图视为地球仪的经纬度，以指定点作为原点（地心）建立三维坐标系，将正下方作为 Z 轴负方向（南极）。首先补地，顾名思义，将正下方的场景补出来，从南极开始截屏收集图片素材，然后纬度逐渐减小至赤道，相邻纬度之间约 30°，纬度每减小 30°，就沿着起点方向按照经度环形截屏一圈，相邻经度之间约 30°，则每圈大约截图 12 幅。南纬度减小至 0° 后，继续沿 Z 轴正方向（北纬）重复以上步骤，直至北纬 90°，就完成了对三维模型的素材收集。

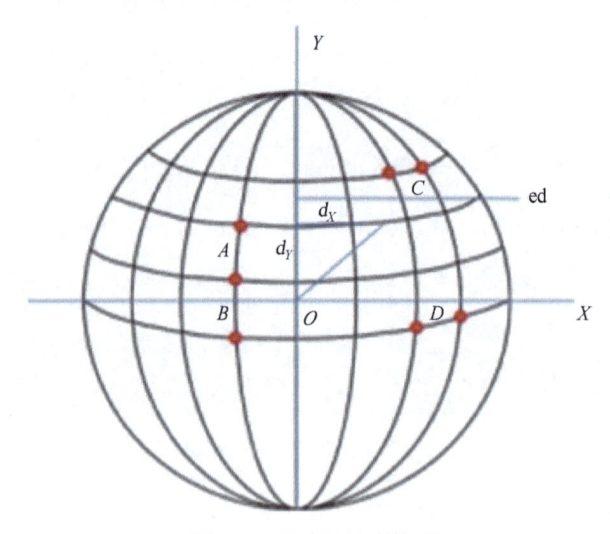

图 8-4　地球经纬度模型

8.1.4　三维模型建立 VR 全景的一般方法

三维模型建立 VR 全景的流程主要分为以下步骤。

1. 在 InfraWorks 中进行图像素材收集

由于 InfraWorks 软件中的截屏快照具有模拟相机拍照的功能，并且同时具有路径制作功能，因此 InfraWorks 软件中的图像素材收集可以按照路径设置，如图 8-5 所示。

图 8-5　图像素材样式

1）选择一个视角，创建标签

全景的本质是由质心向外散射的图像拼接而成，因此质心不可以移动，创建标签可以在小心移动质心后再将质心切换回原位。

打开 InfraWorks，在最上方右侧单击"书签"按钮，单击"添加"并对书签命名，即可完成"书签"的创建，如图 8-6 所示。单击刚创建的书签，可在任意位置将视角和质心拉回刚才的位置。

图 8-6　创建一个书签

2）创建屏幕快照

打开 InfraWorks，在顶端选择形如屏幕的按钮，单击下方"创建快照"，即可进入相机快照选择界面，如图 8-7、图 8-8 所示。

图 8-7 创建快照

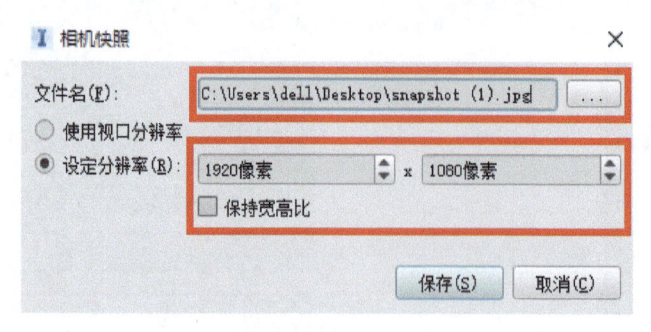

图 8-8 相机快照

在"相机快照"的"文件名"中选择输出的位置并进行命名,在下方"设定分辨率",取消"保持宽高比",并将分辨率设置为 1920 像素 × 1080 像素。最后单击"保存",即可输出不带屏幕操作按钮的高清截图。

3)沿路径收集图像素材

单击刚刚创建的书签,长按"W"键将视角切换至正下方,即相对于质心的南极(南纬 90°),称当前的视角为最初的南极视角,创建一个快照,进行补地操作。

创建快照完成后，按"→"键切换 30° 左右，在保持质心不变的情况下，视角右移了约 30°，再次创建快照。如此反复一圈，直到回到最初的南极视角。

按"S"键将视角抬升约 30°，目前视角在南纬 60°，称当前视角为最初的南纬 60° 视角。按"→"键切换约 30°，在保持质心不变的情况下，视角右移了约 30°，再次创建快照。如此反复一圈，直到回到最初的南纬 60° 视角。

按"S"键抬升至南纬 30°，并环形创建快照一圈；按"S"键抬升至赤道（0°），并环形创建快照一圈，由南极逐次抬升纬度至北极，并在每个纬度环形创建快照一圈，纬度之间相邻约 30°，右转（经度）之间相邻约 30°，确保相邻图像有 30% 以上的重叠，直至完成图像素材收集，如图 8-9 所示。

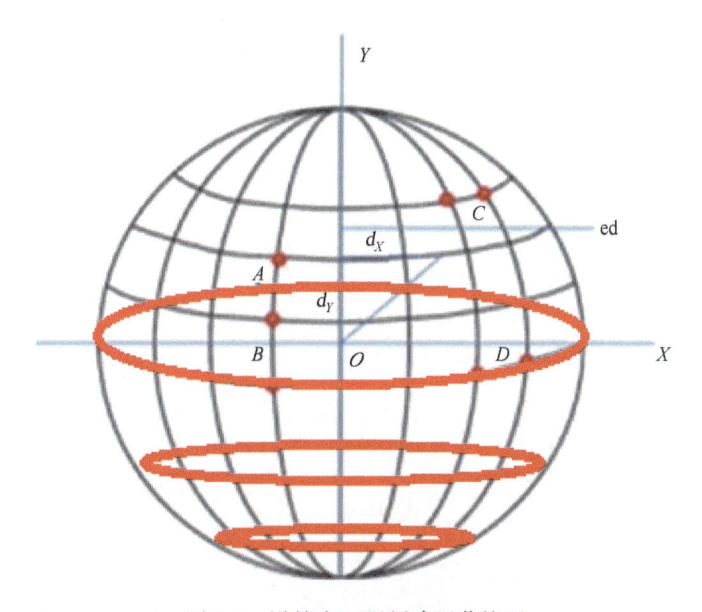

图 8-9　沿纬度环形创建屏幕快照

图像环切一圈略大于 12 幅，一个书签场景约 80～120 幅图像素材。相邻图像之间超过 30° 即可。

2. 在 PTGui 软件中进行图像资源的整合

PTGui 软件是 Helmut Dersch 公司开发的全景制作软件，如图 8-10 所示，其中的全景制作工具（Panorama Tools）是现在主流全景制作软件中功能最强大的工具。PTGui 软件通过为全景制作工具提供可视化界面，方便用户通过控制点校正实现对全景图像的拼接，从而创造清晰、精细、无瑕疵的高质量全景图像。

将所有的图像素材导入 PTGui 软件后，单击"对准图像"调用函数完成全景图像拼接，初步生成全景图，如图 8-11 所示。如果在软件上有明显不融洽的过渡区，则需要返回 InfraWorks 单击创建的书签，按照经纬度的区域划分，重新截取相关的图像替代不融洽的过渡区。

图 8-10　PTGui 软件界面

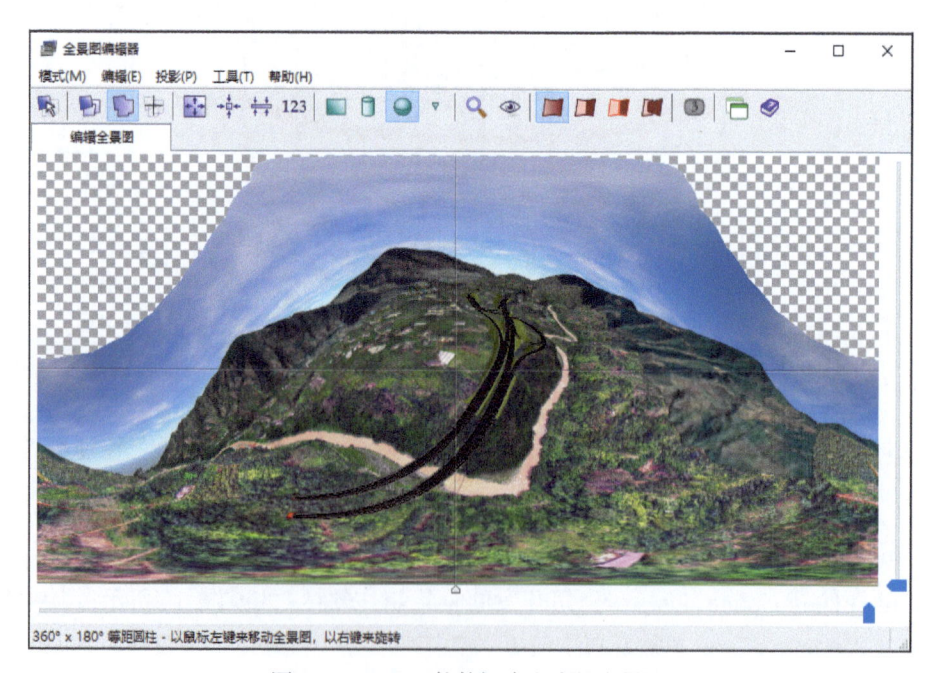

图 8-11　PTGui 软件初步生成的全景图

3. 在 PhotoShop 中进行全景图的修整

在初步生成的全景图中，有时在边缘部分会有一些不平整的现象，这时就需要在外围进行修补。使用 PhotoShop 中的魔棒将同层面的颜色均匀调和，对外侧锯齿波浪状的部分用吸管拾取边缘部分的颜色，统一配色。最后，按照长宽比 2∶1 保存成 .jpg 格式图像，完成最终的全景图，如图 8-12 所示。

图 8-12　PhotoShop 修复后的全景图

4．在 720yun 中完成 VR 全景

720yun 是一款制作 360 度 VR 全景的软件，它的编辑界面如图 8-13 所示。制作好的作品可以通过发布二维码的形式向外发送，如图 8-14 所示。

图 8-13　720yun 全景编辑界面

图 8-14　作品二维码

将已经修正过的全景图像上传至 720yun 网页平台，会自动生成 360 度 VR 全景。在此基础上，可以做更多的调整和优化，使 VR 全景内容更加丰富，增强互动体验。

热点功能可以将模型中的图像以特征点的形式加入 VR 全景，以实现对特定目标的放大查验作用。特效功能可以模拟天气，使 VR 全景变得鲜活生动。沙盘功能可以上传一幅整体图作为沙盘，沙盘上不同的点即不同的视角，每个点都包含一幅完整的全景图，将其集成在沙盘上作为一个大的 VR 全景。最后上传至云端，生成作品链接或作品二维码，即可在任意客户端随时联网查看 VR 全景。

由普通相机模拟专业 VR 全景相机得以启发，利用 InfraWorks 软件自带的屏幕截图功能和路径设置功能，摸索出按照地球经纬度设置路径收集素材图像的方法，并作用于三维模型，使三维模型全景化。在保证细节流畅和逼真还原的同时，此方法压缩了数据量、降低了模型对硬件的要求；可脱离计算机，从手机、平板、展板等客户端随时查验模型，增强了三维模型的交互性和表现力，快速、便捷地指导工程进展，拓展了全景技术的展示领域。

8.2 VR 设备的使用流程

8.2.1 VR 简介

VR 是 Virtual Reality 的缩写，中文的意思是虚拟现实。虚拟现实是多媒体技术的终极应用形式，它是计算机软硬件技术、传感技术、机器人技术、人工智能及行为心理学等科学技术飞速发展的结晶。虚拟现实主要依赖三维实时图形显示、三维定位跟踪、触觉及嗅觉传感技术、人工智能技术、高速计算与并行计算技术、人的行为学研究等多项关键技术的发展。随着虚拟现实技术的发展，真正地实现虚拟现实将引起整个人类生活与发展的重大变革。人们戴上立体眼镜、数据手套等特制的传感设备，面对一种三维的模拟现实，似乎置身于一个具有三维视觉、听觉、触觉甚至嗅觉的感觉世界，并且人与这个感觉世界可以通过人的自然技能和相应的设施进行信息交互。

在 BIM 建模流程应用中，VR 展示的本质是在 BIM 模型中接入 VR 设备以增进客户体验，使客户产生身临其境的感觉，从而降低沟通成本。在高原、山地、无人区等人员不方便到达现场的场景中，VR 展示无疑具有巨大的优势。如图 8-15 所示是 VR 展示效果。

目前，市场上主流的 VR 设备商有 Oculus、HTC 等。Oculus 的 VR 设备不需要大型的外部支架，仅需要眼镜设备和小支架即可，同时画质清晰稳定、体验自然流畅，是进行 BIM 建模 VR 展示的首选。HTC 的 VR 设备需要在相对较大的区域内建立 2 个及以上的大型支架，对环境要求较高。但是，HTC 的 VR 设备可进行驾驶模拟等开发，拓展性能较好。目前，市场上 VR 游戏的主流设备是 HTC 的 VR 设备。

此处以 Oculus 系列的 Rift 设备介绍 VR 设备的操作使用流程。VR 设备在接入计算机前，需要做以下准备：USB 转换器 1 个，USB 3.0 接口 2 个，HDMI 接口 1 个，Oculus 传感器 1 个，Oculus Rift（头盔）1 个，InfraWorks 软件。

图 8-15　VR 设备中展示的模型

8.2.2　修改 hosts 文件

（1）在本地路径 C:\Windows\System32\drivers\etc 目录下找到 hosts 文件，如图 8-16 所示。

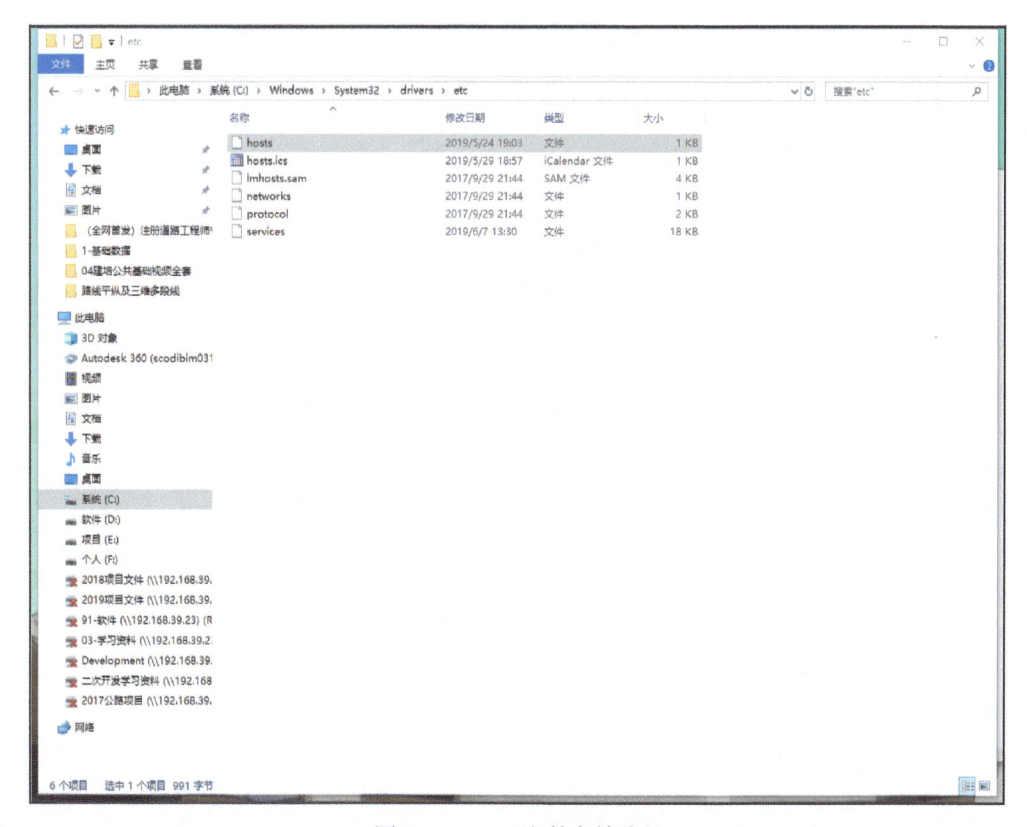

图 8-16　hosts 文件存储路径

（2）以记事本形式打开 hosts 文件，使用 IP+ 网址的形式添加 5 个网址项目，具体如下：

157.240.11.49 www.oculus.com；

157.240.11.49 www2.oculus.com；

157.240.11.49 graph.oculus.com；

157.240.8.49 securecdn.oculus.com；

157.240.8.49 scontent.oculuscdn.com。

8.2.3 下载并安装 Oculus

登录官网 https://www.oculuschina.com.cn/zh-cn/press-kit-software/，下载 Oculus.exe 文件。前述网址为 Oculus 中文版下载地址，下载 Oculus App-PC 即可，如图 8-17 所示。

图 8-17 在下载界面选择 Oculus App-PC

下载后安装软件，安装路径推荐默认路径（如果 C 盘空间足够），安装时间视具体网速而定。值得注意的是，Oculus 下载过程需要保持网络畅通，如有中断则需要重新从零开始下载。

8.2.4 调试 Oculus

接上硬件设备并初步调试 Oculus，过程按照软件提示即可，在此不做详述。完成软硬件的安装后，按照以下步骤进行 InfraWorks VR 路径漫游。

（1）接入 Oculus 硬件设备；

（2）打开 Oculus Home，检查硬件设备状态；

（3）打开 InfraWorks 软件；

（4）单击"创建并进行基础设施设计演示"（形如显示器的图标）下的"视频模式"，戴上 Oculus Rift 头盔按照既定路径进行 VR 漫游。

第 9 章
部件编辑器简述

本节所需资料如表 9-1 所示，读者可从本书附赠电子文件中找到相关文件。

表 9-1　本节所需资料

序　号	位　置	资料名称	使用软件	成果文件地址
1	26- 部件	填方部件.pkt	部件编辑器	26- 部件

9.1　部件编辑器简介

部件编辑器（Subassembly Composer，SAC）作为 Autodesk Civil 3D 软件的一个重要组件，在道路、铁路等带状线形工程中发挥着巨大作用。在 Autodesk Civil 3D 软件处理横断面数据过程中，需要用到部件进行道路、边坡、挡墙等各种复杂流程的处理。Autodesk Civil 3D 软件自带内置部件，但由于内置部件的标准与实际需求不尽相同，国内外及国内各省之间的道路标准也不一样，因此需要自定义部件。

自定义部件需要用到部件编辑器，部件编辑器是基于 Autodesk Civil 3D 的部件创建工具软件。部件是 Autodesk Civil 3D 软件中道路的基本构造块，用于定义道路横断面，是构建道路三维模型的重要组成部分。在最初版本的部件编辑器中，需要使用 .NET 等代码进行编写与开发；在目前的最新版本中出现的 Subassembly Composer（部件编辑器）组件已经将其优化为可视化的界面操作，即用户可以通过图形之间的相互关系更加便捷地进行程序编辑。部件编辑器不仅功能强大，而且简便易用，设计师只需要通过可视化的软件界面进行编辑，即可跳过烦琐的代码编程，创建应用于实际项目的部件。

在 Autodesk 整体安装包下的 Autodesk Civil 3D 软件中附带了部件编辑器组件，但通常情况下系统默认不安装。在需要用到部件编辑器时，要重新勾选部件编辑器进行 Autodesk Civil 3D 软件的组件扩展。安装完成后进入部件编辑器界面，如图 9-1 所示。

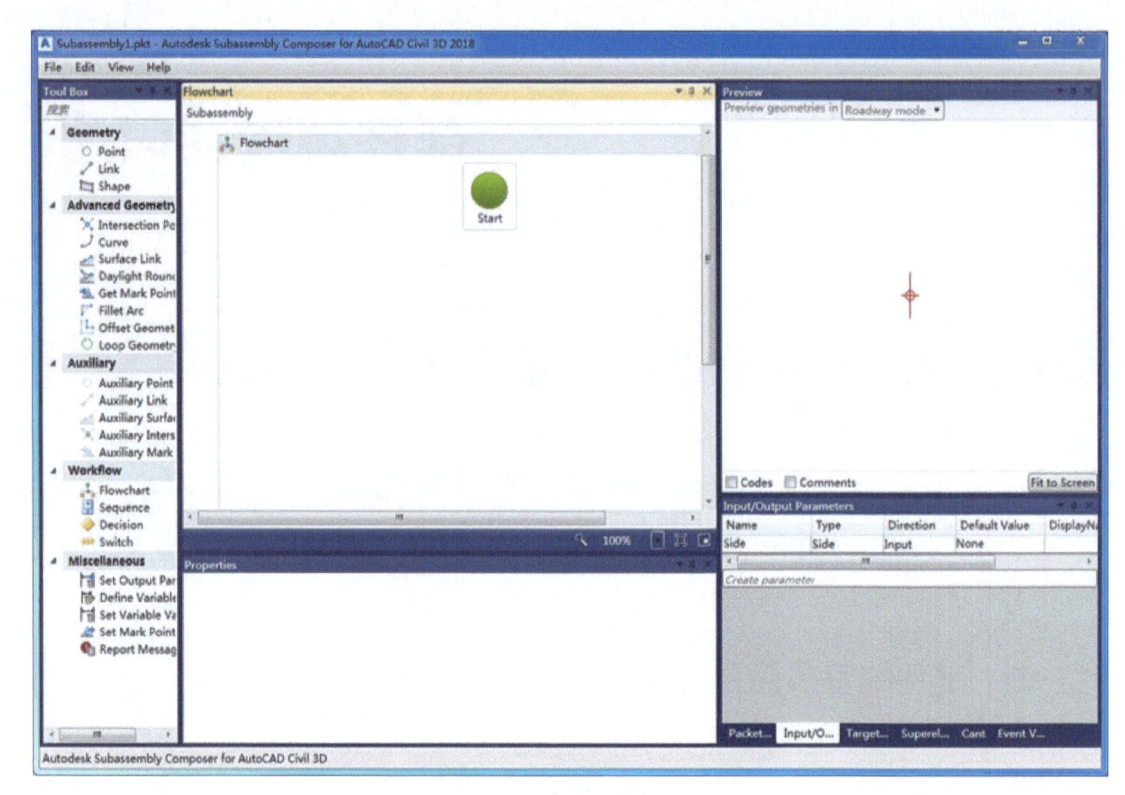

图 9-1　部件编辑器界面

9.2　部件简介

SAC（Subassembly Composer）是 Autodesk Civil 3D 道路模型建立的核心，道路模型都是通过 SAC 创建的部件与地形进行自动计算后产生的。SAC 部件在 Autodesk Civil 3D 中有嵌入的自带部件，可自行组装使用。用户也可以通过部件编辑器自定义部件，然后嵌入 Autodesk Civil 3D 中进行使用。下面简要介绍 SAC 部件的制作和使用方法。

9.2.1　创建自定义部件

利用 SAC 创建自定义部件，首先需要在安装 Autodesk Civil 3D 时勾选安装 Subassembly Composer 组件，否则无法找到部件编辑器。

部件编辑器的整体开发界面共 5 个部分，具体如下。

1. 预览图（Preview）

预览图展现的是部件生成后的形状，随着部件编辑的深入而不断变化，只要部件代码能够运行完成，就可以表现出对应的部件形状。当部件代码出现问题不能成功运行时，表现为红色线的警告标识。

2. 输入/输出参数（Input/Output Parameters）

输入/输出参数是部件外置的变量，不仅可以在部件编辑器中进行设置和修改，而且可以在 Autodesk Civil 3D 软件中进行设置和修改。此外，参考线的设置和部件名称的设置都在输入/输出参数中进行。

3. 工具箱（Tool Box）

工具箱用来向流程图中添加所需要的模块，主要有不同的点、线、面，以及逻辑判断、内部流程等。工具箱是开发中最常使用的模块之一。

4. 流程图（Flowchart）

流程图是开发的核心，主要表现为不同模块之间的逻辑关系。实际上，SAC 将原来 .NET 的编程可视化地表现为流程图，使开发人员的编程更加容易。

5. 属性栏（Properties）

属性栏为流程图中不同的模块分别赋予代码。当代码出现错误时，属性栏本身会出现红色的感叹号，在预览图上的调试也会同步报错。

部件编辑器详细功能介绍可参照《公路工程技术 BIM 标准构件应用指南》，本书中不再赘述。

下面介绍如何利用部件编辑器创建一个简单的多级边坡部件，此处以填方为例进行介绍，填方级数为 3 级。

在工具箱（Tool Box）中找到"Point Number"，在流程图（Flowchart）中插入一个虚拟点 AP1。虚拟点模拟部件产生的情况，这个点是部件的起始点，也可以认为是道路路线的中心点，此时可以看到如图 9-2 所示的界面。

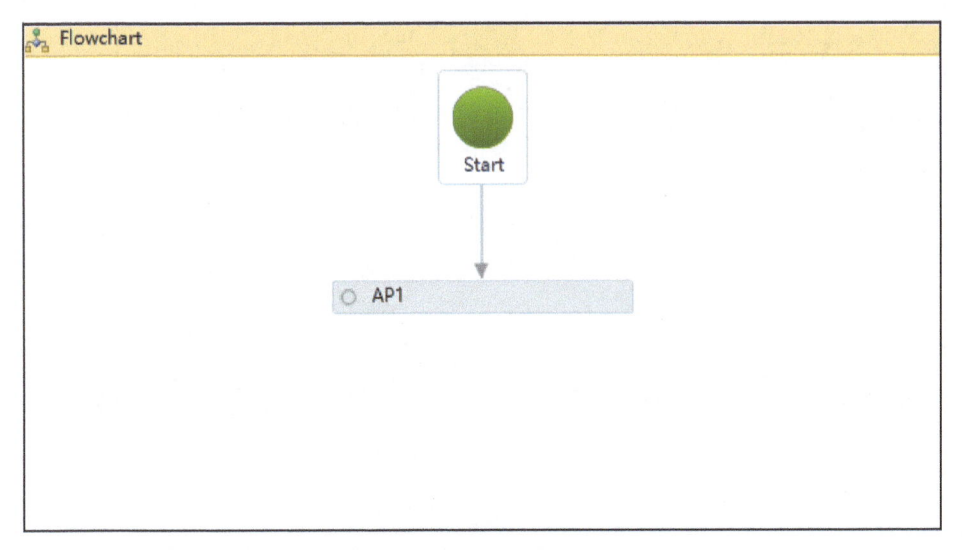

图 9-2 流程图界面

在预览图（Preview）中可以看到如图 9-3 所示的界面。

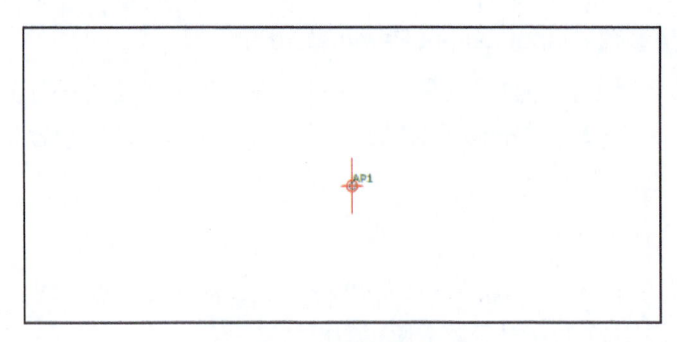

图 9-3 预览图界面

此时，就已经创建好了部件的起始点，部件所需的其他点都将以这个点为基础衍生。

在完成起始点创建后，需要在创建部件前自定义一些参数，这些参数是与部件相关的一些属性，如坡度值、高度值等。这些参数在后面部件的制作中可以直接调用，使用方便。下面介绍如何进行参数的设置。

部件编辑器中的参数分为输入/输出参数（Input/Output Parameters）和目标参数（Target Parameters）。

输入/输出参数在前面已有描述，这里介绍目标参数。目标参数是指部件的某些特定判定条件，最常用、最基本的目标参数是地面线参数，如果没有这个参数，部件将无法与地形数据进行计算。

创建目标参数过程如下。

选择"Create parameter"，如图 9-4 所示。

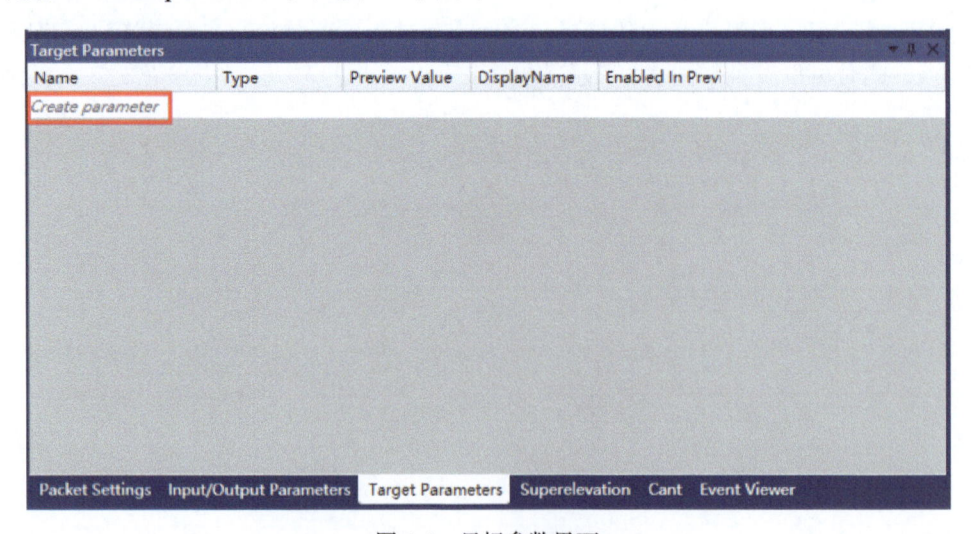

图 9-4 目标参数界面

将"Name"修改为 DMX（地面线），"Type"选择为 Surface，如图 9-5 所示。

此时，可以在预览图中看到地面线目标，地面线目标可以拖动，如图 9-6 所示。

完成目标参数的创建后，切换至输入/输出参数界面，自定义需要调用的参数。其创建方法与目标参数创建方法类似，如图 9-7 所示。

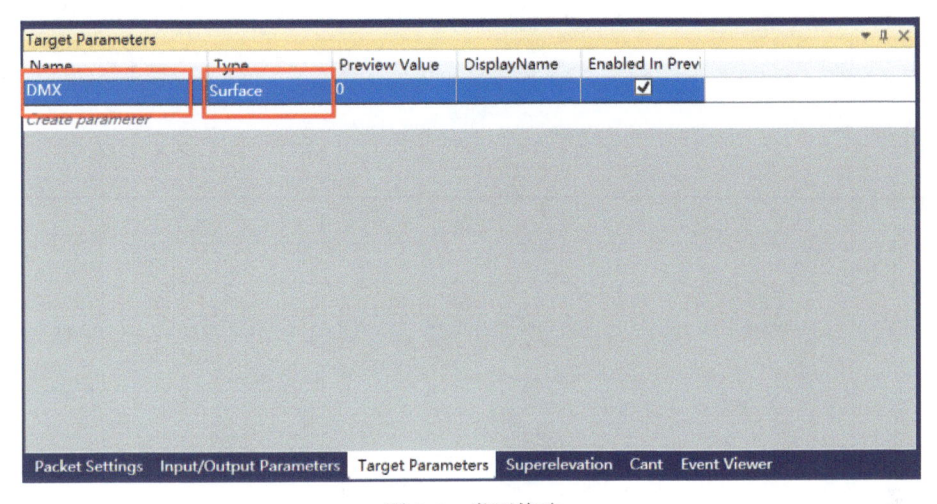

图 9-5 类型修改

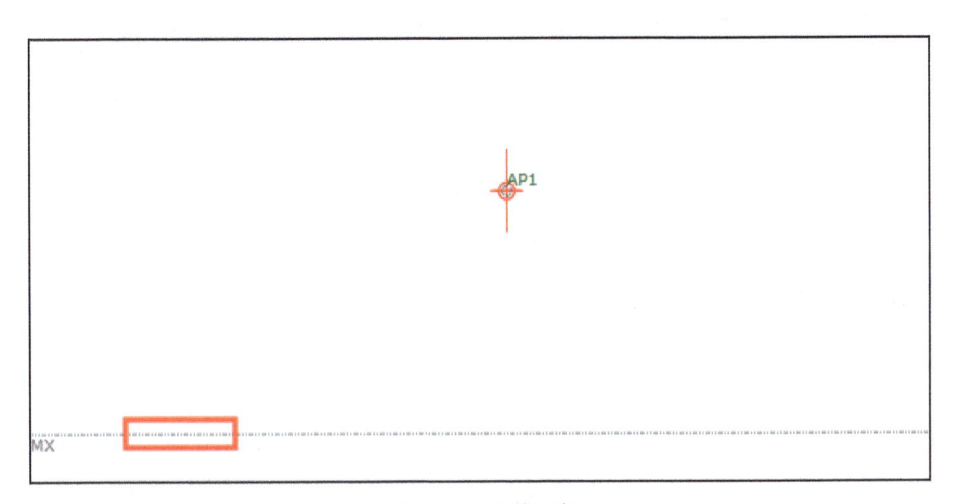

图 9-6 地面线目标

图 9-7 输入/输出参数创建界面

可以看到，在输入/输出参数界面创建了几个与填方边坡相关的参数，包含填方坡度、填方高度及填方平台宽度。

完成参数创建后，就可以开始进行部件的制作，在流程图中加入第 2 个虚拟点 AP2，在属性栏中输入相关参数，如图 9-8、图 9-9 所示。

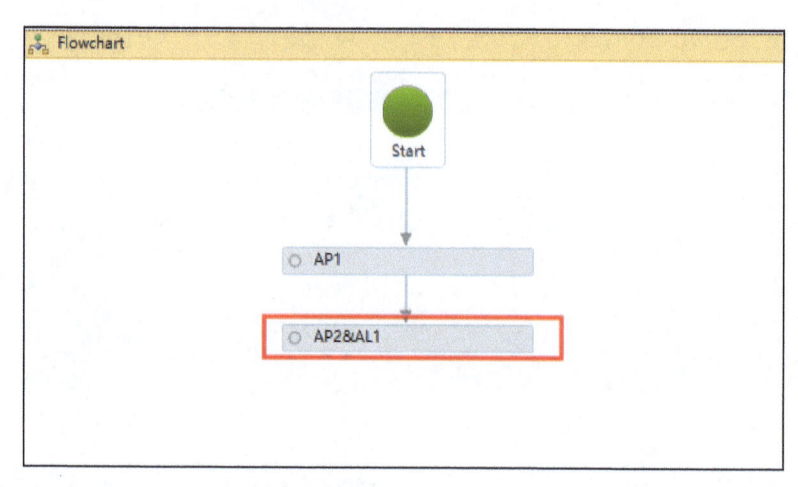

图 9-8　加入第 2 个虚拟点

图 9-9　设置虚拟点属性

选择"Delta X and Delta Y"作为虚拟点的几何属性，将之前的虚拟点 AP1 作为起始点，即"From Point"，在"Delta X"栏中输入 12.75，这个操作的意思为设置道路路面的宽度。在部件编辑器中可以选择左右两侧，默认为右侧，即道路的右侧路幅（这里以高速公路 25.5m 断面为例）。

完成设置后，在预览图中可以看到如图 9-10 所示界面，表示路面已生成。

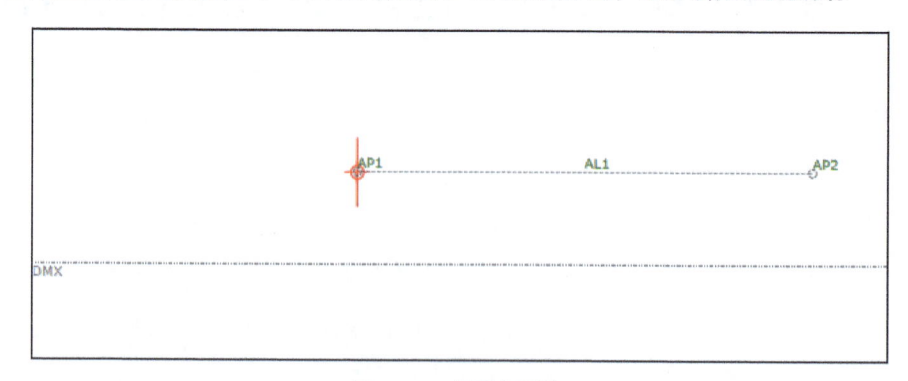

图 9-10　虚拟点预览

然后，需要进行一个判定，判定虚拟点 AP2 是否在地面线上：如果是，则道路处于填方状态；如果不是，则道路处于挖方或其他情况。

插入一个"Decision"模块，输入判定语句：

AP2.DISTANCETOSURFACE(DMX)>0

此语句为 VB 语句，通过判定此时虚拟点 AP2 距离地面的距离来确定道路是否处于填方状态，如图 9-11 所示。

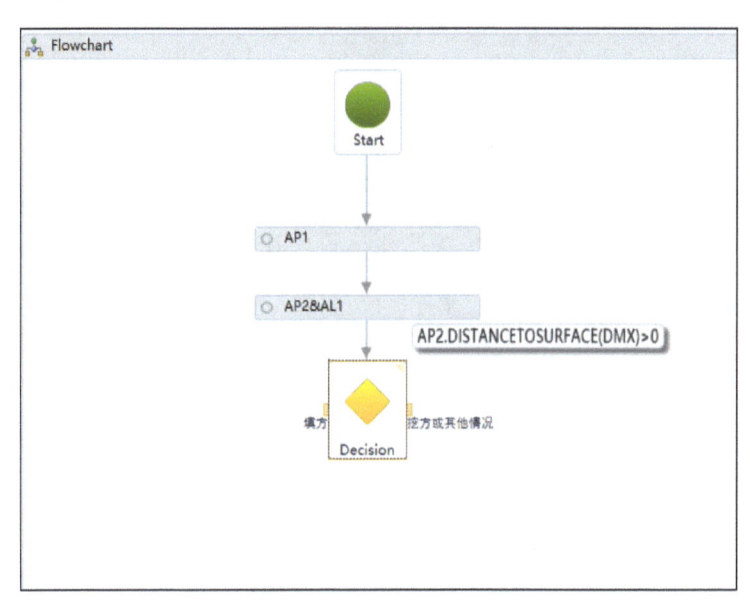

图 9-11　填方或挖方状态判定

完成这个判定后，继续添加虚拟点 AP3。当前，DMX 处于虚拟点 AP2 下，因此虚拟点 AP3 位于填方流程中，如图 9-12 所示。

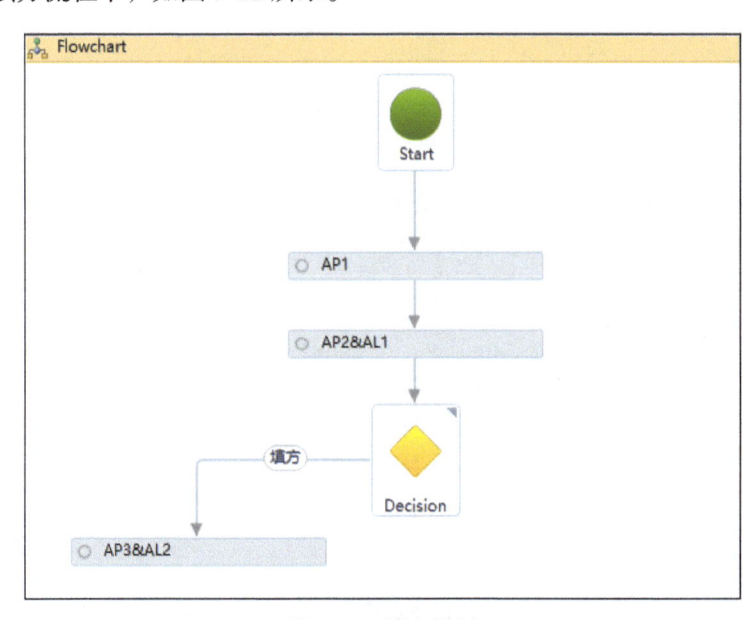

图 9-12　填方情况

此时，虚拟点 AP3 的属性设置就需要调用之前创建的输入 / 输出参数，如图 9-13 所示。

图 9-13　属性设置

虚拟点 AP3 选择 "Slope and Delta Y" 作为点的几何类型，此类型以填方坡度和填方高度来确定虚拟点的位置。虚拟点 AP3 从虚拟点 AP2 生成，属性 "Slope" 设置为 "一级填方坡度"，"Delta Y" 设置为 "- 填方高度"（这里设置为负值是因为在部件编辑器中向下延伸的值为负）。设置完毕后，预览图界面如图 9-14 所示。

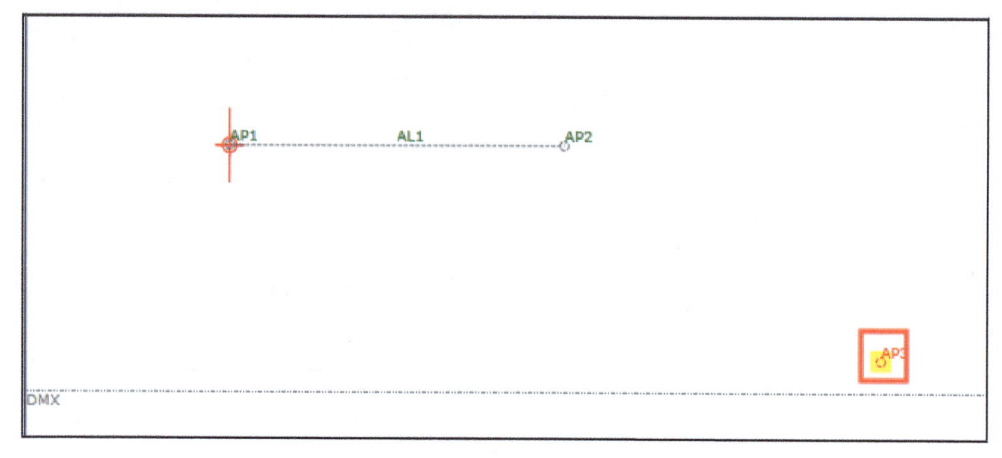

图 9-14　预览图界面

然后，将虚拟点 AP2 与虚拟点 AP3 连接起来，就完成了一级填方边坡的制作。在虚拟点 AP3 的属性中勾选 "Add link to From Point"，如图 9-15 所示。

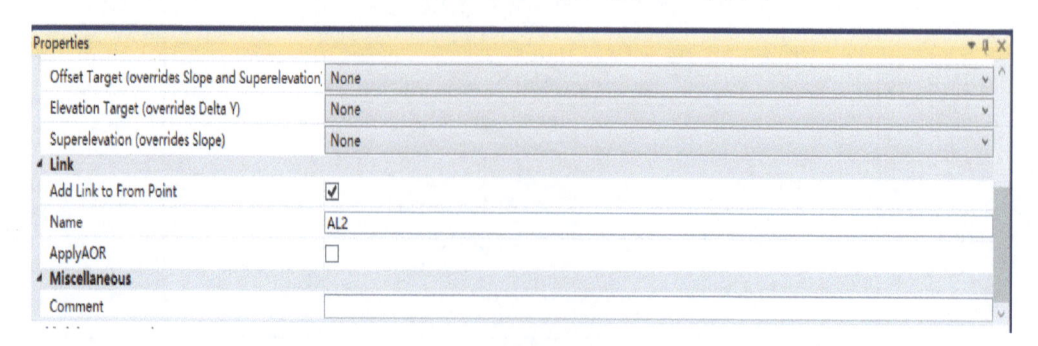

图 9-15　偏移目标设置

预览图界面如图 9-16 所示。

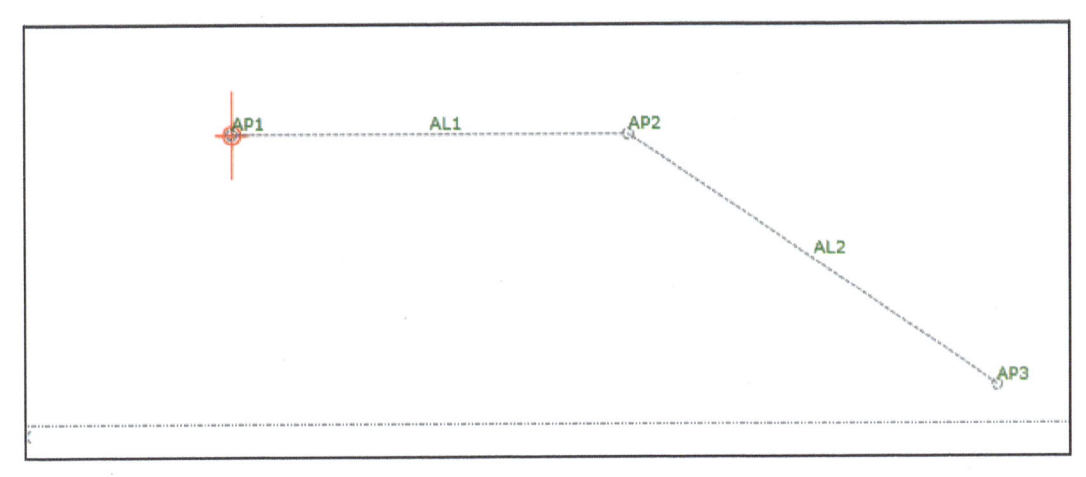

图 9-16 预览图界面

此时，一级填方已经完成，再插入一个"Decision"模块，输入判定语句：
AP3.DISTANCETOSURFACE(DMX)>0

该判定语句的意思是判断此时道路是否一级填方结束：如果虚拟点 AP3 此时高于地面线，那么道路还需要继续放坡处理；反之，放坡在地面线结束。具体如图 9-17 所示。

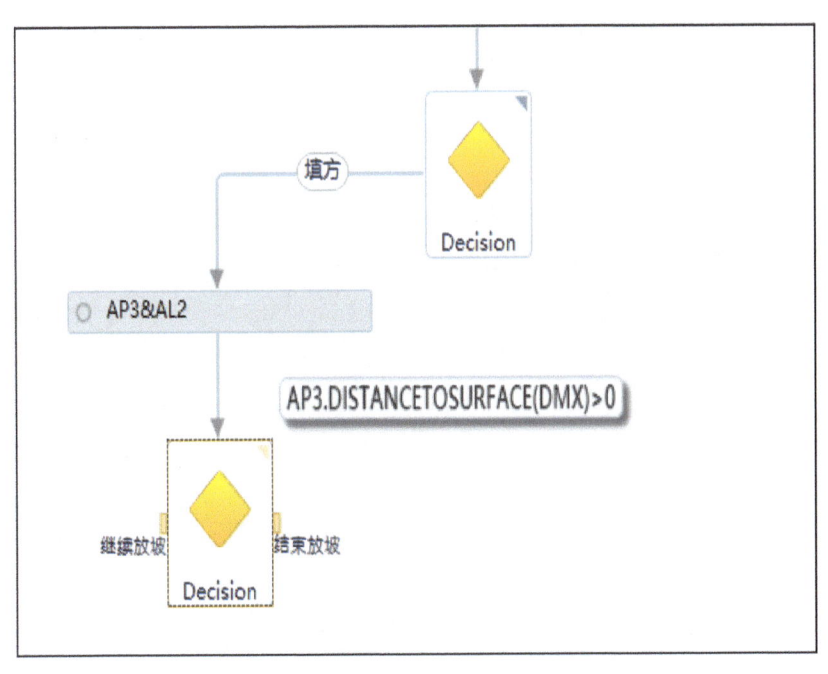

图 9-17 放坡设置

第一种情况，插入虚拟点 AP4，设置虚拟点 AP4 的属性为"Delta X and Delta Y"。

虚拟点 AP4 的属性设置如图 9-18 所示，设置完成后，形成一级填方平台，预览图界面如图 9-19 所示。

图 9-18　虚拟点 AP4 的属性设置

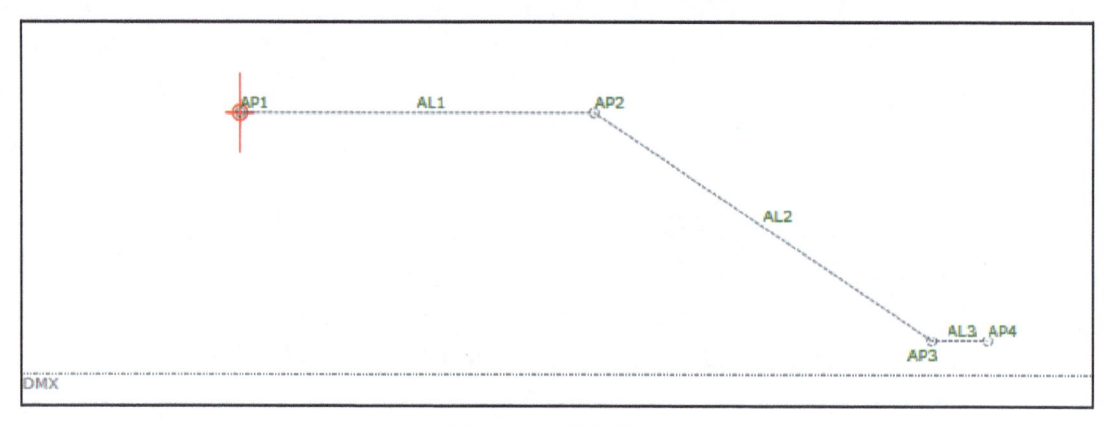

图 9-19　预览图界面

此时，以虚拟点 AP4 为起点继续向下放坡，放坡设置与一级填方设置类似，此处不再赘述。

第二种情况，当虚拟点 AP3 在地面线以下时，仍然插入虚拟点 AP4，如图 9-20 所示。但是，属性设置与前面不同，如图 9-21 所示。

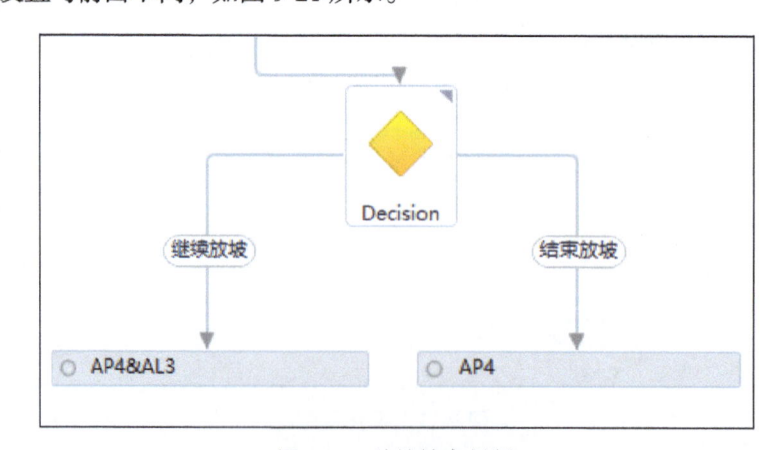

图 9-20　放坡结束判断

虚拟点 AP4 属性选择"Slope to Surface"，"Surface Target"选择"DMX"。属性设置及预览图界面如图 9-21、图 9-22 所示。

图 9-21 属性设置

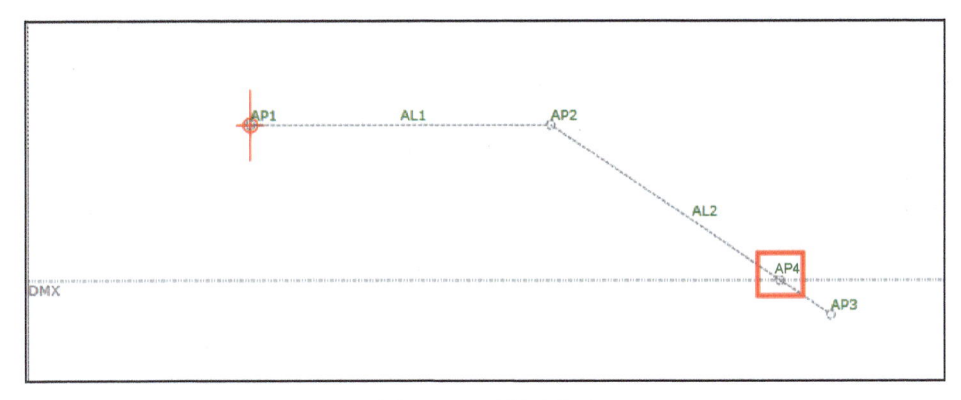

图 9-22 预览图界面

此时，放坡就在地面线上结束。二级填方、三级填方的结束方式与此类似，不再赘述。以三级填方为例，完整的部件如图 9-23、图 9-24 所示。

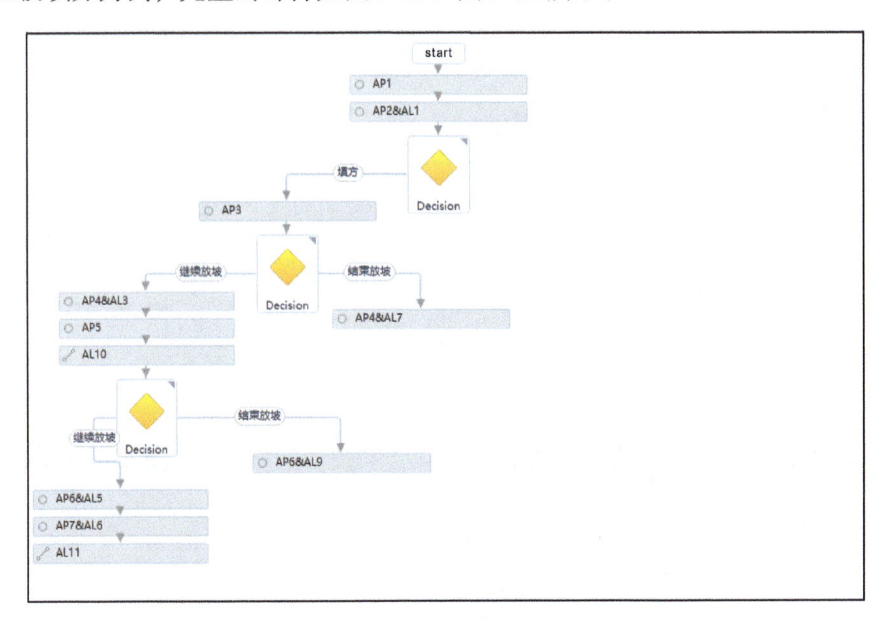

图 9-23 部件流程

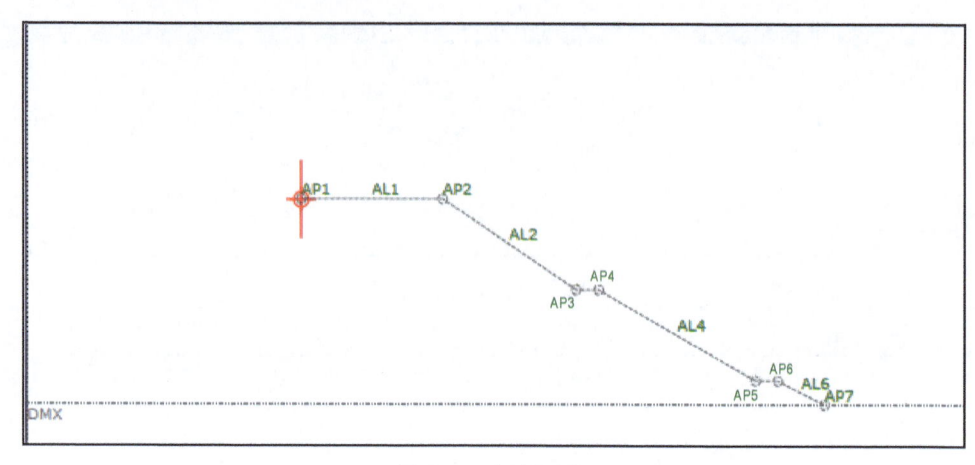

图 9-24　部件预览

完成部件的虚拟模拟后，就可以加入实点、实线及代码完成部件的制作，如图 9-25 所示。点代码、线代码设置如图 9-26、图 9-27 所示。填方部件如图 9-28 所示。

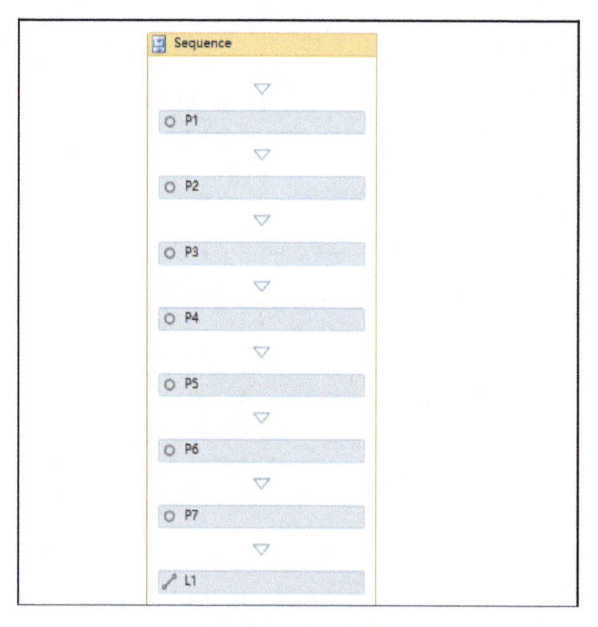

图 9-25　实点设置

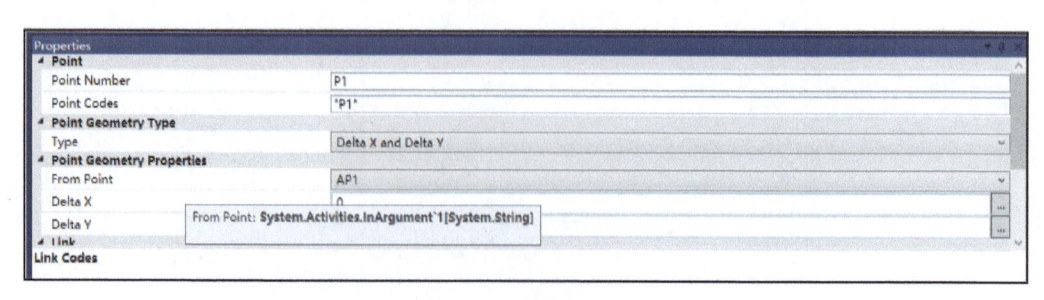

图 9-26　点代码设置

图 9-27 线代码设置

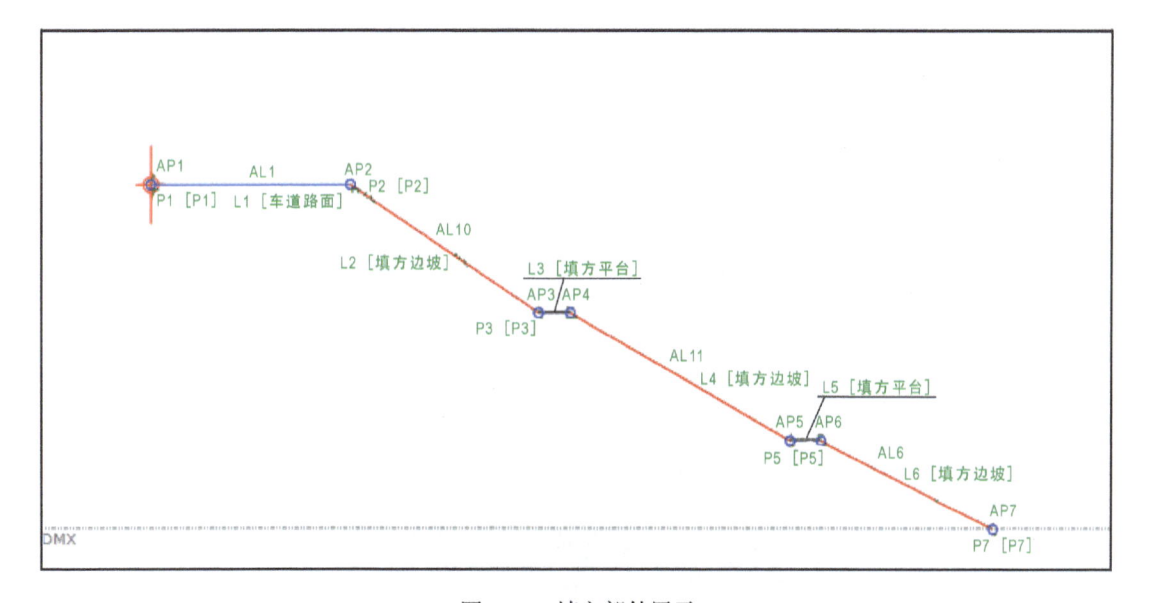

图 9-28 填方部件展示

设置代码的目的在于在 Civil 3D 中设置代码样式，最终在 InfraWorks 中使用。

完成上述操作之后，就可以将部件导入 Civil 3D 中使用。

9.2.2 自定义部件在 Civil 3D 中的使用

9.2.1 节完成了一个简单的填方多级部件的制作，下面介绍部件如何在 Civil 3D 中使用。

首先，在 Civil 3D 中，打开部件面板，快捷键为"Ctrl+3"，打开面板后选择新建一个选项集，右键单击选择"导入部件"，弹出界面如图 9-29 所示。

找到刚才保存部件的路径，单击"确定"，导入部件，如图 9-30 所示。

导入后会在部件面板上看到制作好的部件，如图 9-31 所示。

导入部件完成后，就可以开始创建装配。在部件面板上单击"装配"，右键单击选择"创建装配"，弹出如图 9-32 所示对话框。

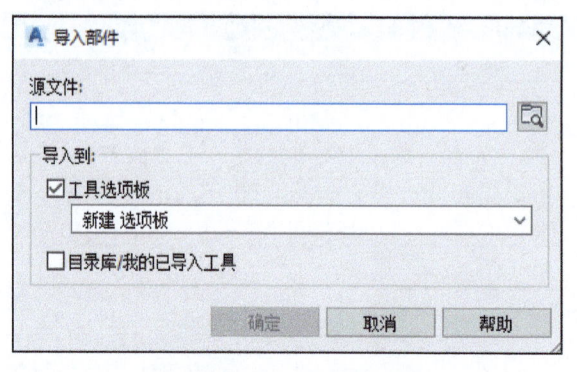

图 9-29 "导入部件"界面

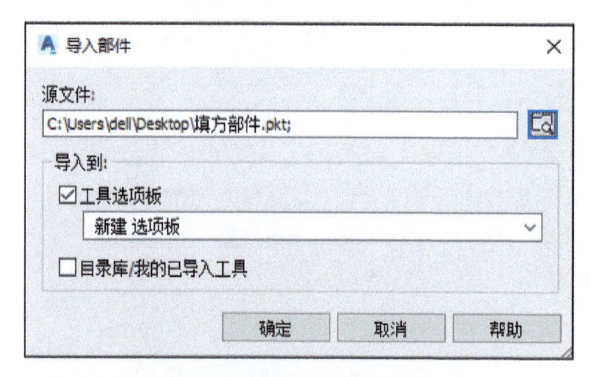

图 9-30 "导入部件"设置

图 9-31 部件面板

图 9-32 "创建装配"对话框

单击"确定"创建完成后,在空白处单击鼠标,会看到如图 9-33 所示的界面,此时"装配"是一个空装配,没有任何部件。

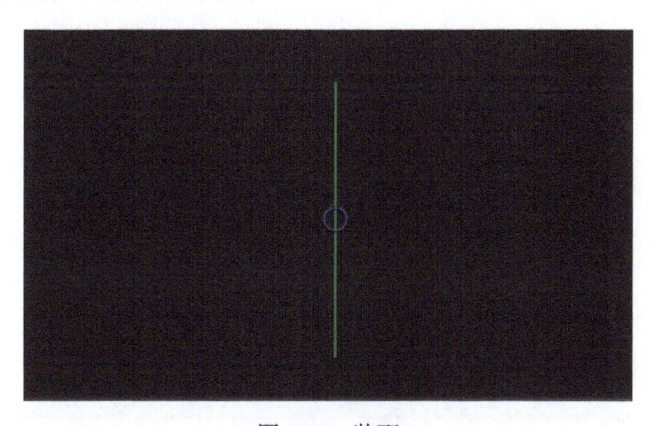

图 9-33 装配

此时,需要将部件添加进"装配",选择刚才部件面板上的部件,在"装配"界面的中心处单击,装配会出现,如图 9-34 所示。

图 9-34 导入装配展示

此时，部件已经添加进入"装配"，还需要对代码样式进行设置。在部件面板上单击"装配"，右键单击选择"装配特性"，进入"装配特性"界面后，在"代码"标签栏单击"新建代码集样式"，在跳出界面"连接"标签栏中单击"导入代码"，如图 9-35 所示。

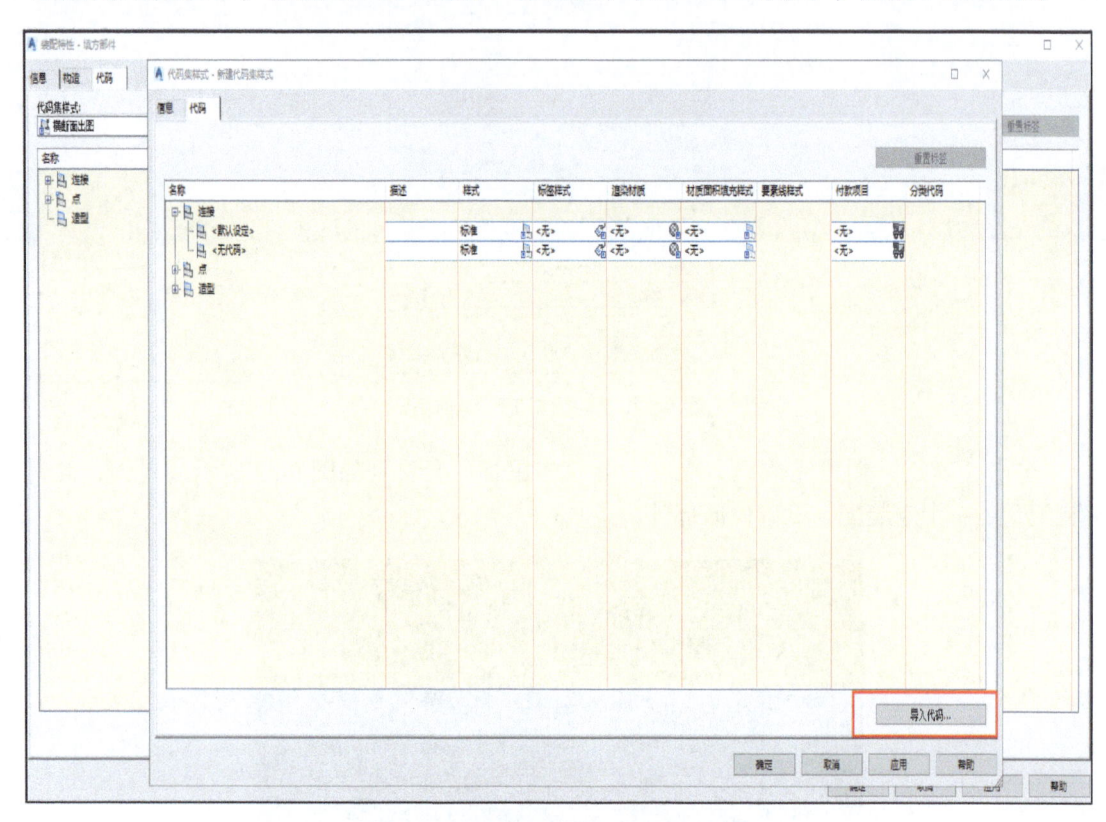

图 9-35 在"装配特性"界面导入代码

框选装配，会看到之前在部件编辑器中设置的代码，如图 9-36 所示。

图 9-36 设置代码集样式

新建连接样式，如图 9-37 所示。

图 9-37　新建连接样式

设置"渲染材质"为场地工程，如图 9-38 所示。

图 9-38　设置"渲染材质"

最后，修改"代码"样式名称，单击"确定"，如图 9-39 所示。

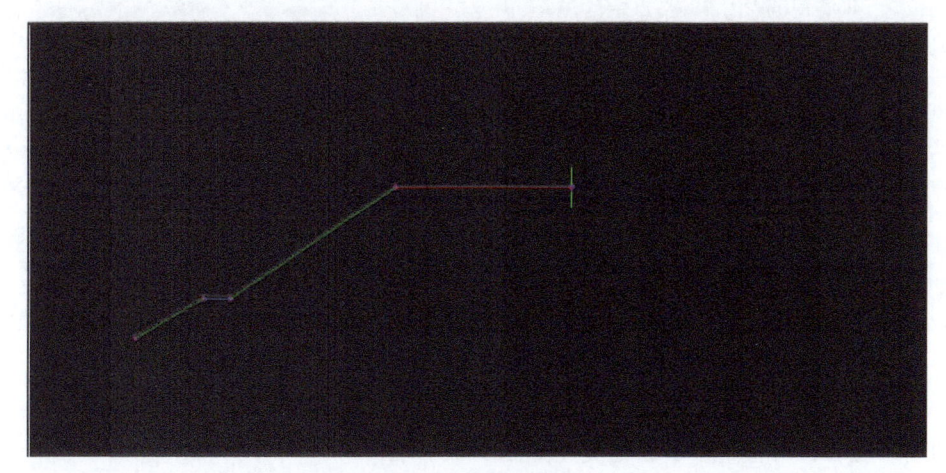

图 9-39　装配展示

此时已完成部件一侧的添加工作，再次选择部件面板上的部件，添加部件另一侧，如图 9-40 所示。

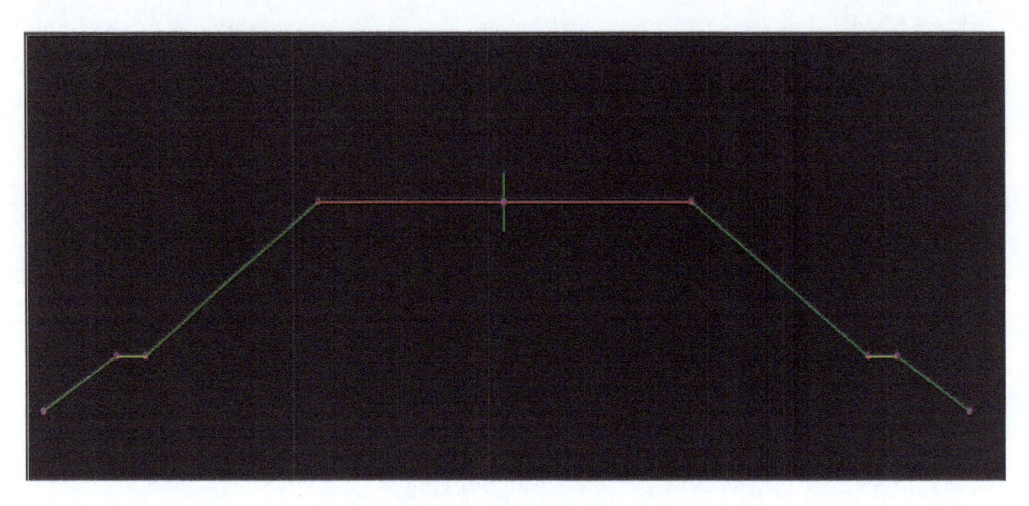

图 9-40 完整装配展示

装配完成后，就可以开始进行道路建模，如图 9-41 所示。以老碾互通匝道为例，道路创建方式在这里不再赘述。

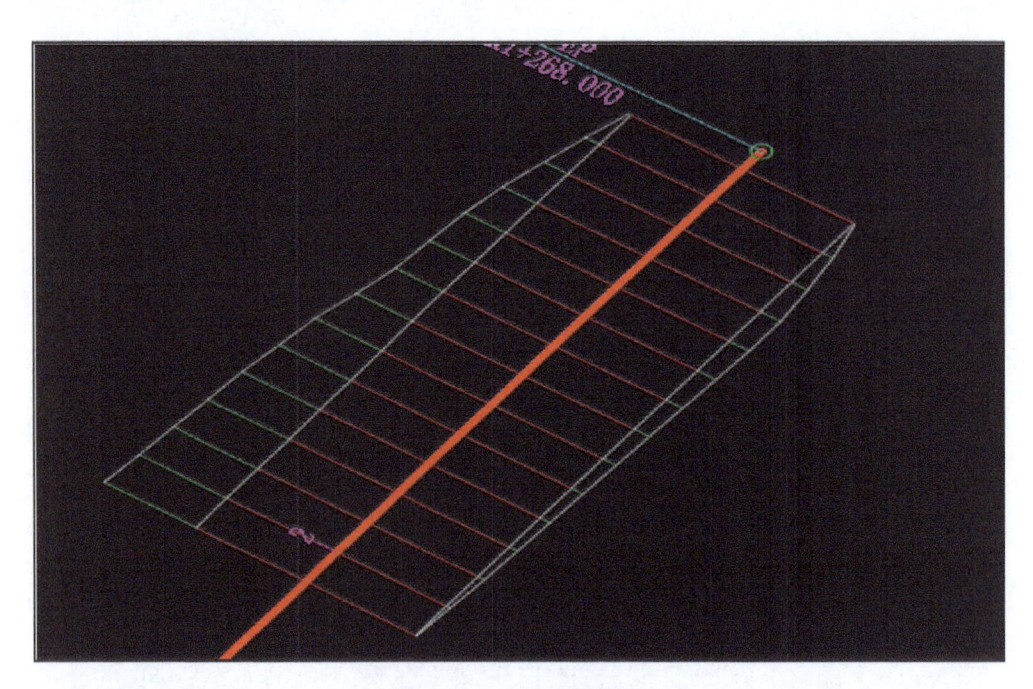

图 9-41 Civil 3D 道路模型

创建完成后，可检查横断面情况，如图 9-42 所示。

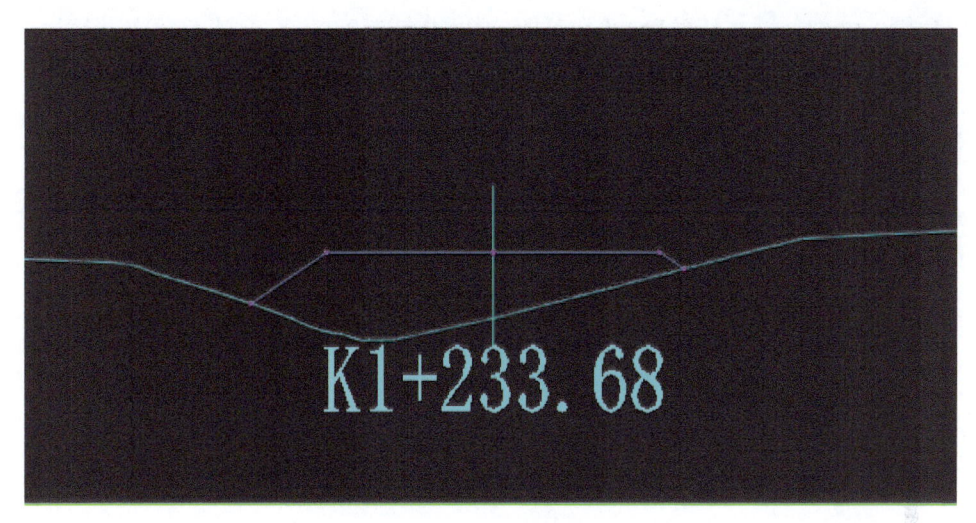

图 9-42　检查横断面

以上即自定义部件在 Civil 3D 中的使用方式。

9.2.3　SAC 自定义部件修改

9.2.1 节和 9.2.2 节简要介绍了部件的创建，以及在 Civil 3D 中的使用。SAC 部件可以分不同功能进行编写，最后再组装合成一个装配。下面以本书编写组自定义的部件为例，简要介绍装配的参数修改，本书编写组自定义装配的构建思路及详细情况可以参照《公路工程技术 BIM 标准构件应用指南》，本书中不再赘述。

本书自定义装配包含路面、填方、挖方、挡墙、边沟等部件，如图 9-43 所示。下面简要介绍装配参数修改功能，装配的创建过程与前文描述类似，这里不再赘述。

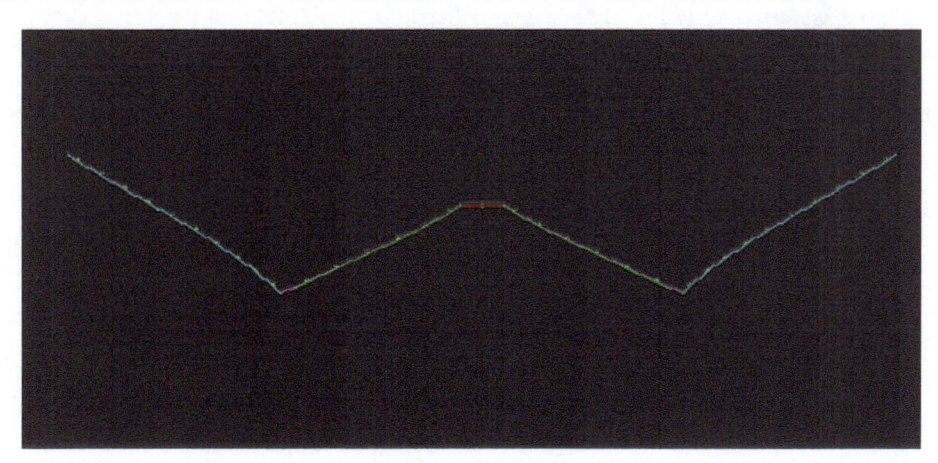

图 9-43　自定义部件

单击"装配"，单击右键选择"装配特性"，弹出"装配特性"界面，在"构造"标签栏可以看到部件组成情况，如图 9-44 所示。

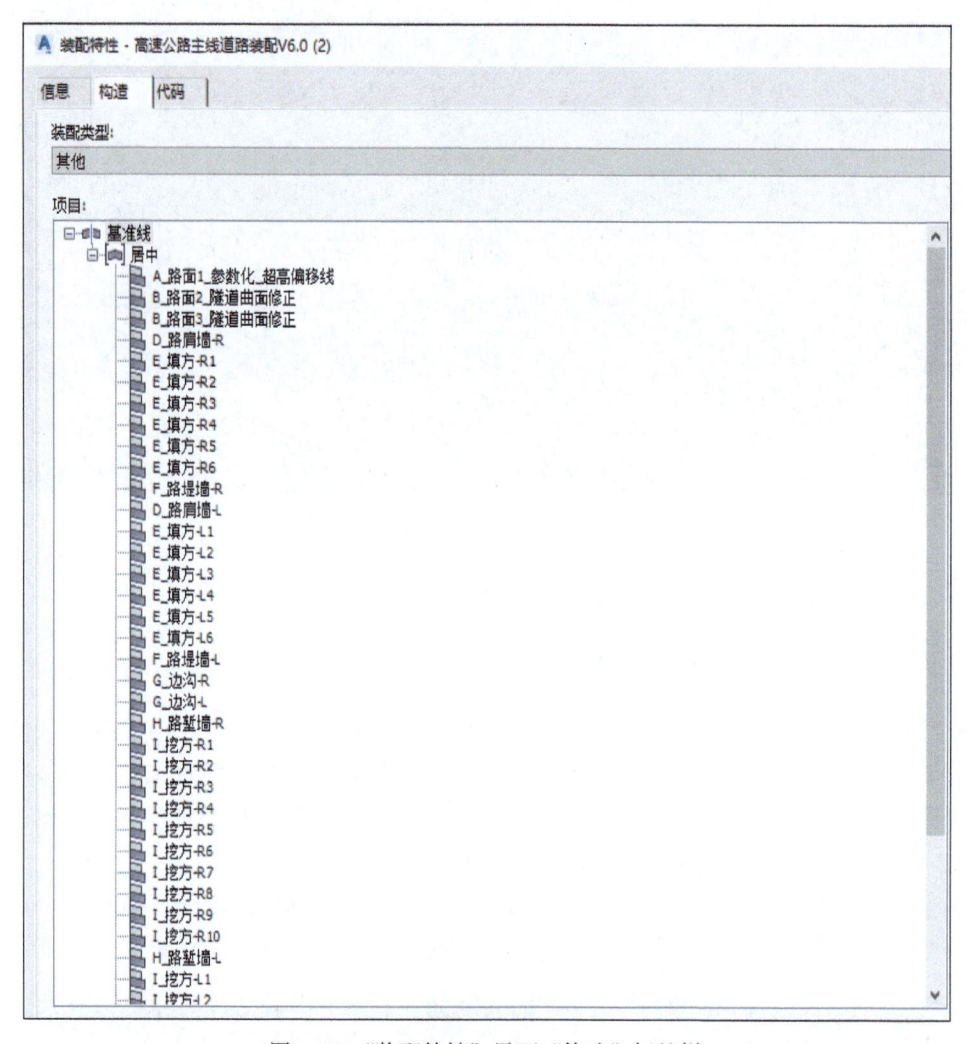

图 9-44 "装配特性"界面"构造"标签栏

选择其中一个部件，如"E_填方-R1"，可以看到参数默认输入值，这些参数默认输入值是在"部件编辑器"中设置的，如图 9-45 所示。

图 9-45 装配参数默认输入值

装配参数默认输入值可以被修改，如图 9-46 所示，如修改填方高度、填方坡度。

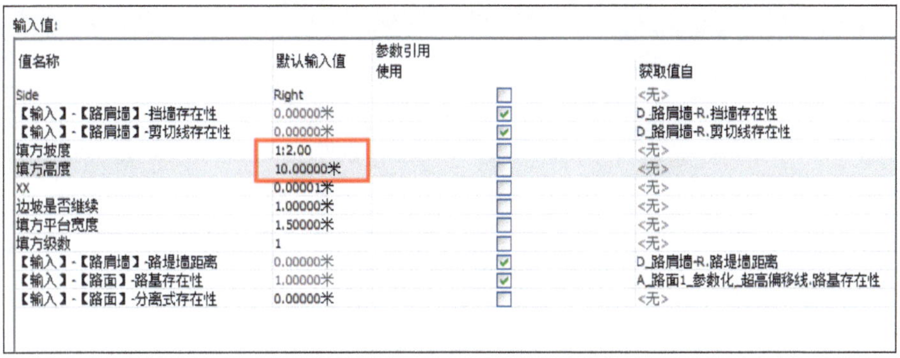

值名称	默认输入值	参数引用使用	获取值自
Side	Right	☐	<无>
【输入】-【路肩墙】-挡墙存在性	0.00000米	☑	D_路肩墙-R.挡墙存在性
【输入】-【路肩墙】-剪切线存在性	0.00000米	☑	D_路肩墙-R.剪切线存在性
填方坡度	1:2.00	☐	<无>
填方高度	10.00000米	☐	<无>
XX	0.00001米	☐	<无>
边坡是否继续	1.00000米	☐	<无>
填方平台宽度	1.50000米	☐	<无>
填方级数	1	☐	<无>
【输入】-【路肩墙】-路堤墙距离	0.00000米	☑	D_路肩墙-R.路堤墙距离
【输入】-【路面】-路基存在性	1.00000米	☑	A_路面1_参数化_超高偏移线.路基存在性
【输入】-【路面】-分离式存在性	0.00000米	☐	<无>

图 9-46　装配参数设置

修改完成后，单击"确定"，完成对装配参数的修改，其他部件的修改方式类似，不再赘述。

附录 A
所有电子资料

本书附赠电子资料汇总如附表 A-1 所示。

附表 A-1　电子资料汇总

序号	名称	光盘内容
1	1-下载 KML	项目范围的 KML
2	2-影像	项目范围影像
3	3-地形	项目范围地形数据
4	4-自定义坐标系	地形图、自定义坐标系文件
5	5-航测地形、航测影像	项目范围的航程资料
6	6-InfraWorks 基础模型	InfraWorks 基础模型
7	7-平面	项目路线平面图
8	8-纵断面图	项目路线纵断面图
9	9-路线文件	项目 Civil 3D 路线平纵
10	10-总体图	项目路线公路平面总体图
11	11-自带装配	Civil 3D 自带装配道路
12	12-道路 DWG	老碾互通道路模型
13	13-电力浅沟部件	电力浅沟部件
14	14-电力浅沟图纸	电力浅沟图纸
15	15-电力浅沟 FBX 实体	电力浅沟实体模型
16	16-路线 SDF	路线 SDF 数据
17	17-路面 FBX	路面实体模型
18	18-护栏 SDF	护栏 SDF 数据
19	19-桥墩 SDF	桥墩 SDF 数据
20	20-桥墩 FBX	桥墩 FBX 实体模型
21	21-桥梁 FBX	桥梁 FBX 实体模型
22	22-InfraWorks 道路样式	InfraWorks 道路样式
23	23-InfraWorks 样式规则	InfraWorks 样式规则
24	24-桩号 SDF	桩号 SDF 数据
25	25-桩号模型	桩号实体模型
26	26-部件	参考部件（填方）

（续表）

序号	名称	光盘内容
27	27-雨污水、压力管网资料	管网模型及资料
28	28-协同设计资料	协同设计资料
29	29-InfraWorks 模型	InfraWorks 参考模型
30	30-模板文件	Civil 3D 模板文件

附录 B
不同阶段建模所需设计资料

不同阶段建模所需设计资料如附表 B-1～附表 B-3 所示。

附表 B-1　方案、预可行性研究、工程可行性研究阶段资料准备

模型内容	资料类型	格式及要求
地形	矢量地形图	.dwg
影像	谷歌影像	
路线	纬地数据包	包含主线及路线交叉（完整数据包）
	路线平纵面图	.dwg
	路线方案比较图	.dwg
	路线方案比较图	.dwg
路基	路基标准横断面图	.dwg
桥梁	桥梁一览表	.xls 或 .xlsx
隧道	隧道一览表	.xls 或 .xlsx
互通	互通段落表	.xls 或 .xlsx
规划	项目相关规划图	格式不限
地质	工程地质平面图	项目相关地质资料
	项目概况	.doc 或 .docx
其他模型	其他项目资料	

附表 B-2　初步设计阶段资料准备

模型内容	资料名称	格式及要求
地形影像	基础数据	项目相关航测数据，包含*正射影像（.tif）、数字高程模型（.tif）或地面点云（.las）或数字线画图（.dwg）
路线、路基	路线、路基相关设计图	路线平面设计图（.dwg）、纵断面设计图（.dwg）、路基标准横断面设计图（.dwg）
	路线路基信息表	*总里程及桩号断链表（.xlsx）、*路基防护工程数量表（.xlsx）
	纬地数据包	*包含主线及路线交叉的完整数据包
规划	项目相关规划图	项目沿线总体规划、景区规划
桥梁	桥梁资料	桥梁一览表（.xlsx）、*桥位平面布置图（.dwg）、桥型布置图（.dwg）、涵洞一览表（.xlsx）
隧道	隧道资料	隧道一览表（.xlsx）
互通	互通资料	*互通纬地数据包、*互通总体图（.dwg）
地质	工程地质平面图	项目相关地质资料

注：*标注为较上一阶段新增项。

附表 B-3 施工图设计阶段资料准备

模型内容	资料名称	格式及要求
地形影像	基础数据	项目相关航测数据，包含正射影像（.tif）、数字高程模型（.tif）或地面点云或数字线画图（.dwg）
路线、路基	路线、路基相关设计图	*公路平面总体设计图（.dwg）、路线平面设计图（.dwg）、路线纵断面设计图（.dwg）、*路基横断面设计图（.dwg）（主线及路线交叉）
路线、路基	路线路基信息表	总里程及桩号断链表（.xlsx）、路基防护工程数量表（.xlsx）
路线、路基	纬地数据包	包含主线及路线交叉的完整数据包
规划	项目相关规划图	项目沿线总体规划（.dwg）、景区规划（.dwg）
桥梁	桥梁资料	桥梁一览表（.xlsx）、桥位平面布置图（.dwg）、桥型布置图（.dwg）、涵洞一览表（.xlsx）
隧道	隧道资料	隧道一览表（.xlsx）、*隧道洞口设计图（.dwg）、洞门三维模型
互通	互通资料	互通纬地数据包、互通总体图（.dwg）
改路、改沟	改路改沟相关资料	改路改沟纬地数据包、总体图（.dwg）
地质	工程地质平面图	项目相关地质资料

注：*标注为较上一阶段新增项。

附录 C
建模等级划分一览表

本书根据多个高速公路项目，总结出标准高速公路（包含单喇叭落地互通）项目模型精细度划分标准，包含路线、路基、互通、其他工程、项目区域信息、附属工程、关键控制点。其中，L1 级为预可行性研究阶段、工程可行性研究阶段，L2 级为初步设计阶段，L3 级为施工图设计阶段。

精细度等级划分如附表 C-1～附表 C-8 所示。

附表 C-1 路线精细度等级

信 息	数据类型	扩展名	形式内容	L1 级	L2 级	L3 级	备 注
里程桩号信息	空间数据格式文件/形状定义文件	.sdf/.shp	关注点—文字	▲	▲	▲	
断链信息	空间数据格式文件/形状定义文件	.sdf/.shp	关注点—文字	▲	▲	▲	
空间线形及宽度信息	空间数据格式文件/形状定义文件	.sdf/.shp	管线/道路隔离带	▲	▲	—	L1 级、L2 级比较方案
	空间数据格式文件/形状定义文件	.sdf/.shp	标准路基样式	▲	▲	▲	L1 级、L2 级推荐方案
超高信息	Autodesk Civil 3D DWG 文件	.dwg		—	—	—	

附表 C-2 路基精细度等级

信 息	数据类型	扩展名	形式内容	L1 级	L2 级	L3 级	备 注
路基断面	Autodesk Civil 3D DWG 文件	.dwg	默认坡比放坡	—	▲	▲	
	Autodesk Civil 3D DWG 文件	.dwg	同设计文件放坡	—	—	△	L3 级仅重要工点路段按设计文件放坡（详见注解）
排水设施	Autodesk Civil 3D DWG 文件	.dwg	按默认设置排水沟	—	▲	▲	
			按横断面图设边沟	—	—	▲	
挡土墙	Autodesk Civil 3D DWG 文件	.dwg	默认挡土墙	—	▲	▲	挡墙位置段落同设计文件

附表 C-3　互通精细度等级

信息	数据类型	扩展名	形式内容	L1级	L2级	L3级	备注
路线	空间数据格式文件/形状定义文件	.sdf/.shp	关注点—文字	▲	▲	▲	
	三维模型	.fbx	路面三维模型	—	—	▲	
路基	空间数据格式文件/形状定义文件	.sdf/.shp	标准互通匝道样式	—	▲	—	按标准互通匝道样式放坡
	Autodesk Civil 3D DWG 文件	.dwg	默认坡比放坡	—	—	▲	
	Autodesk Civil 3D DWG 文件	.dwg	设计文件坡比放坡	—	—	△	仅包含三级以上路基边坡
桥梁	空间数据格式文件/形状定义文件	.sdf/.shp	标准桥梁样式	—	▲	—	
	Autodesk Civil 3D DWG 文件	.dwg	桥墩位置	—	△	▲	
	Autodesk Revit（RVT）文件	.rvt	同设计文件	—	—	—	仅建设管理阶段
标线	Autodesk Civil 3D DWG 文件	.dwg	仅作为示意	—	—	△	十字枢纽互通、变异枢纽互通、变异落地互通
收费站	三维模型	.rvt/.fbx	收费站模型（示意）	—	—	△	

附表 C-4　服务区精细度等级

信息	数据类型	文件扩展名	形式内容	L1级	L2级	L3级	备注
服务区名称	空间数据格式文件/形状定义文件	sdf./.shp	关注点—文字	▲	▲	▲	
场坪	空间数据格式文件/形状定义文件	sdf./.shp	覆盖范围	—	▲	—	
	Autodesk Civil 3D DWG 文件	.dwg	同设计文件	—	—	▲	
标线	Autodesk Civil 3D DWG 文件	.dwg	同设计文件	—	—	△	
房建	AutoCAD DWG 文件	.dwg	建筑示意	—	—	△	

附表 C-5　其他工程精细度等级

信息	数据类型	文件扩展名	形式内容	L1级	L2级	L3级	备注
改路	空间数据格式文件/形状定义文件	.sdf/.shp	标准改路样式	—	△	△	L2级仅含二级及以上道路改路工程
	Autodesk Civil 3D DWG 文件	.dwg	默认坡比放坡	—	—	△	二级及以上道路改路
	Autodesk Civil 3D DWG 文件	.dwg	同设计文件放坡	—	—	—	
改沟/改河	空间数据格式文件/形状定义文件	.sdf/.shp	标准水渠样式	—	△	△	L2级仅含底宽大于2m的改沟改河工程

附表 C-6　附属工程精细度等级

信　息	数据类型	文件扩展名	形式内容	L1级	L2级	L3级	备　注
位置信息	空间数据格式文件/形状定义文件	.sdf/.shp	覆盖范围	△	▲	▲	
高程信息	空间数据格式文件/形状定义文件	.sdf/.shp	土地区域	—	—	△	

附表 C-7　项目区域信息精细度等级

信　息	数据类型	文件扩展名	形式内容	L1级	L2级	L3级	备　注
地理位置信息	空间数据格式文件/形状定义文件	.sdf/.shp	覆盖范围/道路隔离带	▲	▲	▲	
地理位置信息	空间数据格式文件/形状定义文件	.sdf/.shp	覆盖范围	△	△	△	
	图片	.jpg		△	△	△	

附表 C-8　关键控制点精细度等级

信　息	数据类型	文件扩展名	形式内容	L1级	L2级	L3级	备　注
线路名称	空间数据格式文件/形状定义文件	.sdf/.shp	关注点—文字	△	△	△	
铁路空间线形	空间数据格式文件/形状定义文件	.sdf/.shp	管线/道路隔离带	—	—	—	
	空间数据格式文件/形状定义文件	.sdf/.shp	标准铁路样式	△	△	△	
道路空间线形	空间数据格式文件/形状定义文件	.sdf/.shp	管线/道路隔离带	△	—	—	重要交叉道路
	空间数据格式文件/形状定义文件	.sdf/.shp	标准路基样式	—	△	△	重要交叉道路
水电站	空间数据格式文件/形状定义文件	.sdf/.shp	关注点	△	△	△	
	其他三维模型文件	.3ds/.dxf/.fbx 等	实际提供模型	—	△	△	
铁塔	三维模型	.3ds/.dxf/.fbx 等	InfraWorks 标准铁塔模型	△	△	△	
电力线	空间数据格式文件/形状定义文件	.sdf/.shp	反映电力线大致空间位置	—	△	△	

注："▲"表示在正常情况下应该包含该属性信息，"△"表示当条件允许时推荐包含该属性信息，"—"表示可不包含该属性信息。

附录 D 命名规则

本书建模过程中所使用的详细命名及存储规则如附表 D-1 ～附表 D-12 所示。

附表 D-1 自定义坐标系命名存储规则

	规 则	样 例
文件名 / 快捷方式	项目简称 - 数据类型 - 设计阶段 - 时间	XGS-DY-SS-2010（某高速 - 点云 - 施设 -2010 年 10 月）
存储位置	\项目编号 - 项目名称\1-Survey\1-Coordinate	X:\1- 某高速 \1-Survey\1-Coordinate

附表 D-2 等高线曲面命名存储规则

	规 则	样 例
文件名 / 快捷方式	项目简称 - 数据类型（中文）	某高速 -2K 地形曲面
存储位置	\项目编号 - 项目名称 \ 1-Survey\5-Terrain	X:\1- 某高速 \1-Survey\5-Terrain

附表 D-3 主线路线平纵命名存储规则

	规 则	样 例
文件命名	标段 - 备注信息 - 设计人姓名	LJ1- 主线 - 张三 .dwg
快捷方式	【文件夹】：标段 - 路线方案 - 备注信息	LJ1- 主线
	【子文件】：标段 - 路线方案 - 备注信息 - 设计人姓名	LJ1-Z1K 线 - 张三
路线名称	标段 - 路线方案 - 备注信息 - 设计人姓名	LJ1-Z1K 线 - 张三
存储位置	\项目编号 - 项目名称 \2-Alignment\2- 路线	X:\1- 某高速 \2-Alignment\2- 路线

附表 D-4 主线路线 SDF 命名存储规则

	规 则	样 例
文件命名	道路 / 管线 / 道路隔离带 - 标段 - 路线方案 - 备注信息 - 设计人信息	道路 - 主线 - 某高速施设 - 张三 .sdf
图层	标段 - 路线方案 - 备注信息 - 整幅 / 分幅 - 桥梁 / 隧道 / 路基	主线 - 施工图 - 左半幅 - 桥梁
命名	标段 - 路线方案 - 备注信息 - 设计人姓名	LJ1-Z1K 线 - 张三
存储位置	\项目编号 - 项目名称 \4-Database\2-SDF	X:\1- 某高速 \4-Database\2-SDF

附表 D-5 主线 Civil 3D 道路 / 道路曲面命名存储规则

	规 则	样 例
文件命名	标段 - 路线方案（主线 /×× 比较线）- 备注信息 - 设计人	LJ1- 主线 - 张三 .dwg
道路名称	标段 - 路线方案（K 线、ZK 线、B 线、ZB 线）- 设计人	LJ1-K 线 - 张三
道路曲面名称	道路曲面 - 标段 - 路线方案（K 线、ZK 线、B 线、ZB 线）- 设计人	道路曲面 -LJ1-K 线 - 张三
存储位置	\项目编号 - 项目名称 \4-Database\1-Corridor	X:\1- 某高速 \4-Database\1-Corridor

附表 D-6 覆盖范围 SDF 命名存储规则

	规　　则	样　　例
文件命名	覆盖范围 - 标段 - 备注信息 - 设计人	覆盖范围 - 核心景区 - 张三
存储位置	\项目编号 - 项目名称\4-Database\2-SDF	X:\1- 某高速 \4-Database\2-SDF

附表 D-7 标线 SDF 命名存储规则

	规　　则	样　　例
文件命名	管线 - 标段 - 互通名称 - 匝道名称 - 备注信息 - 设计人	管线 -LJ1- 老碾互通 -A 匝道 - 张三
存储位置	\项目编号 - 项目名称\4-Database\2-SDF	X:\1- 某高速 \4-Database\2-SDF

附表 D-8 护栏 SDF 命名存储规则

	规　　则	样　　例
文件命名	道路 - 标段 - 互通名称 - 匝道名称【护栏】- 设计人	道路 -LJ13- 老碾互通 -A 匝道【护栏】- 张三 SDF
图层	标段 - 互通名称 - 匝道名称【波形护栏 / 砼护栏】- 左 / 右	LJ13- 老碾互通 -A 匝道【波形护栏】- 左
存储位置	\项目编号 - 项目名称\4-Database\2-SDF	X:\1- 某高速 \4-Database\2-SDF

附表 D-9 互通桥墩 SDF 命名存储规则

	规　　则	样　　例
文件命名	城市家具 - 标段 - 互通名称 -【桥墩】- 设计人	城市家具 -LJ1- 老碾互通 -【桥墩】- 张三 .SDF
存储位置	\项目编号 - 项目名称\4-Database\2-SDF	X:\1- 某高速 \4-Database\2-SDF

附表 D-10 路线平纵命名存储规则

	规　　则	样　　例
文件命名	标段 - 互通名称 - 设计人姓名	LJ1- 老碾互通 - 张三 .dwg
快捷方式	【文件夹】：标段 - 互通名称 - 备注信息 - 设计人	LJ1- 老碾互通 - 张三
	【子文件】：标段 - 互通名称 - 匝道名称 - 备注信息	LJ1- 老碾互通 - 张三 -A 匝道
路线名称	标段 - 互通名称 - 匝道名称 - 备注信息	LJ1- 老碾互通 - 张三 -A 匝道
存储位置	\项目编号 - 项目名称\2-Alignment\2- 路线	X:\1- 某高速 \2-Alignment\2- 路线

附表 D-11 互通 Civil 3D 道路 / 道路曲面命名存储规则

	规　　则	样　　例
文件命名	标段 - 互通名称 - 路面 / 路基 - 设计人	LJ1- 老碾互通 - 路面 - 张三 .dwg
道路名称	标段 - 互通名称 - 匝道名称	LJ1- 老碾互通 -K 线
道路曲面名称	道路 / 路面曲面 - 标段 - 互通名称 - 匝道名称	路面曲面 -LJ1- 老碾互通 -K 线
存储位置	\项目编号 - 项目名称\4-Database\1-Corridor	X:\1- 某高速 \4-Database\1-Corridor

附表 D-12 互通路面 FBX 命名存储规则

	规　　则	样　　例
文件命名	城市家具 -【路面】- 标段 - 互通名称 - 设计人	城市家具 -【路面】-LJ1- 老碾互通 - 张三 .FBX
存储位置	\项目编号 - 项目名称\4-Database\3-FBX\路面	X:\1- 某高速 \4-Database\3-FBX\路面